司法解释适用指引丛书

— 07 —

U1013344

民间借贷
司法解释适用指引

司法实务版

人民法院出版社 编

人民法院出版社

图书在版编目（CIP）数据

民间借贷司法解释适用指引 / 人民法院出版社编.
北京 : 人民法院出版社, 2025. 1. -- ISBN 978-7
-5109-4288-4

Ⅰ. D923.65

中国国家版本馆CIP数据核字第2024B1H325号

民间借贷司法解释适用指引

人民法院出版社　编

策划编辑　姜　峤
责任编辑　陈　思
出版发行　人民法院出版社
地　　址　北京市东城区东交民巷 27 号（100745）
电　　话　（010）67550596（责任编辑）　67550558（发行部查询）
　　　　　　65223677（读者服务部）
客服 QQ　2092078039
网　　址　http：//www.courtbook.com.cn
E – mail　courtpress@sohu.com
印　　刷　三河市国英印务有限公司
经　　销　新华书店

开　　本　787 毫米 ×1092 毫米　1/16
字　　数　296 千字
印　　张　17.25
版　　次　2025 年 1 月第 1 版　2025 年 1 月第 1 次印刷
书　　号　ISBN 978-7-5109-4288-4
定　　价　58.00 元

版权所有　侵权必究

编写说明

为准确理解和适用司法解释，助力人民法院统一法律适用，更好地满足法律工作者办案与查询的需求，我们编写了本套丛书。本丛书在每本以某一类别或某一司法解释为主题，汇集与该司法解释相关的最高人民法院司法政策精要、司法解释、司法观点、人民法院案例库案例、法答网精选答问以及相关的法律、法规、规章、司法文件等内容，兼具检索与研习功能，能够让广大法律实务工作者全面、快捷、方便地查找到该类案件办理所需的全部材料。

本丛书立足审判，涵盖婚姻家庭、劳动争议、公司企业、诉讼证据、民事诉讼、刑事诉讼、贪污贿赂渎职案件等27个法律专业领域，品类丰富齐全，为立案、调解、仲裁、诉讼、执行等工作提供权威指导，更好地服务司法审判、公众学法、学者科研、律师办案。本书为其中的《民间借贷司法解释适用指引》。

本丛书各栏目具体编写情况如下：

【司法政策精要】该栏目摘编自最高人民法院公布的各种审判指导意见、会议纪要，最高人民法院院长对审判工作有重要指导意义的讲话，最高人民法院分管副院长在全国性审判工作会议上的讲话等。文中序号为原文序号，未作删改。

【司法解释】该栏目收录最新公布的司法解释，并在司法解释后附“导读及适用要点”，摘编自最高人民法院专家法官对该司法解释的权威解读，为该司法解释的准确适用提供参考、借鉴。

【司法观点】该栏目针对当前审判实务中难点、疑点、热点以及前沿问题，全面系统地总结和梳理了最高人民法院类案审判实践中的裁判理念和法律适用问题，帮助读者全面快速了解最高人民法院对审判实践中重点、难点问题的立场、观点，准确把握审判实践的具体方法、办案依据和裁判尺度。

【人民法院案例库案例】该栏目收录了人民法院案例库中的相关指导性案例及参考案例，精选裁判要点及裁判要旨，为司法实务提供了权威、规范、全面的案例指引。本书收录的人民法院案例库案例截至2024年10月。

【法答网精选答问】最高人民法院发布的精选答问具有释法说理、普法宣传等多方面的功能效用，一个精选问答可以解决一类法律问题，指导一批争议案例，是“附理由书的批复”。

【相关规定】该栏目精选现行有效相关法律、法规、司法解释、规章等内容，版本权威、内容实用，方便读者对照查询。

值得一提的是，本丛书为首次将最高人民法院裁判观点、人民法院案例库案例、法答网精选答问进行融合出版的图书。2023年，最高人民法院推动建立面向全社会的人民法院案例库、贯通四级法院的法答网。“一网一库”上线运行以来，充分发挥审判监督指导作用，促进统一裁判标准，有效提升广大法官的审判能力，助力司法审判提质增效，取得积极成效。本丛书进一步深化库网融合，促进统一法律适用的功能效用，为法律实务工作者提供覆盖全面、与时俱进的“活教材”。

本丛书内容简洁明了，查询方便快捷，在编排上力求全面、新颖、务实，但疏漏之处在所难免，欢迎广大读者提出批评和改进意见，以便为读者提供更好的法律服务。

人民法院出版社
二〇二四年十二月

目　录

第一部分　司法解释

第二部分　司法观点

四、网络平台借贷

五、责任主体

第三部分　指导案例与人民法院案例库参考案例

第四部分 法答网精选问答

第五部分 相关规定

第一部分　司法解释

最高人民法院
关于审理民间借贷案件适用法律若干问题的规定

（2015年6月23日最高人民法院审判委员会第1655次会议通过　根据2020年8月18日最高人民法院审判委员会第1809次会议通过的《最高人民法院关于修改〈关于审理民间借贷案件适用法律若干问题的规定〉的决定》第一次修正　根据2020年12月23日最高人民法院审判委员会第1823次会议通过的《最高人民法院关于修改〈最高人民法院关于在民事审判工作中适用《中华人民共和国工会法》若干问题的解释〉等二十七件民事类司法解释的决定》第二次修正）

为正确审理民间借贷纠纷案件，根据《中华人民共和国民法典》《中华人民共和国民事诉讼法》《中华人民共和国刑事诉讼法》等相关法律之规定，结合审判实践，制定本规定。

第一条　本规定所称的民间借贷，是指自然人、法人和非法人组织之间进行资金融通的行为。

经金融监管部门批准设立的从事贷款业务的金融机构及其分支机构，因发放贷款等相关金融业务引发的纠纷，不适用本规定。

第二条　出借人向人民法院提起民间借贷诉讼时，应当提供借据、收据、欠条等债权凭证以及其他能够证明借贷法律关系存在的证据。

当事人持有的借据、收据、欠条等债权凭证没有载明债权人，持有债权凭证的当事人提起民间借贷诉讼的，人民法院应予受理。被告对原告的债权人资格提出有事实依据的抗辩，人民法院经审查认为原告不具有债权人资格的，裁定驳回起诉。

第三条 借贷双方就合同履行地未约定或者约定不明确，事后未达成补充协议，按照合同相关条款或者交易习惯仍不能确定的，以接受货币一方所在地为合同履行地。

第四条 保证人为借款人提供连带责任保证，出借人仅起诉借款人的，人民法院可以不追加保证人为共同被告；出借人仅起诉保证人的，人民法院可以追加借款人为共同被告。

保证人为借款人提供一般保证，出借人仅起诉保证人的，人民法院应当追加借款人为共同被告；出借人仅起诉借款人的，人民法院可以不追加保证人为共同被告。

第五条 人民法院立案后，发现民间借贷行为本身涉嫌非法集资等犯罪的，应当裁定驳回起诉，并将涉嫌非法集资等犯罪的线索、材料移送公安或者检察机关。

公安或者检察机关不予立案，或者立案侦查后撤销案件，或者检察机关作出不起诉决定，或者经人民法院生效判决认定不构成非法集资等犯罪，当事人又以同一事实向人民法院提起诉讼的，人民法院应予受理。

第六条 人民法院立案后，发现与民间借贷纠纷案件虽有关联但不是同一事实的涉嫌非法集资等犯罪的线索、材料的，人民法院应当继续审理民间借贷纠纷案件，并将涉嫌非法集资等犯罪的线索、材料移送公安或者检察机关。

第七条 民间借贷纠纷的基本案件事实必须以刑事案件的审理结果为依据，而该刑事案件尚未审结的，人民法院应当裁定中止诉讼。

第八条 借款人涉嫌犯罪或者生效判决认定其有罪，出借人起诉请求担保人承担民事责任的，人民法院应予受理。

第九条 自然人之间的借款合同具有下列情形之一的，可以视为合同成立：

（一）以现金支付的，自借款人收到借款时；

（二）以银行转账、网上电子汇款等形式支付的，自资金到达借款人账户时；

（三）以票据交付的，自借款人依法取得票据权利时；

（四）出借人将特定资金账户支配权授权给借款人的，自借款人取得对该账户实际支配权时；

（五）出借人以与借款人约定的其他方式提供借款并实际履行完成时。

第十条　法人之间、非法人组织之间以及它们相互之间为生产、经营需要订立的民间借贷合同，除存在民法典第一百四十六条、第一百五十三条、第一百五十四条以及本规定第十三条规定的情形外，当事人主张民间借贷合同有效的，人民法院应予支持。

第十一条　法人或者非法人组织在本单位内部通过借款形式向职工筹集资金，用于本单位生产、经营，且不存在民法典第一百四十四条、第一百四十六条、第一百五十三条、第一百五十四条以及本规定第十三条规定的情形，当事人主张民间借贷合同有效的，人民法院应予支持。

第十二条　借款人或者出借人的借贷行为涉嫌犯罪，或者已经生效的裁判认定构成犯罪，当事人提起民事诉讼的，民间借贷合同并不当然无效。人民法院应当依据民法典第一百四十四条、第一百四十六条、第一百五十三条、第一百五十四条以及本规定第十三条之规定，认定民间借贷合同的效力。

担保人以借款人或者出借人的借贷行为涉嫌犯罪或者已经生效的裁判认定构成犯罪为由，主张不承担民事责任的，人民法院应当依据民间借贷合同与担保合同的效力、当事人的过错程度，依法确定担保人的民事责任。

第十三条　具有下列情形之一的，人民法院应当认定民间借贷合同无效：

（一）套取金融机构贷款转贷的；

（二）以向其他营利法人借贷、向本单位职工集资，或者以向公众非法吸收存款等方式取得的资金转贷的；

（三）未依法取得放贷资格的出借人，以营利为目的向社会不特定对象提供借款的；

（四）出借人事先知道或者应当知道借款人借款用于违法犯罪活动仍然提供借款的；

（五）违反法律、行政法规强制性规定的；

（六）违背公序良俗的。

第十四条 原告以借据、收据、欠条等债权凭证为依据提起民间借贷诉讼，被告依据基础法律关系提出抗辩或者反诉，并提供证据证明债权纠纷非民间借贷行为引起的，人民法院应当依据查明的案件事实，按照基础法律关系审理。

当事人通过调解、和解或者清算达成的债权债务协议，不适用前款规定。

第十五条 原告仅依据借据、收据、欠条等债权凭证提起民间借贷诉讼，被告抗辩已经偿还借款的，被告应当对其主张提供证据证明。被告提供相应证据证明其主张后，原告仍应就借贷关系的存续承担举证责任。

被告抗辩借贷行为尚未实际发生并能作出合理说明的，人民法院应当结合借贷金额、款项交付、当事人的经济能力、当地或者当事人之间的交易方式、交易习惯、当事人财产变动情况以及证人证言等事实和因素，综合判断查证借贷事实是否发生。

第十六条 原告仅依据金融机构的转账凭证提起民间借贷诉讼，被告抗辩转账系偿还双方之前借款或者其他债务的，被告应当对其主张提供证据证明。被告提供相应证据证明其主张后，原告仍应就借贷关系的成立承担举证责任。

第十七条 依据《最高人民法院关于适用〈中华人民共和国民事诉讼法〉的解释》第一百七十四条第二款之规定，负有举证责任的原告无正当理由拒不到庭，经审查现有证据无法确认借贷行为、借贷金额、支付方式等案件主要事实的，人民法院对原告主张的事实不予认定。

第十八条 人民法院审理民间借贷纠纷案件时发现有下列情形之一的，应当严格审查借贷发生的原因、时间、地点、款项来源、交付方式、款项流向以及借贷双方的关系、经济状况等事实，综合判断是否属于虚假民事诉讼：

（一）出借人明显不具备出借能力；

（二）出借人起诉所依据的事实和理由明显不符合常理；

（三）出借人不能提交债权凭证或者提交的债权凭证存在伪造的可能；

（四）当事人双方在一定期限内多次参加民间借贷诉讼；

（五）当事人无正当理由拒不到庭参加诉讼，委托代理人对借贷事实陈述不清或者陈述前后矛盾；

（六）当事人双方对借贷事实的发生没有任何争议或者诉辩明显不符合

常理；

（七）借款人的配偶或者合伙人、案外人的其他债权人提出有事实依据的异议；

（八）当事人在其他纠纷中存在低价转让财产的情形；

（九）当事人不正当放弃权利；

（十）其他可能存在虚假民间借贷诉讼的情形。

第十九条　经查明属于虚假民间借贷诉讼，原告申请撤诉的，人民法院不予准许，并应当依据民事诉讼法第一百一十二条之规定，判决驳回其请求。

诉讼参与人或者其他人恶意制造、参与虚假诉讼，人民法院应当依据民事诉讼法第一百一十一条、第一百一十二条和第一百一十三条之规定，依法予以罚款、拘留；构成犯罪的，应当移送有管辖权的司法机关追究刑事责任。

单位恶意制造、参与虚假诉讼的，人民法院应当对该单位进行罚款，并可以对其主要负责人或者直接责任人员予以罚款、拘留；构成犯罪的，应当移送有管辖权的司法机关追究刑事责任。

第二十条　他人在借据、收据、欠条等债权凭证或者借款合同上签名或者盖章，但是未表明其保证人身份或者承担保证责任，或者通过其他事实不能推定其为保证人，出借人请求其承担保证责任的，人民法院不予支持。

第二十一条　借贷双方通过网络贷款平台形成借贷关系，网络贷款平台的提供者仅提供媒介服务，当事人请求其承担担保责任的，人民法院不予支持。

网络贷款平台的提供者通过网页、广告或者其他媒介明示或者有其他证据证明其为借贷提供担保，出借人请求网络贷款平台的提供者承担担保责任的，人民法院应予支持。

第二十二条　法人的法定代表人或者非法人组织的负责人以单位名义与出借人签订民间借贷合同，有证据证明所借款项系法定代表人或者负责人个人使用，出借人请求将法定代表人或者负责人列为共同被告或者第三人的，人民法院应予准许。

法人的法定代表人或者非法人组织的负责人以个人名义与出借人订立民间借贷合同，所借款项用于单位生产经营，出借人请求单位与个人共同承担责任的，人民法院应予支持。

第二十三条 当事人以订立买卖合同作为民间借贷合同的担保，借款到期后借款人不能还款，出借人请求履行买卖合同的，人民法院应当按照民间借贷法律关系审理。当事人根据法庭审理情况变更诉讼请求的，人民法院应当准许。

按照民间借贷法律关系审理作出的判决生效后，借款人不履行生效判决确定的金钱债务，出借人可以申请拍卖买卖合同标的物，以偿还债务。就拍卖所得的价款与应偿还借款本息之间的差额，借款人或者出借人有权主张返还或者补偿。

第二十四条 借贷双方没有约定利息，出借人主张支付利息的，人民法院不予支持。

自然人之间借贷对利息约定不明，出借人主张支付利息的，人民法院不予支持。除自然人之间借贷的外，借贷双方对借贷利息约定不明，出借人主张利息的，人民法院应当结合民间借贷合同的内容，并根据当地或者当事人的交易方式、交易习惯、市场报价利率等因素确定利息。

第二十五条 出借人请求借款人按照合同约定利率支付利息的，人民法院应予支持，但是双方约定的利率超过合同成立时一年期贷款市场报价利率四倍的除外。

前款所称“一年期贷款市场报价利率”，是指中国人民银行授权全国银行间同业拆借中心自2019年8月20日起每月发布的一年期贷款市场报价利率。

第二十六条 借据、收据、欠条等债权凭证载明的借款金额，一般认定为本金。预先在本金中扣除利息的，人民法院应当将实际出借的金额认定为本金。

第二十七条 借贷双方对前期借款本息结算后将利息计入后期借款本金并重新出具债权凭证，如果前期利率没有超过合同成立时一年期贷款市场报价利率四倍，重新出具的债权凭证载明的金额可认定为后期借款本金。超过部分的利息，不应认定为后期借款本金。

按前款计算，借款人在借款期间届满后应当支付的本息之和，超过以最初借款本金与以最初借款本金为基数、以合同成立时一年期贷款市场报价利率四倍计算的整个借款期间的利息之和的，人民法院不予支持。

第二十八条 借贷双方对逾期利率有约定的，从其约定，但是以不超过合同成立时一年期贷款市场报价利率四倍为限。

未约定逾期利率或者约定不明的，人民法院可以区分不同情况处理：

（一）既未约定借期内利率，也未约定逾期利率，出借人主张借款人自逾期还款之日起参照当时一年期贷款市场报价利率标准计算的利息承担逾期还款违约责任的，人民法院应予支持；

（二）约定了借期内利率但是未约定逾期利率，出借人主张借款人自逾期还款之日起按照借期内利率支付资金占用期间利息的，人民法院应予支持。

第二十九条　出借人与借款人既约定了逾期利率，又约定了违约金或者其他费用，出借人可以选择主张逾期利息、违约金或者其他费用，也可以一并主张，但是总计超过合同成立时一年期贷款市场报价利率四倍的部分，人民法院不予支持。

第三十条　借款人可以提前偿还借款，但是当事人另有约定的除外。

借款人提前偿还借款并主张按照实际借款期限计算利息的，人民法院应予支持。

第三十一条　本规定施行后，人民法院新受理的一审民间借贷纠纷案件，适用本规定。

2020 年 8 月 20 日之后新受理的一审民间借贷案件，借贷合同成立于 2020 年 8 月 20 日之前，当事人请求适用当时的司法解释计算自合同成立到 2020 年 8 月 19 日的利息部分的，人民法院应予支持；对于自 2020 年 8 月 20 日到借款返还之日的利息部分，适用起诉时本规定的利率保护标准计算。

本规定施行后，最高人民法院以前作出的相关司法解释与本规定不一致的，以本规定为准。

【导读及适用要点】

一、关于借贷合同无效的认定规则

法律规定了合同无效制度，以集中体现对行为的否定态度。新《最高人民法院关于审理民间借贷案件适用法律若干问题的规定》（以下简称新《民间借贷解释》）对民间借贷合同无效事由作出规定，体现对借贷行为的管控和规制，为借贷主体参与民间借贷活动划定界限。相较于2015年《民间借贷解释》，新司法解释第十三条对借贷合同无效事由作出以下修改：

一是删除了原第十四条第一项、第二项关于“借款人事先知道或者应当知道”的无效要件，进一步放宽民间借贷合同无效的认定标准；

二是将原第十四条第一项规定的“信贷资金”改为“贷款”，避免在适用中对贷款性质产生歧义，同时删除了“转贷”前的“高利”二字，放弃了出借人牟利目的的无效要件，即便转贷行为并不获利，也因行为具有规避金融监管、扰乱金融秩序的性质，不应认可其效力；

三是增加“未依法取得放贷资格的出借人，以营利为目的向社会不特定对象提供借款的”作为规定的第三项，明确禁止职业放贷行为；

四是为与《民法典》的规定保持一致，对有关条款的具体表述作出规范。

需要注意的是，首先，2015年《民间借贷解释》确立的转贷无效规则，有条件地承认了企业间借贷合同的效力，取得了良好的效果。为顺应我国市场经济发展趋势，新《民间借贷解释》修改过程中，最高人民法院先后征求了有关主管部门、专家学者以及行业协会的意见，决定突出民间借贷以自有资金和禁止吸收他人资金转手放款的原则要求，对转贷无效规则作出严格限定。实践中，对于新《民间借贷解释》第十三条第一项规定存有一定争议，有观点认为，只要有证据证明出借人在出借款项的同期尚有金融机构贷款尚未偿还，出借人又不能举证证明款项的具体来源的，即可推定其实施了套取金融机构贷款的转贷行为。笔者认为，该项规定旨在加重出借人对资金来源的举证责任，但在认定是否构成套取金融机构贷款转贷的具体情形时，还应当综合出借人的贷款用途、出借人的金融贷款与用于出借的款项是否可以区分等方面加以综合考虑。

另外，该条第二项之规定中虽有“向其他营利法人借贷”“向本单位职工集资”的表述，但并不影响主体的广泛性，并未将自然人主体排除在外，出借人为自然人的，只要符合行为要件，也可适用该项规定认定合同无效。

其次，我国虽一直秉持民商合一的立法体系，但仍重视民商区分的法律思维。职业放贷人以放贷为业，对金融市场规则十分熟悉，有较高能力控制风险和节约成本，已经超出了民事行为的范畴，依据《银行业监督管理法》

《中国银行保险监督管理委员会、公安部、国家市场监督管理总局、中国人民银行关于规范民间借贷行为维护经济金融秩序有关事项的通知》的相关规定，职业放贷行为严重危害金融秩序，应当严格禁止。2015 年《民间借贷解释》制定过程中，考虑到职业放贷人难以认定，我国《放贷人条例》在当时已形成草案，故未将职业放贷行为纳入司法解释的规制范围。但《放贷人条例》至今仍未出台，职业放贷现象却愈演愈烈，故新《民间借贷解释》第十三条第三项明确规定了职业放贷行为的合同无效事由。而关于职业放贷行为的认定标准，法律并无明确规定，相关司法解释和司法政策文件虽有涉及，但规定不一。笔者认为，除应结合条款中关于出借人是否获得有权机关的依法批准，出借行为是否具有营利目的以及是否属于向不特定对象提供借款的规定对职业放贷行为作出认定以外，还可以由各高级人民法院探索在本辖区范围内，综合考虑出借人放贷的次数、金额、主要收入来源、在法院集中诉讼的情况等对职业放贷人标准予以具体规范。

最后，该条规定根据民间借贷合同的特点，涵盖了民间借贷合同无效的主要事由。实践中，对于符合《民法典》规定民事法律行为无效情形的民间借贷行为，应当直接依据《民法典》的相关规定认定无效。例如，借贷合同的一方主体为无民事行为能力人的，应当依据《民法典》第一百四十四条之规定认定无效；出借人与借款人以虚假的意思表示订立民间借贷合同的，应依据《民法典》第一百四十六条之规定认定无效。

二、关于民间借贷利率的司法保护上限

利率问题是民间借贷的核心问题，也是新《民间借贷解释》的主要内容。经济学理论认为，金融是实体经济的血脉，以促进资金在各产业和企业间流动，来实现资源的优化配置，促进实体经济发展。理想的利率标准应当由市场自发形成，但利率市场化不是利率无序化，无序的市场会降低金融配置资源的效率，导致金融与实体经济失衡，既不利于实体经济发展，也不利于融资活动规范开展，必须加以规制。从我国目前情况看，行政管理层面上，民间借贷缺乏明确的主管部门；立法层面上，《民法典》第六百八十条虽然规定“禁止高利放贷，借款的利率不得违反国家有关规定”，但民间借贷的利率标准并没有相关法律、法规作出明确规范。与此同时，市场主体的民间借贷活

动却日益活跃，人民法院受理民间借贷纠纷案件数量激增，在近年来每年均有两百余万件民间借贷纠纷案件涌入法院，人民法院不能拒绝裁判的情况下，划定民间借贷利率的司法保护上限，是人民法院公平公正处理民间借贷案件的前提条件，可以为民间借贷纠纷的解决提供具体明确的裁判标准和救济渠道。因此，无论是1991年《最高人民法院关于人民法院审理借贷案件的若干意见》，还是2015年《民间借贷解释》，均对民间借贷利率的司法保护上限作出规定。当然，作为借款合同的一种形式，尊重当事人的意思自治仍是处理民间借贷纠纷应当坚持的一项根本准则，只有恪守意思自治原则，才能充分发挥民间借贷在融通资金、激活市场方面的积极作用。新《民间借贷解释》划定民间借贷利率的保护上限，并不妨碍当事人在实施借贷行为过程中的意思自治。只要不违反法律、行政法规的强制性规定，不违背公序良俗，借贷双方有权按照自己的意思，就借款合同中的借款期限、利息计算、逾期利息、合同解除等内容作出自愿协商，并承受相应的法律后果。

关于民间利率的司法保护上限标准问题，最高人民法院在调研过程中收集到社会各界的三种主要意见。

第一种意见以全国人大代表、政协委员为代表，认为应当大幅度降低民间借贷利率的司法保护上限到与实体经济的利润率基本持平的程度，着力缓解中小企业融资压力，保障促进实体经济发展；

第二种意见以立法机关为代表，认为应对民间借贷采取与金融机构借贷相同利率标准的保护上限，进一步压缩民间借贷的生存空间，体现从严、治乱的精神要求；

第三种意见以金融监管部门为代表，认为2015年《民间借贷解释》确定“以24%和36%为基准的两线三区”标准符合民间借贷的特性，有利于提高民间借贷资金的可获得性，可以继续沿用。

笔者认为，为避免合同在履行过程中的风险，民间借贷利率的司法保护上限经常会成为借贷双方约定利率的重要参考，并辐射性地影响金融市场的资金定价，过高或者过低地划定保护上限的标准，均不利于民间借贷平稳健康发展，也不利于金融市场秩序稳定。鉴于2019年8月17日中国人民银行已经发布2019第15号公告，决定改革完善贷款市场报价利率（LPR）形成机制，参考近期LPR数据的运行情况，将民间借贷利率的保护标准与国家货币政策调控机制进行衔接，既能适应我国利率市场化改革的客观需要，又能有效降低民间融资的成本，为民间借贷市场发展预留空间。同时，考虑到我国司法实践中长期以来对民间借贷利率不超过银行同类贷款利率4倍的上限规定的接受程度，新《民间借贷解释》第二十五条明确规定："出借人请求借款人按照合同约定利率支付利息的，人民法院应予支持，但是双方约定的利率超过合同成立时一年期贷款市场报价利率四倍的除外。前款所称'一年期贷款市场报价利率'，是指中国人民银行授权全国银行间同业拆借中心自2019年8月20日起每月发布的一年期贷款市场报价利率。"

三、新《民间借贷解释》执行的本息保护政策

为贯彻落实《民法典》第六百八十条关于"禁止高利放贷"的原则精神，新《民间借贷解释》继续执行更加严格的本息保护政策。依据新《民间借贷解释》第二十五条第一款、第二十七条第二款、第二十八条以及第二十九条之规定，无论当事人采取何种方式约定利息，对于按照约定要求借款人支付的利息，超过双方合同成立时1年期贷款市场报价利率4倍计算的整个借款期间利息之和的，人民法院均不予支持。除此以外，当事人主张的逾期利息、违约金或者其他费用总计超过合同成立时1年期贷款市场报价利率4倍的部分，人民法院亦不予支持。

具体而言，该部分法律适用应当注意以下两个问题。

第一，关于2020年8月20日《民间借贷解释》施行后逾期还款违约责任的标准问题，新《民间借贷解释》第二十八条第二款第一项明确规定，"既未约定借期内利率，也未约定逾期利率，出借人主张借款人自逾期还款之日起参照当时一年期贷款市场报价利率标准计算的利息承担逾期还款违约责任的，人民法院应予支持"，对借款人逾期还款违约责任的计算标准作出了完善。

第二，为防止出借人以费用名义额外计收利息，进而规避民间借贷利率的司法保护上限，应当从第二十九条规定控制借款成本的立法本意出发，将"其他费用"理解为借款人为获得借款而支付的其他成本，应与利率的性质基本相同，包括但不限于服务费、咨询费、管理费、会员费等除借款本金之外实际支付的费用。对于实践中争议较大的担保费问题，由于"其他费用"已

经明确为出借人向借款人实际收取的费用，应视担保费是否最终由出借人实际收取作出认定。

四、新《民间借贷解释》的溯及力

司法解释的溯及力直接决定该司法解释是否适用于某一案件，对当事人的权利义务影响巨大。在修改 2015 年《民间借贷解释》的过程中，因民间借贷利率司法保护上限的下调，有关溯及力的规定成为利率问题之外的又一重点。因涉及社会综合治理下存量债务的清理工作，涉及新旧司法解释的衔接适用，考虑到对当事人权益的平衡保护，以及该条规定将会对人民法院依法审理民间借贷纠纷案件产生较大影响，在 2020 年 8 月 20 日司法解释颁布后，最高人民法院又听取了各方面反馈意见，以《民法典》司法解释清理工作为契机，对该条规定作出补充完善。

由于我国《立法法》第九十三条[①]规定："法律、行政法规、地方性法规、自治条例和单行条例、规章不溯及既往，但为了更好地保护公民、法人和其他组织的权利和利益而作的特别规定除外。"关于司法解释是否具有溯及力问题一直存有不同认识。

根据 1981 年第五届全国人大第十九次常委会通过的《关于加强法律解释工作的决议》的相关规定，凡是属于法院审判工作中具体应用法律、法令的问题，由最高人民法院解释。由此可见，司法解释作为司法机关为统一法律适用标准而对现行立法作出的解释，是对如何正确理解和执行法律所作出的具体规定，其内容是法律的应有之义，解释的内容一般不得超越法律本身，也就不会超越社会成员的正当预期，溯及既往也不会损害人们的信赖利益。最高人民法院大多数司法解释都规定，自司法解释施行之日起，人民法院尚未审结的一、二审案件均应适用，这一规定方式实际上是认可了司法解释具有天然溯及力的观点。

但是，司法解释虽是对既有法律所作之解释，而我国的司法解释，在一定程度上还起到填补立法空白的作用，《民间借贷解释》有关利率保护标准的规定即是如此，至少在现阶段承担着填补立法空白的作用，按照"法不溯及

① 现为《立法法》（2023 年修正）第一百零四条。

既往”的普遍原则，民事法律行为的当事人不应被将来的、不确定的法律规范，影响其在设定民事权利义务时的合法信赖利益。

法的生命在于实施，以无溯及力为原则，有溯及力为例外。新《民间借贷解释》第三十一条规定：“本规定施行后，人民法院新受理的一审民间借贷纠纷案件，适用本规定。2020年8月20日之后新受理的一审民间借贷案件，借贷合同成立于2020年8月20日之前，当事人请求适用当时的司法解释计算自合同成立到2020年8月19日的利息部分的，人民法院应予支持；对于自2020年8月20日到借款返还之日的利息部分，适用起诉时本规定的利率保护标准计算。本规定施行后，最高人民法院以前作出的相关司法解释与本规定不一致的，以本规定为准。”本条第一款“本规定施行后，人民法院新受理的一审民间借贷纠纷案件，适用本规定”，是指自2020年8月20日起，各级人民法院新受理的一审民间借贷纠纷案件适用新《民间借贷解释》，对于已经受理的一审、二审、再审案件的审理不适用新《民间借贷解释》，是新司法解释时间效力的原则性规定。

一是慎重考量了《立法法》的相关规定。基于司法解释的功能定位，新《民间借贷解释》关于利率保护和合同效力等主要内容，符合《立法法》第九十三条“为了更好地保护公民、法人和其他组织的权利和利益而作的特别规定”的例外情形，可以有利溯及适用。

二是充分参考了2014年以来最高人民法院发布的民商事类司法解释，多采“实体从旧、程序从新”的溯及力准则，作为民间借贷行为的全面规范，新《民间借贷解释》以实体内容为主，适用于新受理的一审案件，也符合民事审判规律。至于“新受理案件”的标准问题，实践中存有一定争议。笔者认为，按照我国立案登记制度的相关规定，在2020年8月20日前人民法院收到当事人起诉材料且已转入诉前调解程序的，在2020年8月20日（含）后登记立案的案件，应视为是8月20日前受理的案件，依据新《民间借贷解释》第三十一条第一款之规定，不适用新《民间借贷解释》。

新《民间借贷解释》第三十一条第二款之规定注重保护民间借贷合同当事人的合理预期，为不减损当事人既存权利，同时体现新司法解释颁布后的规范和引导作用，明确了“跨法”行为分段适用新旧司法解释的具体规则。依据该款规定，人民法院在审理2020年8月20日后新受理的一审民间借贷案件时，对于借贷合同成立于8月20日之前，延续到新司法解释之后的借贷合同，当事人请求按照2015年《民间借贷解释》确定的标准计算部分利息的，以不超过8月19日为界，人民法院应予支持。

此外，根据“新法优于旧法”的法的适用原则，新《民间借贷解释》第三十一条第三款规定，最高人民法院以前作出的司法解释与新《民间借贷解释》对同一法律问题或者规则的规定存在适用冲突的，以新《民间借贷解释》的规定为准。

附：关于重点修改条文的修改说明和理解与适用

1. 第十四条（新《民间借贷解释》第十三条）

【修改内容】

在对原《民间借贷解释》修改过程中，对第十四条规定民间借贷合同的无效事由作出了如下修改：一是删除了第一项、第二项关于“借款人事先知道或者应当知道”的无效要件，进一步放宽民间借贷合同无效的认定标准；二是将第一项规定的“信贷资金”改为“贷款”，避免在适用中对贷款性质产生歧义，同时删除了转贷前的“高利”二字，放弃了出借人牟利目的的无效要件，即便转贷行为并不获利，也因行为具有规避金融监管、扰乱金融秩序的性质，不应认可其效力；三是增加规定“未依法取得放贷资格的出借人，以营利为目的向社会不特定对象提供借款的”作为第三项，明确禁止职业放贷行为。

另外，为与《民法典》的规定保持一致，我们对条款的具体表述也进行了规范，除删除了第五项中的“社会”与第六项中“效力性”的词语、将第二项的“企业”改为“营利法人”的概念之外，还调整了第五项、第六项的先后顺序。

【修改说明】

为突出民间借贷以“自有闲置资金”“非经常性”放款的原则要求，本条以《民法典》规定的民事法律行为无效制度为基础，结合民间借贷合同的特点，进行修改。

【理解与适用】

法律规定合同无效制度，以集中体现对行为的否定态度。本条规定对民间借贷合同的无效事由作出规定，体现对借贷行为的管控和规制，为借贷主体参与民间借贷活动划定界限。

首先，在《民间借贷解释》修改以前已经确立的“转贷无效”规则，有条件地承认了企业间借贷合同的效力，在施行过程中取得了良好的效果。但为顺应我国市场经济发展趋势，在《民间借贷解释》修改过程中，最高人民法院又先后征求了有关主管部门、专家学者以及行业协会的意见，决定突出民间借贷以自有资金和禁止吸收他人资金转手放款的原则要求，对转贷无效规则作出严格限定。实践中，对于本条第一项规定存有一定争议，有观点认为，只要有证据证明出借人在出借款项的同期尚有金融机构贷款尚未偿还，出借人又不能举证证明款项的具体来源的，即可推定其实施了套取金融机构贷款转贷行为。我们认为，该项规定旨在加重出借人对资金来源的举证责任，但在认定是否构成套取金融机构贷款转贷的具体情形时，还应当综合出借人的贷款用途，出借人的金融贷款与用于出借的款项是否可以区分等方面加以综合考虑。另外，本条第二项之规定中虽有“向其他营利法人借贷”“向本单位职工集资”的表述，但并不影响主体的广泛性，并未将自然人主体排除在外，出借人为自然人的，只要符合行为要件，也可适用本条第二项之规定认定合同无效。

其次，我国虽一直秉持民商合一的立法体系，但仍重视民商区分的法律思维，职业放贷人以放贷为业，对金融市场规则十分熟悉，有较高能力控制风险和节约成本，已经超出了民事主体的范畴。依据《银行业监督管理法》《关于规范民间借贷行为维护经济金融秩序有关事项的通知》的相关规定，职业放贷行为严重危害金融秩序，应当严格禁止。2015 年，在制定本《民间借贷解释》的过程中，考虑到职业放贷人难以认定，我国《放贷人条例》在当时已形成草案，故未将职业放贷行为纳入《民间借贷解释》的规制范围，但《放贷人条例》至今仍未出台，职业放贷现象却愈演愈烈，故在修改《民间借贷解释》时，在本条规定的第三项增加规定了职业放贷行为的合同无效事由。而关于职业放贷行为的认定标准，法律并无明确规定，相关《民间借贷解释》和司法政策文件虽有涉及，也规定不一。我们认为，除应结合条款中关于出借人是否获得有权机关的依法批准，出借行为是否具有营利目的以及是否属于向不特定对象提供借款的规定对职业放贷行为作出认定以外，还可以由各高级法院探索在本辖区范围内，综合考虑出借人放贷的次数、金额、主要收入来源、在法院集中诉讼的情况等对职业放贷人标准予以具体规范。

最后，本条规定根据民间借贷合同的特点，涵盖了民间借贷合同无效的主要事由。实践中，对于符合《民法典》规定民事法律行为无效制度的民间借贷行为，应当直接依据《民法典》的相关规定认定无效。例如，借贷合同的一方主体为无民事行为能力人的，应当依据《民法典》第一百四十四条之规定认定为无效；出借人与借款人以虚假的意思表示订立民间借贷合同的，亦应依据《民法典》第一百四十六条之规定认定无效。

2. 第二十六条（新《民间借贷解释》第二十五条）

【修改内容】

本条第一款将“借贷双方约定的利率未超过年利率24%，出借人的请求借款人按照约定的利率支付利息的，人民法院应予支持”修改为“出借人请求借款人按照合同约定利率支付利息的，人民法院应予支持，但是双方约定的利率超过合同成立时一年期贷款市场报价利率四倍的除外”。一方面，是重新划定了民间借贷利率的司法保护上限；另一方面，体现了《民间借贷解释》依法保障民间借贷主体的意思自治。

为进一步贯彻《民法典》禁止高利放贷的精神要求，本条第二款取消了“借贷双方约定的利率超过年利率36%，超过部分的利息约定无效。借款人请求出借人返还已支付的超过年利率36%部分的利息的，人民法院应予支持”的规定内容，而将第二款改为“前款所称‘一年期贷款市场报价利率’，是指中国人民银行授权全国银行间同业拆借中心自2019年8月20日起每月发布的一年期贷款市场报价利率”，即对本条第一款所确定的利率计算标准作出明确界定。

【修改说明】

依据《民法典》第六百八十条第一款关于“禁止高利放贷，借款利率不得违反国家有关规定”之规定，结合中国人民银行贷款取消基准利率后，应当适用全国银行间同业拆借中心公布的贷款市场报价利率（LPR）作为贷款利率的计算标准，本《民间借贷解释》重新划定了民间借贷利率的司法保护上限。

【理解与适用】

利率问题是民间借贷的核心问题，也是民间借贷《民间借贷解释》的主要内容。经济学理论认为，金融是实体经济的血脉，以促进资金在各产业和企业间流动，来实现资源的优化配置、促进实体经济发展。理想的利率标准应当由市场自发形成，但利率市场化不是利率无序化，无序的市场会降低金融配置资源的效率，导致金融与实体经济失衡，既不利于实体经济发展，也不利于融资活动规范开展，必须加以规制。从我国目前情况看，行政管理层面上，民间借贷缺乏明确的主管部门；立法层面上，《民法典》第六百八十条虽然规定“禁止高利放贷，借款的利率不得违反国家有关规定”，但至今没有法律法规对民间借贷的利率标准作出明确规范。与此同时，市场主体的民间借贷活动却日益活跃，人民法院受理民间借贷纠纷案件数量激增，在近年来每年均有两百余万件的民间借贷纠纷案件涌入法院，人民法院却又不能“拒绝裁判”的情况下，划定民间借贷利率的司法保护上限是人民法院公平公正处理民间借贷案件的前提条件，可以为民间借贷纠纷的解决提供具体明确的裁判标准和救济渠道。因此，无论是1991年《最高人民法院关于人民法院审理借贷案件的若干意见》，还是本《民间借贷解释》，均对民间借贷利率的司法保护上限作出规定。当然，作为借款合同的一种形式，尊重当事人的意思自治仍是处理民间借贷纠纷应当坚持的一项根本准则，只有恪守意思自治原则，才能充分发挥民间借贷在融通资金、激活市场方面的积极作用。需要注意的是，本《民间借贷解释》划定民间借贷利率的保护上限，并不妨碍当事人在实施借贷行为过程中的意思自治。只要不违反法律、行政法规的强制性规定，不违背公序良俗，借贷双方有权按照自己的意思，就借款合同中的借款期限、利息计算、逾期利息、合同解除等内容作出自愿协商，并承受相应的法律后果。

关于民间利率的司法保护上限的标准问题，最高人民法院在调研过程中收集到社会各界形成的三种主要意见：一种意见以全国人大代表、政协委员为代表，认为应当大幅度降低民间借贷利率的司法保护上限到与实体经济的利润率基本持平的程度，着力缓解中小企业融资压力，保障促进实体经济发展；另一种意见以立法机关为代表，认为应对民间借贷采取与金融机构借贷相同利率标准的保护上限，进一步压缩民间借贷的生存空间，体现从严、治乱的精神要求；还有一种意见以金融监管部门为代表，认为原《民间借贷解释》已经确定的“以24%和36%为基准的两线三区”标准符合民间借贷的特性，有利于提高民间借贷资金的可获得性，可以继续沿用。笔者认为，为避免合同在履行过程中的风险，民间借贷利率的司法保护上限经常会成为借贷双方约定利率的重要参考，并辐射性地影响金融市场的资金定价，过高或者过低地划定保护上限的标准，均不利于民间借贷平稳健康发展，也不利于金融市场秩序稳定。鉴于2019年8月17日，中国人民银行已经发布“2019第15号公告”，决定改革完善贷款市场报价利率（LPR）形成机制，参考近期LPR数据的运行情况，将民间借贷利率的保护标准与国家货币政策调控机制进行衔接，在实际上大幅调低了民间借贷利率的司法保护上限，既能适应我国利率市场化改革的客观需要，又能有效降低民间融资的成本，为民间借贷市场发展预留空间。同时，考虑到我国司法实践中长期以来对民间借贷利率不超过“银行同类贷款利率的4倍”上限规定的接受程度，在对原《民间借贷解释》修改过程中，以中国人民银行授权全国银行间同业拆借中心每月20日发布的一年期贷款市场报价利率（LPR）四倍的标准，重新划定了民间借贷利率的司法保护上限，取代“以24%和36%为基准的两线三区”的规定标准，是在充分吸收社会各界意见后形成的最大公约数，可以将民间借贷利率的司法保护上限控制在一个相对合理的范围内。

据此，依据新《民间借贷解释》的相关规定，我们将继续执行更加严格的本息保护政策，无论当事人采取何种方式约定利息，对于按照约定要求借款人支付的利息，超过双方合同成立时一年期贷款市场报价利率四倍计算的整个借款期间利息之和的，人民法院均不予支持。除此以外，当事人主张的逾期利息、违约金或者其他费用总计超过合同成立时一年期贷款市场报价利率四倍的部分，人民法院亦不予支持。

还应注意的是，为防止出借人以费用名义额外计收利息，进而规避民间借贷利率的司法保护上限，应当从新《民间借贷解释》控制借款成本的立法本意出发，将原第三十条（修改后的第二十九条）中的“其他费用”理解为借款人为获得借款而支付的其他成本，应与利率的性质基本相同，包括但不限于服务费、咨询费、管理费、会员费等除借款本金之外实际支付的费用。关于实践中争议较大的担保费问题，由于“其他费用”已经明确为出借人向借款人实际收取的费用，应视担保费是否最终由出借人实际收取作出认定。

3．第三十三条（新《民间借贷解释》第三十一条）

【修改内容】

从规范适用的角度，本条将“本规定公布施行后，最高人民法院于1991年8月13日发布的《关于人民法院审理借贷案件的若干意见》同时废止；最高人民法院以前发布的《民间借贷解释》与本规定不一致的，不再适用”修改为“本规定施行后，最高人民法院以前作出的相关《民间借贷解释》与本规定不一致的，以本规定为准”，作为本条的第三款。

从适用案件的角度，本条增加规定“本规定施行后，人民法院新受理的一审民间借贷纠纷案件，适用本规定”，作为本条第一款。

从适用标准的角度，本条增加规定“2020年8月20日之后新受理的一审民间借贷案件，借贷合同成立于2020年8月20日之前，当事人请求适用当时的《民间借贷解释》计算自合同成立到2020年8月19日的利息部分的，人民法院应予支持；对于自2020年8月20日到借款返还之日的利息部分，适用起诉时本规定的利率保护标准计算”，作为本条第二款。

【修改说明】

依据我国《立法法》第九十三条之规定，基于新旧《民间借贷解释》的衔接适用过程中，涉及社会综合治理下存量债务的清理工作，以及对当事人权益的平衡保护，进行修改。

【理解与适用】

《民间借贷解释》的溯及力直接决定该《民间借贷解释》是否适用于某一案件，对当事人的权利义务影响巨大。在本《民间借贷解释》修改过程中，因民间借贷利率司法保护上限的下调，有关溯及力的规定成为利率问题之外的又一重点。因新旧《民间借贷解释》的衔接适用，将涉及社会综合治理下存量债务的清理工作，以及对当事人权益的平衡保护，新《民间借贷解释》的溯及力将会对人民法院依法审理民间借贷纠纷案件产生较大影响。

由于我国《立法法》第九十三条规定：“法律、行政法规、地方性法规、自治条例和单行条例、规章不溯及既往，但为了更好地保护公民、法人和其他组织的权利和利益而作的特别规定除外。”关于《民间借贷解释》是否具有溯及力的问题，一直存有不同认识。有观点认为，根据1981年第五届全国人大第十九次常委会通过《关于加强法律解释工作的决议》的相关规定，《民间借贷解释》是最高人民法院为统一法律适用标准而对现行立法作出的解释，解释的内容一般不得超越法律本身，也就不会超越社会成员的正当预期，溯及既往并不会损害其信赖利益，故最高人民法院《民间借贷解释》大多规定，自《民间借贷解释》施行之日起，人民法院尚未审结的一审、二审案件均应适用，这种观点实际上是认为《民间借贷解释》具有天然的溯及力。但也有相反观点认为，《民间借贷解释》虽是对既有法律的解释，而我国的《民间借贷解释》在一定程度上还起到填补立法空白的作用，按照“法不溯及既往”的普遍原则，民事法律行为的当事人不应被将来的、不确定的法律规范，影响其在设定民事权利义务时的合法信赖利益。民间借贷《民间借贷解释》有关利率司法保护上限的规定即是如此，故《民间借贷解释》不应具有溯及力。

笔者认为，法的生命在于实施，以无溯及力为原则，有溯及力为例外。具体而言，本条第一款规定“本规定施行后，人民法院新受理的一审民间借贷纠纷案件，适用本规定”，是指第一次修改后的《民间借贷解释》自2020年8月20日公布之日起开始施行，新《民间借贷解释》施行后，各级人民法院新受理的一审民间借贷纠纷案件均应适用本《民间借贷解释》，但对于已经受理的一审、二审、再审案件的审理不适用本规定。该款规定是关于本《民间借贷解释》适用案件的原则性规定，一是慎重考量了《立法法》关于“有利溯及”的相关规定，基于《民间借贷解释》的功能定位，新民间借贷《民间借贷解释》关于利率保护和合同效力等主要内容，符合《立法法》第九十三条“为了更好地保护公民、法人和其他组织的权利和利益而作出的特别规定”的例外情形；二是充分参考了2014年以来，最高人民法院发布的民商事类《民间借贷解释》，多采“实体从旧、程序从新”的溯及力准则，作为民间借贷行为的全面规范，新民间借贷《民间借贷解释》以实体内容为主，适用于新受理的一审案件，也符合民事审判规律。关于“新受理”案件的标准问题，实践中存有一定争议。我们认为，按照我国立案登记制度的相关规定，在2020年8月20日前人民法院收到当事人起诉材料且已转入诉前调解程序的，在2020年8月20日（含）后登记立案的案件，应视为是8月20日前受理的案件，依据本条第一款之规定，不适用新民间借贷《民间借贷解释》。

本条第二款之规定以不减损当事人既存权利为前提，同时体现新《民间借贷解释》颁布后的规范和引导作用，明确了“跨法”行为分段适用新旧《民间借贷解释》的具体规则，注重保护民间借贷合同当事人的合理预期。依据该款规定，人民法院在审理2020年8月20日后新受理的一审民间借贷案件时，对于借贷合同成立于8月20日之前，延续到新《民间借贷解释》之后的借贷合同，当事人请求按照原民间借贷《民间借贷解释》确定的标准计算部分利息的，以不超过8月19日为界，人民法院应予支持。

此外，根据“新法优于旧法”的法的适用原则，本条第三款规定，最高人民法院以前发布的《民间借贷解释》与新民间借贷《民间借贷解释》对同一法律问题或者规则的规定存在适用冲突的，以新《民间借贷解释》的规定为准。

（撰稿人：刘　敏　唐　倩）

最高人民法院
关于新民间借贷司法解释适用范围问题的批复

法释〔2020〕27号

（2020年11月9日最高人民法院审判委员会第1815次会议通过
2020年12月29日最高人民法院公告公布　自2021年1月1日起施行）

广东省高级人民法院：

你院《关于新民间借贷司法解释有关法律适用问题的请示》（粤高法〔2020〕108号）收悉。经研究，批复如下：

一、关于适用范围问题。经征求金融监管部门意见，由地方金融监管部门监管的小额贷款公司、融资担保公司、区域性股权市场、典当行、融资租赁公司、商业保理公司、地方资产管理公司等七类地方金融组织，属于经金融监管部门批准设立的金融机构，其因从事相关金融业务引发的纠纷，不适用新民间借贷司法解释。

二、其他两问题已在修订后的司法解释中予以明确，请遵照执行。

三、本批复自2021年1月1日起施行。

【导读及适用要点】

非银行业金融机构，顾名思义，就是银行业之外的金融机构。过去有一个简单判断标准，即不是由原银监会监管的金融机构。但是这种分类方式并不精准，因为除了从事保险业、证券业的金融机构分别由保监会、证监会监管之外，原银监会事实上也监管部分非银行金融机构。例如，金融资产管理公司、信托公司、企业集团财务公司、金融租赁公司、汽车金融公司、货币经纪公司、消费金融公司等。自2018年银监会、保监会合并成立银保监会后，则不能再以其监管机构不同简单划分，而应从其是否从事吸收公众存款业务并辅以所从事业务领域来区分银行业金融机构与非银行金融机构。

1. 从事证券或保险及其衍生业务的金融机构，如证券公司、保险公司、期货公司、公募基金、私募基金等，由于金融行业实行分业经营、区别监管，故这些机构因不从事银行业务，一般都没有得到从事贷款业务的许可，比如证券公司、基金公司、期货公司等都没有发放贷款的资质。因此，虽然这些机构满足《最高人民法院关于审理民间借贷案件适用法律若干问题的规定》（以下简称《民间借贷规定》）第一条第二款中“经金融监管部门批准设立”的要求，但依法没有从事贷款业务的资格，故不能满足该条第2款例外情形的规定。但是也有一些特殊情形，比如证券公司的融资融券，保险公司的保单质押贷款等本质上也具备贷款业务的特征，但是目前并没有法律予以明确。由上，从《民间借贷规定》第一条第一款和第二款体系解释角度，除了特殊情形之外，上述金融机构如参与借贷活动，目前也应归入《民间借贷规定》定义的民间借贷范畴，由该规定进行调整。

2. 由银保监会监管的其他非银行金融机构。例如，信托公司、企业集团财务公司、金融租赁公司、汽车金融公司、货币经纪公司、消费金融公司，这些非银行金融机构虽然属于银保监机构设立并监管，但也因不从事吸收公众存款业务，故被纳入非银行金融机构范围。其是否适用《民间借贷规定》第一条，则取决于是否满足《民间借贷规定》第一条第二款中“从事贷款业务”。也即其经批准的经营范围是否包括发放贷款。如果是，则发放贷款属于其经审批的金融业务范围，不适用《民间借贷规定》第一条。

3. 地方金融监管部门监管的金融机构。如小额贷款公司、融资担保公司、区域性股权市场、典当行、融资租赁公司、商业保理公司、地方资产管理公司等七类地方金融组织，这些金融组织都属于广义上金融监管部门批准设立的地方金融机构。从现实情况看，在这些机构中，小额贷款公司和典当行主要从事的就是贷款业务，而融资担保公司、商业保理公司、融资租赁公司、地方资产管理公司、区域性股权市场在经营过程中也可能涉及提供融资服务。关于这些地方金融机构从事放贷业务是否属于本规定调整对象的问题，在2015年《民间借贷规定》第一条起草过程中，就有争议。当时的主流观点认为，当时这些机构都是地方政府或行业主管部门审批设立，并非中央金融监管部门监管对象，并不执行统一的利率、准备金率、放贷规模等方面的监管政策，日常业务监管并不规范，甚至有监管滞后、缺位现象。故其具备民间借贷特征，发生纠纷时，应适用《民间借贷规定》第一条处理。但2015年《民间借贷规定》制定施行后，相关争议并未尘埃落定。

近年来，最高人民法院不断收到关于应明确上述七类地方金融机构不适用《民间借贷规定》第一条，以免对消费金融业务带来冲击，减少普惠金融供给的建议和意见，而且各地法院也普遍反映《民间借贷规定》第一条第二款中金融机构的范围及认定标准应当明确。为此，我们在修正《民间借贷规定》过程中，专程前往广东省、浙江省等地方法院就此问题进行专题调研，并征求了相关金融监管部门的意见。金融监管部门反馈意见认为，《中共中央、国务院关于服务实体经济防控金融风险深化金融改革的若干意见》（中发〔2017〕23号）已经明确，上述七类地方金融组织，由中央金融监管部门制定规则，地方金融监管部门实施监管。而《国务院办公厅关于全面推进金融业综合统计工作的意见》（国办发〔2018〕18号）也已将上述七类地方金融组织纳入金融业综合统计范围。据了解，目前中国人民银行正在起草的《地方金融监督管理条例》拟明确上述七类地方金融组织需经地方金融监管部门批准设立，接受地方金融部门监管。与此同时，司法部正在起草的《非存款类放贷组织条例》重点对小额贷款公司和典当行等非存款类放贷组织的业务作出规范。在此背景下，建议明确规定上述七类地方金融组织，不适用《民间借贷规定》。

几经斟酌，2020 年 11 月 9 日，最高人民法院审判委员会第 1815 次会议通过了《最高人民法院关于新民间借贷司法解释适用范围问题的批复》，针对广东省高级人民法院的请示，批复如下：“一、关于适用范围问题。经征求金融监管部门意见，由地方金融监管部门监管的小额贷款公司、融资担保公司、区域性股权市场、典当行、融资租赁公司、商业保理公司、地方资产管理公司等七类地方金融组织，属于经金融监管部门批准设立的金融机构，其因从事相关金融业务引发的纠纷，不适用新民间借贷司法解释。二、其他两问题已在修订后的司法解释中予以明确，请遵照执行。三、本批复自 2021 年 1 月 1 日起施行。”也即自 2021 年 1 月 1 日起，上述七类由地方金融机关部门监管的金融机构从事放贷业务引发的纠纷，不适用《民间借贷规定》第一条调整。

（载最高人民法院民事审判第一庭编著：《最高人民法院新民间借贷司法解释理解与适用》，人民法院出版社 2021 年版）

第二部分　司法观点

一、案件受理

1.高度重视民间借贷纠纷案件的审判执行工作

一、高度重视民间借贷纠纷案件的审判执行工作。民间借贷客观上拓宽了中小企业的融资渠道，一定程度上解决了部分社会融资需求，增强了经济运行的自我调整和适应能力，促进了多层次信贷市场的形成和发展，但实践中民间借贷也存在着交易隐蔽、风险不易监控等特点，容易引发高利贷、中小企业资金链断裂甚至破产以及非法集资、暴力催收导致人身伤害等违法犯罪问题，对金融秩序乃至经济发展、社会稳定造成不利影响，也使得人民法院妥善化解民间借贷纠纷的难度增加。因此，人民法院应当高度重视民间借贷纠纷案件的审判执行工作，将其作为“为大局服务，为人民司法”的重要工作内容，作为深入推进三项重点工作的重要切入点，通过依法妥善审理民间借贷纠纷，规范和引导民间借贷健康有序发展，切实维护社会和谐稳定。

八、妥善适用有关司法措施。对于暂时资金周转困难但仍在正常经营的借款人，在不损害出借人合法权益的前提下，灵活适用诉讼保全措施，尽量使该借款人度过暂时的债务危机。对于出借人举报的有转移财产、逃避债务可能的借款人，要依法视情加大诉讼保全力度，切实维护债权人的合法权益。在审理因民间借贷债务而引发的企业破产案件时，对于符合国家产业政策且具有挽救价值和希望的负债中小企业，要积极适用重整、和解程序，尽快实现企业再生；对没有挽救希望，必须通过破产清算退出市场的中小企业，要制定综合预案，统筹协调，稳步推进，切实将企业退市引发的不良影响降到最低。

——《最高人民法院关于依法妥善审理民间借贷纠纷案件促进经济发展维护社会稳定的通知》(节选)(2011年12月2日，法〔2011〕336号)。

14. 加强民间金融案件审理，有效化解金融风险。要妥善审理兼并重组引发的民间融资纠纷，依法保护合法的借贷利息，坚决遏制以兼并重组为名的民间高利贷和投机化倾向，有效降低企业融资成本。依法支持和规范金融机构在企业兼并重组领域的金融创新行为，依法审慎认定金融创新产品的法律效力。在审判执行工作中要注意发现和防范因诉讼纠纷引发的区域性、系统性风险，切实避免金融风险在金融领域和实体经济领域的相互传导。严厉打击和制裁非法吸收或变相吸收公众存款、集资诈骗等金融违法犯罪行为，为企业兼并重组创造良好的融资环境。

——《最高人民法院印发〈关于人民法院为企业兼并重组提供司法保障的指导意见〉的通知》(节选)(2014年6月3日，法发〔2014〕7号)。

一、加大对借贷事实和证据的审查力度。“套路贷”诈骗等犯罪设局者具备知识型犯罪特征，善于通过虚增债权债务、制造银行流水痕迹、故意失联制造违约等方式，形成证据链条闭环，并借助民事诉讼程序实现非法目的。因此，人民法院在审理民间借贷纠纷案件中，除根据《最高人民法院关于审理民间借贷案件适用法律若干问题的规定》第十五条、第十六条规定，对借据、收据、欠条等债权凭证及银行流水等款项交付凭证进行审查外，还应结合款项来源、交易习惯、经济能力、财产变化情况、当事人关系以及当事人陈述等因素综合判断借贷的真实情况。有违法犯罪等合理怀疑，代理人对案件事实无法说明的，应当传唤当事人本人到庭，就有关案件事实接受询问。要适当加大调查取证力度，查明事实真相。

二、严格区分民间借贷行为与诈骗等犯罪行为。人民法院在审理民间借贷纠纷案件中，要切实提高对“套路贷”诈骗等犯罪行为的警觉，加强对民间借贷行为与诈骗等犯罪行为的甄别，发现涉嫌违法犯罪线索、材料的，要及时按照《最高人民法院关于在审理经济纠纷案件中涉及经济犯罪嫌疑若干问题的规定》和《最高人民法院关于审理民间借贷案件适用法律若干问题的规定》依法处理。民间借贷行为本身涉及违法犯罪的，应当裁定驳回起诉，并将涉嫌犯罪的线索、材料移送公安机关或检察机关，切实防范犯罪分子将非法行为合法化，利用民事判决堂而皇之侵占被害人财产。刑事判决认定出借人构成“套路贷”诈骗等犯罪的，人民法院对已按普通民间借贷纠纷作出的生效判决，应当及时通过审判监督程序予以纠正。

三、依法严守法定利率红线。《最高人民法院关于审理民间借贷案件适用法律若干问题的规定》依法确立了法定利率的司法红线，应当从严把握。人民法院在民间借贷纠纷案件审理过程中，对于各种以“利息”“违约金”“服务费”“中介费”“保证金”“延期费”等突破或变相突破法定利率红线的，应当依法不予支持。对于“出借人主张系以现金方式支付大额贷款本金”“借款人抗辩所谓现金支付本金系出借人预先扣除的高额利息”的，要加强对出借人主张的现金支付款项来源、交付情况等证据的审查，依法认定借贷本金数额和高额利息扣收事实。发现交易平台、交易对手、交易模式等以“创新”为名行高利贷之实的，应当及时采取发送司法建议函等有效方式，坚决予以遏制。

四、建立民间借贷纠纷防范和解决机制。人民法院在防范和化解民间借贷各类风险中，要紧密结合党和国家工作大局，紧紧依靠党委领导和政府支持，探索审判机制创新，加强联动效应，探索建立跨部门综合治理机制。要加大法制宣传力度，引导社会良好风气，认真总结审判经验，加强调查研究。

——《最高人民法院关于依法妥善审理民间借贷案件的通知》（2018年8月1日，法〔2018〕215号）。

在民商事审判实践中，民间借贷利率泛化适用现象较为突出，有必要坚持金融服务实体经济原则，根据切实降低实际融资成本的要求，区别对待金融借贷与民间借贷，适用不同的规则和利率标准。要高度关注出借人套取金融机构信贷资金又高利转贷的行为，从宽认定高利转贷行为的“牟利”标准以及借款人知情标准。

此外，要考虑出借行为是否具有经常性、出借资金是否为自有资金等因素综合认定某一出借人是否为职业放贷人，依法认定以高息放贷为业的职业放贷人签订的借贷合同无效。目前，民间借贷利率保护的上限引起质疑，多认为利率保护上限过高。对此，最高人民法院将加强调研，广泛听取各方意见，适时提出解决方案。

在确定违约金是否过高时，一般应当以造成的包括预期利益在内的损失为基础来判断，并注意违约金制度在证明责任分配上的功能：主张违约金过高的当事人，需承担违约金远高于守约方损失的举证责任；主张违约金低于损失的，亦应承担相应的举证责任。除借款合同外的双务合同，作为对价的价款或报酬给付之债，并非借款合同项下的还款义务，不能以民间借贷利率上限作为判断违约金是否过高的标准，而应当以中国人民银行公布的相关利率标准为基础，兼顾合同履行情况、当事人过错程度以及预期利益等因素综合确定。

要切实提高对“套路贷”的警觉性，加强对虚假诉讼的防范和制裁力度。这就要求民商事法官在审理涉嫌“套路贷”或者虚假诉讼的民间借贷纠纷案件时，要加大对借贷事实和证据的审查力度，除了要对借据、收据、欠条等债权凭证及银行流水等交付凭证进行审查外，还应结合款项来源、交易习惯、经济能力、财产变化、当事人关系以及当事人陈述等因素综合判断借贷的真实情况，避免司法裁判沦为犯罪分子谋取不当利益的工具。

——刘贵祥：《在全国法院民商事审判工作会议上的讲话》（2019 年 7 月 3 日），载最高人民法院民事审判第二庭编：《商事审判指导》2019 年第 1 辑（总第 48 辑），人民法院出版社 2019 年版，第 27 页。

13. 促进金融和民间资本为实体经济服务。依法支持能够降低交易成本、实现普惠金融、合法合规的交易模式，为解决中小微企业融资难、融资贵问题提供司法保障。统筹兼顾利率市场化改革与维护正常金融秩序的关系，对于借贷合同中一方主张的利息、复利、罚息、违约金和其他费用总和超出司法保护上限的，不予支持。对于当事人以预扣利息、租金、保证金或加收中介费、服务费等方式变相提高实体经济融资成本、规避民间借贷利率司法保护上限的行为，按照实际形成的借款关系确定各方权利义务。规范、遏制国有企业贷款通道业务，引导其回归实体经济。抓紧修改完善关于审理民间借贷案件适用法律问题的司法解释，大幅度降低民间借贷利率的司法保护上限，坚决否定高利转贷行为、违法放贷行为的效力，维护金融市场秩序，服务实体经济发展。

——《最高人民法院、国家发展和改革委员会关于为新时代加快完善社会主义市场经济体制提供司法服务和保障的意见》(节选)(2020年7月20日，法发〔2020〕25号)。

2.银行业金融机构依法从事贷款业务引发的纠纷，不属于民间借贷纠纷

一般而言，营业范围意义上的贷款业务是高度管制的行业，是金融监管部门的行政许可事项，即只有那些获得金融许可证牌照的特定机构方可开展。如果没有放贷资质而从事贷款业务，就会被认定为涉嫌从事“非法金融业务活动”，导致合同无效，甚至可能承担非法经营等刑事责任。相应地，由此引发的纠纷在《民事案件案由规定》中被定义为与民间借贷纠纷并列的金融借款合同纠纷。也即《最高人民法院关于审理民间借贷案件适用法律若干问题的规定》第一条第二款规定的民间借贷纠纷的例外情形。其与民间借贷纠纷最大区别在于，出借人的营业范围包括金融监管部门特许其从事的贷款业务，故出借人可以经常从事贷款业务，甚至以之为主营业务。前已述及，银行业金融机构中依法有权发放贷款的主要有商业银行、农村合作银行、农村信用合作社以及政策性银行和国家开发银行等。虽然上述主体发放贷款的范围、对象有区别，但都是由金融监管部门批准设立，并取得了从事贷款业务的法定许可。故其都属于本条所定义的民间借贷的例外情形。

——最高人民法院民事审判第一庭编著:《最高人民法院新民间借贷司法解释理解与适用》，人民法院出版社2021年版，第58页。

3.七类地方金融组织不适用民间借贷司法解释

非银行业金融机构，顾名思义，就是银行业之外的金融机构。过去有一个简单判断标准，即不是由原银监会监管的金融机构。但是这种分类方式并不精准，因为除了从事保险业、证券业的金融机构分别由保监会、证监会监管之外，原银监会事实上也监管部分非银行金融机构。例如，金融资产管理公司、信托公司、企业集团财务公司、金融租赁公司、汽车金融公司、货币经纪公司、消费金融公司等。自2018年银监会、保监会合并成立银保监会

后，则不能再以其监管机构不同而简单划分，而应从其是否从事吸收公众存款业务并辅以所从事业务领域来区分银行业金融机构与非银行金融机构。

1. 从事证券或保险及其衍生业务的金融机构，如证券公司、保险公司、期货公司、公募基金、私募基金等，由于金融行业实行分业经营、区别监管，故这些机构因不从事银行业务，一般都没有得到从事贷款业务的许可，比如证券公司、基金公司、期货公司等都没有发放贷款的资质。因此，虽然这些机构满足《最高人民法院关于审理民间借贷案件适用法律若干问题的规定》（以下简称《民间借贷规定》）第一条第二款中“经金融监管部门批准设立”的要求，但依法没有从事贷款业务的资格，故不能满足本条第二款例外情形的规定。但是也有一些特殊情形，比如证券公司的融资融券，保险公司的保单质押贷款等本质上也具备贷款业务的特征，但是目前并没有法律予以明确。由上，从本条第一款和第二款体系解释角度，除了特殊情形之外，上述金融机构如参与借贷活动，目前也应归入本规定定义的民间借贷范畴，由本规定进行调整。

2. 由银保监会监管的其他非银行金融机构。例如，信托公司、企业集团财务公司、金融租赁公司、汽车金融公司、货币经纪公司、消费金融公司，这些非银行金融机构虽然属于银保监机构设立并监管，但也因不从事吸收公众存款业务，故被纳入非银行金融机构范围。其是否适用本规定，则取决于是否满足《民间借贷规定》第一条第二款中“从事贷款业务”。也即其经批准的经营范围是否包括发放贷款。如果是，则发放贷款属于其经审批的金融业务范围，不适用本规定。

3. 地方金融监管部门监管的金融机构。如小额贷款公司、融资担保公司、区域性股权市场、典当行、融资租赁公司、商业保理公司、地方资产管理公司等七类地方金融组织，这些金融组织都属于广义上金融监管部门批准设立的地方金融机构。从现实情况看，在这些机构中，小额贷款公司和典当行主要从事的就是贷款业务，而融资担保公司、商业保理公司、融资租赁公司、地方资产管理公司、区域性股权市场在经营过程中也可能涉及提供融资服务。关于这些地方金融机构从事放贷业务是否属于本规定调整对象的问题，在 2015 年本规定起草过程中，就有争议。当时的主流观点认为，当时这些机构都是地方政府或行业主管部门审批设立，并非中央金融监管部门监管对象，并不执行统一的利率、准备金率、放贷规模等方面的监管政策，日常业务监管并不规范，甚至有监管滞后、缺位现象。故其具备民间借贷特征，发生纠纷时，应适用本规定处理。但2015年《民间借贷规定》制定施行后，相关争议并未尘埃落定。

近年来，最高人民法院不断收到关于应明确上述七类地方金融机构不适用本规定，以免对消费金融业务带来冲击，减少普惠金融供给的建议和意见，而且各地法院也普遍反映第一条第二款中金融机构的范围及认定标准应当明确。为此，我们在本次修正过程中，专程前往广东省、浙江省等地方法院就此问题进行专题调研，并征求了相关金融监管部门的意见。金融监管部门反馈意见认为，《中共中央、国务院关于服务实体经济防控金融风险深化金融改革的若干意见》（中发〔2017〕23号）已经明确，上述七类地方金融组织，由中央金融监管部门制定规则，地方金融监管部门实施监管。而《国务院办公厅关于全面推进金融业综合统计工作的意见》（国办发〔2018〕18号）也已将上述七类地方金融组织纳入金融业综合统计范围。据了解，目前中国人民银行正在起草的《地方金融监督管理条例》拟明确上述七类地方金融组织需经地方金融监管部门批准设立，接受地方金融部门监管。与此同时，司法部正在起草的《非存款类放贷组织条例》重点对小额贷款公司和典当行等非存款类放贷组织的业务作出规范。在此背景下，建议明确规定上述七类地方金融组织，不适用本规定。

几经斟酌，2020年11月9日，最高人民法院审判委员会第1815次会议通过了《最高人民法院关于新民间借贷司法解释适用范围问题的批复》，也即自2021年1月1日起，上述七类由地方金融机关部门监管的金融机构从事放贷业务引发的纠纷，不适用民间借贷司法解释调整。

——最高人民法院民事审判第一庭编著：《最高人民法院新民间借贷司法解释理解与适用》，人民法院出版社2021年版，第58~61页。

4《民事案件案由规定》修正将企业借贷纠纷纳入民间借贷范畴内

本次《民事案件案由规定》修正，将民间借贷作为第四级案由加以规定，并取消了四级案由企业借贷纠纷，将企业借贷纠纷纳入民间借贷范畴内。《最高人民法院关于审理民间借贷案件适用法律若干问题的规定》(2020年第二次修正)第一条第一款规定，本规定所称的民间借贷，是指自然人、法人和非法人组织之间进行资金融通的行为。也就是说，企业借贷即法人和非法人组织之间的借贷属于民间借贷的范畴，企业借贷属于民间借贷的一类，不能与民间借贷并列为四级案由。随着我国社会经济不断发展，企业和个人财富逐步积累，民间游资逐步增多，但由于投资与理财的渠道有限，限制了闲散资金的投向，产业资本逐步向金融资本进行转化的趋势明显。而正规金融机构和资本市场贷款程序繁多，难以满足中小微企业迫切的资金需求。与此同时，充裕的民间资金及其逐利的投资欲望则受限于狭隘的投资渠道。在此背景下，作为正规金融服务合理补充的民间借贷，因其所具有的手续简便、期限方式灵活、成本低廉、担保机制隐蔽、放款迅速，以及能够及时满足资金短期需求等特点而日趋活跃。民间借贷规模不断扩大，已成为广大民众获得生产生活资金来源、投资谋取利益的重要渠道。与此相适应，借贷主体也呈现出多元化和广泛性，由最初的大多发生在基于血缘、地缘关系的同乡、同行、亲朋好友等自然人之间的民间借贷，发展到了大量担保公司、典当行、投资公司、小贷公司、财务咨询公司等法人、非法人组织等参与的借贷，借款人也从生活困难或资金周转需要的个人扩展到融资经营的个体工商户、法人或非法人组织等。

——杨万明主编、郭锋副主编、最高人民法院研究室编著:《最高人民法院新民事案件案由规定理解与适用》，人民法院出版社2021年版，第306~307页。

5.因存单发生的纠纷应属于民间借贷

最高人民法院民一庭认为，《最高人民法院关于审理存单纠纷案件的若干规定》虽然规定了以存单为表现形式的借贷纠纷案件一律以存单纠纷为案由，但同时又明确了按照存单纠纷案件中的真实法律关系为基础依法处理，而上述情况其真实的法律关系基础恰恰是民间借贷法律关系。而且《最高人民法院关于审理存单纠纷案件的若干规定》的出台主要是为了打击20世纪90年代违法拆借和金融机构账外吸存。经过多年的发展，商业银行基本实现了依法合规经营，违法拆借、账外吸存等违法现象大幅减少，而参与违法借贷的主体由银行变为银行个别员工，参与方式也不再体现为出具存单等金融凭证，而是银行员工擅自在民间借贷协议上签字或盖章，违法通过网上银行划转出借人资金等，这与《最高人民法院关于审理存单纠纷案件的若干规定》出台时的背景已有较大不同。1998年，国务院颁布的《非法金融机构和非法金融业务活动取缔办法》规定了非法金融业务活动所形成的风险，不得转嫁给未参与非法金融业务活动的国有银行和其他金融机构以及其他任何单位。鉴于上述情况，我们倾向于应当将因存单发生的纠纷作为民间借贷案件来适用《最高人民法院关于审理民间借贷案件适用法律若干问题的规定》的规定进行审理。

——杜万华主编、最高人民法院民事审判第一庭编著：《最高人民法院民间借贷司法解释理解与适用》，人民法院出版社2015年版，第39~56页。

二、法律关系成立与生效

6.民间借贷合同是否已成立、生效并全面实际履行，应从签约到履约两方面来判断

甲公司与乙公司、第三人刘某平民间借贷纠纷案［最高人民法院（2019）最高法民终13号民事判决书］

裁判摘要：民间借贷合同是否已成立、生效并全面实际履行，应从签约到履约两方面来判断，出借人应举示借款合同、银行交易记录、对账记录等证据证明，且相关证据应能相互印证。

最高人民法院认为：一、甲公司出借给乙公司借款本金数额以及计息标准。对于案涉借款，甲公司出示《借款合同》《对账单》《抹账协议》《协议书》《借据》《补充协议书》及银行客户专用回单、银行借记通知、银行交易明细、《工程招标公告》《收据》《逊克县某矿业有限公司借款明细表》《借款利息计算表》《集团借款明细表》《乙钢铁集团有限公司借款利息计算表》《乙钢铁集团某

矿业有限公司借款明细表》等借款合同、债权凭证、对账记录等合同类文件，以证明合同约定的借款支付到位，乙公司或其指定公司账户收到上述相应款项。乙公司对上述相应资金流入乙公司账户或其他相关公司的相关账户并不持异议，但只认可前述共计339244471.52元借款本金及利息承担还款义务。本院认为，除上述无争议借款外，其他借款本金，虽未直接汇入乙公司账户，但已按照相关《借款合同》约定汇入乙公司指定的相关公司账户。本案借款合同中，签约履约具有多种形态，包括：先支付借款后，再签约确认；以关联公司名义付款或收款后，通过债权或债务转让协议形式确认真实债权人或真实债务人；对一定时期发生的多笔借款本息进行对账，列明数笔借款本息数额明细，对续借或还款作出安排等，符合民间借贷签约履约特征，属司法实践中常见的交易模式，也是民间借贷有别于金融借款的行业特征。经借贷双方对账，借款数额、利率、借期、担保等民间借贷合同的主要合同条款内容基本清晰。债权人、债务人通过与案外人签订债权债务转让合同等形式，将本案债权、债务分别移转至刘某平、乙公司名下。一、二审诉讼中，刘某平始终确认甲公司为真实债权人，由甲公司行使债权。据此，从签约到履约两方面看，本案民间借贷合同成立、生效并已全面实际履行。甲公司已向乙公司实际支付借款合同项下款项，乙公司至今未能依约偿还大部分借款本息，属严重违约。乙公司以前述无争议借款以外的借款资金未直接汇入乙公司账户为由，拒绝承担还款义务，既无法律依据，亦与事实不符，本院不予支持。乙公司应循诚信原则履行系列借款合同约定内容，对上述全部借款本息承担偿还义务。一审判决认定，本案借款本金数额为1059244471.52元，乙公司对于上述借款本金及利息应承担偿还责任，并无不当，本院予以认可。

乙公司上诉主张，上述借款发生时，民间借贷各方尚未签约，案涉八份《借款合同》实际签订日期并非所署日期，亦非转账汇款前签订，而是同一时间集中补签；乙公司与甲公司、刘某平签订《抹账协议》《协议书》等的真实意图是为乙公司逃避债务，符合通谋虚伪意思表示的构成要件，并非合同当事人真实意思表示，依据《民法总则》第一百四十六条[①]规定，借款合同应属无效。本院认为，如上，民间借贷合同项下借款已汇入借款人或其指定账户，

① 对应《民法典》第一百四十六条。

合同已全面实际履行。本案纠纷涉诉后，借款人以自认违法的形式，将本案正常民间借贷解读为借款人与出借人以通谋虚伪意思表示方式实施的违法行为，旨在规避法院对乙公司仅存优质资产强制执行以逃废债务；借款人提起另案诉讼请求确认翠宏山公司股权归其享有，案外人以同一诉由两次提起请求确认借款合同无效的另案诉讼，借款人以此为据主张中止本案诉讼，借款人还以其他诉由提出延后审理本案；对收到借款款项的数额，借款人作出的数次表述均不一致。涉诉后，乙公司的上述诉讼行为与诚信诉讼的基本原则相悖。对乙公司提出的上述有关合同无效的诉请，本院不予支持。

——《最高人民法院公报》2020 年第 1 期。

7.判断当事人之间法律关系的性质，不能仅看合同的名称、形式和内容，更重要的是分析当事人之间法律关系的实质

最高人民法院民一庭意见：不签订书面的借款合同，只用签订《商品房买卖合同》并登记备案的方式作为担保，同时签订回购协议，然后再用出借人向借款人实际交付款项的方式建立债权债务关系，是目前一些民间借贷当事人选择的借贷方式。判断当事人之间法律关系的性质，不能仅看合同的名称、形式和内容，更重要的是分析当事人之间法律关系的实质。如果《商品房买卖合同》中售房方并未准备实际交付房屋，而购房一方亦不关心取得所购房屋产权。且双方当事人的关注点集中在《回购协议》及其相应的违约金上，则足以证明双方之间真实的法律关系是民间借贷。

附：案情简介

原告：吴某妮，女，1980 年 1 月出生。

被告：某房地产开发有限公司。

2011 年 7 月 25 日，郑某与某房地产开发有限公司（以下简称某公司）签订一份《商品房买卖合同》，主要内容为：郑某购买某公司开发的如画小区一幢 101、201、301、401 号房（预售商品房），面积 6200 平方米，单价 8000 元 / 平方米，总价款 4960 万元，郑某于合同签订后 10 日内一次性付清房款。某公司于 2012 年 5 月 30 日前将验收合格的商品房交付郑某使用。

《商品房买卖合同》上均加盖了当地房地产交易中心的房地产交易监证专

用章和当地房地产产权产籍监理处的产权申报专用合同章。同日，双方签订一份《回购协议》，约定：现某公司欲将回购郑某购买的商品房，如在一个月内回购，应支付郑某房屋价款5060万元，在两个月内回购房屋价款为5160万元，在三个月内回购房屋价款为5260万元，以后以此类推；郑某在收到某公司支付的回购房款后，双方终止商品房买卖合同，同时郑某应立即协助某公司办理房屋备案解除手续。2011年7月28日，郑某向某公司汇款5000万元，三份汇款凭证上用途一栏载明“购房款”。2011年8月2日，某公司出具了“今借到郑某4960万元”的借条。

2013年1月8日，郑某为甲方，吴某妮为乙方，双方签订一份《债权转让协议》，主要内容为：（1）郑某于2012年3月1日起至2012年10月18日共向吴某妮借款6000万元，2012年12月7日郑某偿还吴某妮本金1000万元。

（2）某公司于2011年7月25日向郑某借款4960万元，为履行还款义务，某公司将其开发的如画小区一幢101、201、301、401号房以4960万元的价格备案至甲方名下，并签订了回购协议。截至2012年12月31日某公司向郑某支付回购款300万元。因某公司不履行回购协议以及按时还款，经多次交涉无果，准备启动诉讼程序。（3）郑某将对债务人某公司享有包括欠款本金及利息、违约金等的全部债权转让给吴某妮。（4）郑某于本协议生效后1日内，将其与某公司之间的债权债务凭证，以及与房产买卖、备案相关的所有资料移交给吴某妮。

同日，郑某作出《债权转让通知书》，主要内容为，某公司：本人在2011年7月向贵公司出借款项4960万元。为保证该笔借款的安全，贵公司将开发的部分房屋作为担保，双方签订了《商品房买卖合同》和《回购协议》，并办理了相关的商品房备案登记手续。借款中的本金4960万元，依照约定贵公司应在借款后一个月内归还，利息为100万元，若延期还款，每月支付利息及违约金100万元。现要求贵公司依约立即偿还上述所有借款本金及利息。

经本人多次催告，贵公司已支付利息300万元。因本人另欠吴某妮款项，故决定将上述4960万元全部借款及相关的所有权利全部转让给吴某妮持有，并于2013年1月8日签订《债权转让协议书》。根据《合同法》第八十条[①]的规定，书面通知贵公司，请贵公司将所欠款项及利息向吴某妮直接支付。同日，郑某将该《债权转让通知书》以及《债权转让协议》邮寄送达至某公司。

2011年8月5日，某公司与当地国土资源局签订《成交确认书》载明，某宇公司以5000万元的成交价，取得一块面积为39493平方米的国有建设用地使用权。

2013年1月31日，吴某妮向一审法院起诉，请求判令某公司向其偿还原向郑某借款本金4960万元及利息（计至付清全部款项之日止）并承担案件诉讼费、财产保全费。

某公司答辩称，郑某基于2011年7月双方签订的《商品房买卖合同》，于2011年7月26日向某公司支付的5000万元是购房款，三份付款凭证上注明付款用途为购房款验证了这一事实。某公司根据合同约定，将如画小区一号楼101、201、301、401室卖给郑某，总价款4960万元。双方之间没有4960万元的借款合同，也没有担保合同。《债权转让协议》既不能否定《商品房买卖合同》的效力，也不能推翻商品房买卖的事实。《商品房买卖合同》签订后，双方到房地产登记机关办理了备案登记，表明郑某已获得某小区一号楼101、201、301、401室房屋的产权。2012年9月19日，某公司又给郑某开了发票。以上事实说明《商品房买卖合同》是真实有效的，某公司的义务只是向郑某交房，不存在归还其4960万元借款并承担利息的义务。郑某与吴某妮之间以民间借贷为由进行债权转让不能成立，《债权转让协议》中该部分条款不具有法律效力。请求法院驳回吴某妮的诉讼请求，并由其承担本案诉讼费、保全费。

——最高人民法院民一庭：《是民间借贷还是商品房买卖》，载最高人民法院民事审判第一庭编：《民事审判指导与参考》2014年第2辑（总第58辑），人民法院出版社2014年版，第96~98页。

8.双方存有其他法律关系，仅凭付款凭证不能认定为民间借贷

最高人民法院民一庭意见：最高人民法院债权人仅凭付款凭证起诉而未

① 对应《民法典》第五百四十六条。

提供借据等证据证明，在债务人抗辩并举证证明双方不存在借款合意而存在其他法律关系的，债权人主张的民间借贷关系不能认定成立。

附：案情简介

张某与王某母亲李某原系甲公司股东，王某是该公司员工，并负责公司财务报销等工作；而张某与王某则原系乙公司股东。王某在上述公司对外往来款转账过程中，用以其名义办理的银行卡进行付款转账交易等操作。

2007年12月14日，张某通过银行转账方式汇入王某账户80万元。2009年11月3日，张某向公证处就其收到王某的手机发送的相关短信息内容（房子还给你，前提是把某公司股份变更完毕）、接收时间（2009年3月4日17:50:47）等信息详情申请保全证据公证。张某于2010年8月3日向一审法院诉称：王某因购房需要向张某借款80万元，张某通过银行转账汇款到王某建设银行卡上，借款期限为一年，但王某未履行还款义务。请求法院判令：王某偿还借款80万元及利息73177元（自2008年12月15日起按中国人民银行同期贷款最低利率的标准年利率5.58%暂计至起诉之日）。王某辩称：其与张某存在合作关系，双方之间的转账属于经济往来，不存在借贷关系。王某未向张某借过款，张某主张借款关系成立的主要证据仅为一条短信，该短信内容并无提及借款，只提及房屋归还问题。请求驳回张某的诉讼请求。

——杜万华主编、最高人民法院审判第一庭编：《民事审判指导与参考》2016年第2辑（总第66辑），人民法院出版社2014年版，第154~157页。

9.借条与民间借贷法律关系是否存在的认定

1. 借贷关系是否存在是民间借贷纠纷的首要基本事实

民间借贷是借款合同的一种，是根据主体类型作的一种分类，借款合同，是指出借人将资金出借给借款人并约定一定期限，借款人到期还本付息的合同，所以出借行为和还款行为是当事人的主要合同义务。若是自然人之间的借贷，出借人有没有实际提供借款，还直接关系到借款合同有没有生效。[①] 所以，在民间借贷纠纷案件中，首先要审查的基本事实就是借贷关系是否存在，

① 原《合同法》第二百一十条规定：自然人之间的借款合同，自贷款人提供借款时生效。对应《民法典》第六百七十九条。

出借人对实际发生了出借行为应承担举证责任。

2. 借款合同和欠条对应不同的法律关系，需要查明二者之间的联系

审判实践中，特别是在民间借贷纠纷案件中，原告主张债权的证据除了借款合同，常见的还有欠条。借款合同和欠条，形式不同，内容不同，对应的法律关系不同，对当事人的实体利益也会有不同的影响。借款合同是以合同的形式，有双方的签字或盖章。合同当事人就是在合同上签字盖章的人，借款合同对出借人提供借款的具体时间一般都有约定，通常是借款合同成立在先，出借人提供借款在后。借款合同对应借贷关系。而欠条通常是由债务人单方出具，内容上有的载明债权人，有的不记载，不记载债权人的情形下，持有欠条的人即被认定为债权人。欠条通常是对已经发生的债权债务的记载，即产生债权债务的事实在先，欠条形成在后。欠条对应的基础性法律关系包括多种类型，可能是基于借款，也可能是基于买卖（如欠付货款），还可能基于股权转让等原因，欠条是对这些基础性法律关系的处理和确认。鉴于以上区别，若在同一案件中，原告同时举证借款合同和欠条来主张同一债权，则需要对它们之间的关系进行审查判断。

3. 大额民间借贷中，对于借贷内容应进行必要的审查

对于民间借贷纠纷案件的证据认定，不仅要审查判断各证据之间的联系，还要审查判断各证据与案件事实的关联程度。目前，民间借贷案件数量较多，标的额较大，为防止当事人以民间借贷的形式掩盖非法目的，在大额民间借贷纠纷案件中，即使所提供的借款合同、欠条等证据均为真实，人民法院对证据与案件事实的关联程度，即借贷内容也要进行必要的审查。何为大额，要结合各地经济发展水平、个案中当事人的支付能力、交易习惯等具体予以判断。至于审查至什么程度，既要寻求证据与案件事实的关联性，也要尊重当事人对自己民事权利的处分，所以是必要审查而非面面俱到。

——最高人民法院民一庭：《民间借贷纠纷案件的证据认定，应从各证据之间的联系等方面进行综合审查判断》，载最高人民法院民事审判第一庭编：《民事审判指导与参考》2013 年第 1 辑（总第 53 辑），人民法院出版社 2013 年版，第 131~132 页。

10.借款合同和买卖合同的区分

陈某义与沈阳某银行案外人执行异议之诉上诉案［最高人民法院（2021）最高法民终 553 号民事判决书］

裁判要旨：1. 当事人签订的房屋买卖合同项下的标的物不确定时，因当事人之间仅存在资金的借用关系，该合同的性质应为借款合同。在买卖标的物确定后，当事人签订协议约定用此前借款合同项下款项购买房屋时，应视为对于原借款合同关系的清理，该协议本质上属于有关房屋买卖事项的约定，应认定双方成立买卖合同关系。

2. 区分预约和本约的根本标准是当事人是否有意在将来订立一个新的合同，以最终明确在双方之间形成某种法律关系的具体内容。就房屋买卖合同而言，当事人订立协议约定买方交纳购房款后双方签订商品房买卖合同，此时买方只能依据协议要求订立商品房买卖合同，并不能直接要求履行交房义务，且双方必须通过订立商品房买卖合同才能最终确定房屋买卖合同项下的各项权利义务关系，此协议应当认定为预约合同而非本约合同。

最高人民法院认为：结合《最高人民法院关于人民法院办理执行异议和复议案件若干问题的规定》第二十九条的规定，消费者购房人对于商品房享有的民事权益能够排除强制执行，应当同时符合在人民法院查封之前已签订合法有效的书面买卖合同；所购商品房系用于居住且买受人名下无其他用于居住的房屋；已支付的价款超过合同约定总价款的 50% 的条件，因后两个条件并非本案当事人争议的焦点问题，故本案应重点审查的事项为陈某义否为《最高人民法院关于人民法院办理执行异议和复议案件若干问题的规定》第二十九条规定的消费者购房人，关键是要确定其与某公司签订的商品房买卖合同是否系在人民法院查封之前所订立。

从当事人签订的系列协议及其实际履行的情况可以看出，陈某义与某公司于 2011 年签订团购房协议时，房屋买卖合同项下的标的物尚未确定，尤其是某公司收取陈某义交付的所谓房款后还需要向陈某义支付利息，更不符合房屋买卖合同的基本要件，原审认定此前的团购房协议性质上属于借款协议并无不当。但陈某义与某公司于 2014 年 9 月 9 日签订案涉选房协议时，明确了所要购买的房屋的房号、面积、单价等事项，同时对借款合同关系项下的权利义务关系进行清理从而确定欠付款项本息后，又根据确定的房屋价格约定需要补交的房款。可见，案涉选房协议既是对原借款合同的清算，同时又对房屋买卖合同项下的权利义务关系进行了约定，本质上属于有关房屋买卖事项的约定。但对于该选房协议的性质究竟是房屋买卖合同的预约还是本约，当事人之间存在争议。最高人民法院认为，判断当事人之间订立的合同系本约还是预约的根本标准应当是当事人的意思表示，也就是说，当事人是否有意在将来订立一个新的合同，以最终明确在双方之间形成某种法律关系的具体内容。本案中，上述选房协议明确约定在陈某义补交购房款后双方签订商品房买卖合同，且某公司提供一次免费更名的机会，据此可以认定陈某义依据选房协议只能要求与某公司订立商品房买卖合同，并不能直接要求某公司依据该协议履行交房义务，且双方必须通过订立商品房买卖合同才能最终确定房屋买卖合同项下的各项权利义务关系。因此，陈某义主张 2014 年 9 月 9 日签订的选房协议应认定为商品房买卖合同，缺乏事实和法律依据，辽宁高院认定双方签订商品房买卖合同的时间为 2015 年 8 月 18 日，且该时间晚于涉案房屋被查封的时间，从而驳回陈某义的诉讼请求，并无不当。

——中国裁判文书网。

11.出借人与借款人签订两份无关联的借款合同，出借人以没有履行出借款项义务的合同主张权利的，不应获得支持

最高人民法院民一庭意见：民间借贷虽然不同于银行借贷，但它们都是由借款人向出借人借款，到期返还借款并支付利息的合同（有些民间借贷没有约定利息）。当事人提供不出已经履行出借款项义务的，无权要求借款人偿还借款。

附：案情简介

2010 年 1 月，黄某原与甲公司签订一份《借款合同》，约定甲公司向黄某原借款 2 亿元，并根据甲公司的要求将款项分批次转入黄某辉个人账户，借款期限为 6 个月，月利率为 1.86%，以每次实际转入账户的金额和时间分别计算。2010 年 1~6 月，黄某原通过网银转账 8500 万元给黄某辉，又通过

他人转账10246.75万元给黄某辉。2011年3月，甲公司又与黄某原、乙公司签订《借款合同》，约定甲公司向黄某原借款1.76亿元，并指定将借款分批次汇入双方指定账号（户名：甲公司，开户行：厦门国际银行厦门直属支行，账号：9830111020×××）。借款期限180天。同日，黄某原与乙公司签订《质押合同》，约定由乙公司将其持有的广发银行股份有限公司（以下简称广发银行）3200万股法人股权为甲公司向黄某原借款1.76亿元提供质押担保，厦门市鹭江公证处对该《借款合同》《质押合同》作了公证，并办理了股权质押登记。2011年4月12日，黄某原通过循环方式，先后汇了38笔款项到甲公司账号，累计金额为1.76亿元。甲公司将黄某原汇入的款项，通过他人汇还给黄某原。2011年4月13日，甲公司出具《收款确认函》，载明："于2011年4月12日收到黄某原汇款共计1.76亿元，该款项已汇至本公司指定的账户。"2011年7月13日，黄某原与甲公司、乙公司签订《协议书》，内容为：三方确认甲公司尚欠黄某原本金1.76亿元，利息9820800元、违约金13024000元、诉讼费921800元、律师费130万元，合计共201066600元；甲公司同意于本合同签订之日起5日内将上述确认的欠款一次性偿还黄某原；如甲公司逾期未归还上述欠款，则乙公司同意就其拥有的广发银行3200万法人股股权委托资产评估机构进行评估或挂牌拍卖，以评估价值或拍卖价值优先偿还给黄某原。

黄某原依据2011年3月签订的《借款合同》，向一审法院提起诉讼，要求甲公司返还借款，乙公司承担担保责任。

——最高人民法院民一庭：《出借人与借款人签订两份无关联的借款合同，出借人以没有履行出借款项义务的合同主张权利的，不应获得支持》，载最高人民法院民事审判第一庭编：《民事审判指导与参考》2013年第1辑（总第53辑），人民法院出版社2013年版，第152~154页。

12.当事人以民间借贷关系提起诉讼，但并非民间借贷关系的，人民法院应当向原告释明变更诉讼请求

张某与某建设集团有限公司辽宁分公司和某建设集团有限公司民间借贷纠纷申请再审案［最高人民法院（2016）最高法民申768号民事裁定书］

裁判要旨：原告以借据、收据、欠条等债权凭证为依据提起民间借贷诉

讼，被告抗辩双方债权纠纷并非民间借贷行为引起的，被告应当承担举证证明责任。

最高人民法院认为：关于案涉款项应认定为借款还是投资款，双方之间是否存在民间借贷法律关系的问题。根据原审查明的事实，某建设集团有限公司辽宁分公司（以下简称辽宁分公司）于2011年8月15日向张某出具借条一张，明确记载辽宁分公司向张某借款300万元，借款日期为2011年8月15日至2011年10月16日。该借条上还载明款项汇入的开户行和账号。2011年8月17日张某即向该账户汇入人民币288万元。与此相同，辽宁分公司于2011年10月26日再次向张某出具借条一张，该借条上亦载明借款的金额、期限及款项汇入的开户行和账号，张某于同日亦向该借条约定的账户汇入48.5万元。虽然张某汇入款项的数额与借条中记载的数额不完全一致，但辽宁分公司向张某出具借条，借条中明确记载辽宁分公司向张某借款若干数额，张某亦按约定汇入辽宁分公司指定账户相关款项的事实，证明双方之间确实存在336.5万元借款的民事法律关系。虽然某建设集团主张该款项实际是"投资款"，并提供原辽宁分公司负责人卢某干与吕某富间的《项目工程合作协议》及某建设集团与卢某干签订的《经营责任承包合同》以证明其主张，但《项目工程合作协议》系卢某干与吕某富之间签订的，某建设集团不能提供证据证明张某知晓卢某干与吕某富之间存在合作关系，更无证据证明张某借给辽宁分公司的款项系投资款，某建设集团与卢某干之间签订的内部承包合同亦不能对抗该合同以外的善意第三人。因此，某建设集团关于案涉款项系投资款而非借款，双方之间不存在民间借贷法律关系的申请再审事由，不能成立，本院不予支持。

——中国裁判文书网。

当事人以民间借贷关系提起诉讼，但人民法院认定当事人之间并非民间借贷关系的，人民法院应当向原告释明变更诉讼请求。

实践中，在对原告进行释明时，应当注意以下原则和方法：

第一，释明应当遵循司法公开原则。法官行使释明权是审判活动的组成部分，因此当然应当符合司法公开的要求，释明应当以可以接受监督的方式进行，最为重要的是，应当在双方当事人都在场的情况下进行，或者将对一方进行释明的内容通知对方当事人，不能采取背靠背的形式进行释明。

第二，一般认为，释明应贯彻于整个民事诉讼的全过程，但由于法律释明涉及对法律关系的判断，须以充分的证据资料和明确的事实为基础。为了慎重起见，法院应当在法庭调查结束之后法庭辩论开始之前，综合查清的事实情况，根据对案情的判断，及时向当事人加以释明。

第三，在进行法律关系释明时，应当明确告知当事人法院根据当事人提供的证据所认定的法律关系的性质，而不应当采用模棱两可的语言，影响当事人的判断，导致释明的目的无法实现。

第四，释明权行使应遵循有限原则，法院对诉讼请求的释明应当基于当事人所主张的事实关系。也即受当事人事实主张的限制，法院不能在当事人的事实主张之外提示变更、修正或补充诉讼请求。如果法院告知当事人变更诉讼请求并未改变当事人所主张的事实关系，则此时法院的释明是义务；而法院促使当事人变更诉讼请求时启发提出不同于已提出的事实关系的新理由，则应当认定为违反辩论主义。

第五，在就诉讼请求进行释明时，法院应赋予当事人相应的程序保障，使当事人有机会对法院的释明发表意见。首先，当事人的自由处分权是法院释明应予遵守的边界。在民事诉讼中，“法官应当帮助当事人作出正确的决定，但不应当代替当事人作出决定。不能让法官的理智取代当事人的意志。”释明之后，当事人是否变更请求，由当事人自行决定。一般而言，法院释明之后，当事人没有提出的主张、事实与证据，不得再行提出。其次，对方当事人的辩论权也应受到尊重。变更诉讼请求的释明在很大程度上会改变依据原诉讼请求可能获得的判决结果，必须赋予对方当事人就此发表意见的机会，否则就意味着剥夺了其辩论权而构成诉讼程序的重大瑕疵。

当事人拒不变更的，法院不能替代当事人依职权变更当事人的诉讼请求，否则就违背法院居中裁判的角色，因此仍应按照当事人提出的诉讼请求进行审理。

对于审理后应作出何种裁判，实践中存在不同观点。一种观点认为，虽然法院认定的法律关系与当事人主张的法律关系不一致，但原告的起诉并不违反法律规定的起诉条件，并且提出的诉讼请求具体明确，并有相应的事实和理由，故若其拒绝变更，将导致其事实和理由不能成立，原告因此不具有所主张法律关系下的权利，从而导致其诉讼请求在实体上无法得到支持的后果，故法院应当针对其诉讼请求作出实体处理，即驳回其诉讼请求。

另一种观点认为，在法院认定的法律关系与当事人主张的法律关系不一致时，属于诉讼程序问题，在原告坚持其诉讼请求，而不依据法院的告知变更诉讼请求的情况下，法院应当作出程序性处理，即裁定驳回原告起诉，而不是驳回其诉讼请求，否则既侵害当事人的诉讼权利，又损害当事人的实体权利。在“上诉人甲公司和上诉人乙公司与被上诉人丙公司房地产项目权益纠纷”一案中，最高人民法院认为，一审期间丙公司在起诉状、庭审陈述及所附证据材料中，均明确表示其主张项目转让款的依据为双方之间存在房地产项目转让的法律关系。一审法院基于审理查明的事实认为，丙公司诉请主张的“项目转让关系”不能成立，遂于庭审结束后至一审判决前，多次向丙公司行使释明权，告知其变更诉讼请求，否则自行承担诉讼风险，但丙公司拒绝对诉讼请求予以变更。由于丙公司主张的法律关系与一审法院根据案件事实认定的不一致，一审法院不应作出实体判决，而应驳回丙公司的起诉。我们倾向于后一种观点。

——杜万华主编、最高人民法院民事审判第一庭编著：《最高人民法院民间借贷司法解释理解与适用》，人民法院出版社2015年版，第283~285、286~287页。

13.当事人主张的法律关系性质与人民法院认定不一致的，应当将法律关系性质作为焦点问题审理

丙公司、孙某宏、邹某霞与甲公司、乙公司等合同纠纷案［最高人民法院（2021）最高法民申7810号民事裁定书］

裁判要旨：诉讼过程中，当事人主张的法律关系性质或者民事行为效力与人民法院根据案件事实作出的认定不一致的，人民法院应当将法律关系性质或者民事行为效力作为焦点问题进行审理。但法律关系性质对裁判理由及结果没有影响，或者有关问题已经当事人充分辩论的除外。

最高人民法院认为：根据案件事实及法律规定，丙公司、孙某宏、邹某霞的再审申请事由不能成立，理由如下：

（一）关于本案当事人之间的法律关系性质问题

《最高人民法院关于民事诉讼证据的若干规定》第五十三条第一款规定，“诉讼过程中，当事人主张的法律关系性质或者民事行为效力与人民法院根据案件事实作出的认定不一致的，人民法院应当将法律关系性质或者民事行为效力作为焦点问题进行审理。但法律关系性质对裁判理由及结果没有影响，或者有关问题已经当事人充分辩论的除外。”

首先，案涉《三方协议书》《产品代销合作协议》《补充协议》《担保协议》约定，乙公司代销某建机公司生产的挖掘机，该融资租赁模式中，包含了买卖、租赁、担保等多种法律关系。乙公司向某建机公司借款用于履行其对某租赁公司的担保责任是该商业模式中的一环，一审、二审认为本案不应将借款关系单独予以剥离，而从总体上认定当事人之间的法律关系为合同纠纷，具有事实和法律依据。

其次，本案中，某建机公司主张乙公司向其借款，用于向某租赁公司代付租赁客户逾期未支付的租金，其诉请乙公司返还款项的请求权基础是借款法律关系。对此，一审法院在本院认为部分，对某建机公司与乙公司之间法律关系的性质作了分析判断。二审亦将本案当事人之间的法律关系应当如何认定作为焦点问题进行了审理。且本案无论定性为民间借贷纠纷还是合同纠纷，乙公司及其担保方均应依据案涉合同的约定，向甲公司履行相应款项的偿还责任。故原审判决不存在遗漏或超出当事人诉讼请求的情形。丙公司、孙某宏、邹某霞主张本案为担保追偿权纠纷，其不应承担还款责任，理由不能成立。

（二）关于丙公司、孙某宏、邹某霞应否对案涉债务承担责任及承担数额的问题

首先，乙公司、某建机公司的担保顺位并不相同。虽根据某建机公司（甲方）、某租赁公司（乙方）、乙公司（丙方）所签订的《三方协议书》第七条、第八条约定，乙公司、某建机公司对某租赁公司与承租人（终端客户）之间所形成的债务均承担担保责任，但双方的担保顺位不同。根据《三方协议书》第九条关于“丙方的权利义务：（1）当满足融资租赁合同约定的担保条件时，丙方有义务优先履行担保责任；（2）丙方有义务负责向承租人提供售后服务、租金催收的义务”的约定，当终端客户逾期支付融资租赁的

租金时，乙公司有义务优先履行担保责任并负责租金催收。乙公司在2012年至2015年期间向某建机公司出具《借款申请单》《借款申请及还款承诺函》及三十份《代销商借款借据暨还款承诺书》并在2014年11月30日《对账确认函》上盖章确认的行为，均证实乙公司为履行合同约定的优先担保责任，向某建机公司借款并委托某建机公司将相关借款支付给某租赁公司用于垫付承租人的逾期租金。故丙公司、孙某宏、邹某霞主张的乙公司、某建机公司为同一顺位担保人，理由不成立。

其次，丙公司、孙某宏、邹某霞承担责任具有合同依据。2011年12月19日，孙某宏、邹某霞根据其与某建机公司签订的《担保协议》，在2.5亿元的最高额度内对乙公司向某建机公司的负债提供最高额连带责任保证。2012年7月22日乙公司《决议事项》第四条载明："工厂（某建机公司）要求。老乙对工厂的债务，按照工厂要求还款，最终还款截止日期为2015年12月30日。不足部分，由各股东按照乙股权比例垫款承担"，各方签字认可。2018年5月4日，某建机公司与孙某宏、邹某霞、丙公司签订《还款协议》，约定某建机公司对乙公司债务总额减免91672729.32元，减免后的债务总额为138125498.95元；孙某宏、邹某霞对乙公司债务承担连带担保责任的范围为在债务总额减免基础上按出资比例15%偿还，即20718824.84元；丙公司承诺对该协议项下孙某宏、邹某霞的债务承担连带保证责任。该《还款协议》系有效合同，对合同当事人具有法律拘束力。

再次，关于乙公司已返还某建机公司的26台设备涉及5000余万元及丁公司14台挂账设备所涉价款20410349.68元的核减问题。孙某宏、邹某霞、丙公司主张应予扣减的依据为乙公司与某建机公司就案涉债务问题沟通形成的2017年10月12日《备忘录》。该《备忘录》系某建机公司一审提交的证据，因本案其他当事人对《备忘录》的真实性有异议，故原审对《备忘录》不予采信，具有事实依据。同时，从《备忘录》内容看，双方就返厂设备折价款及圣某公司挂账等历史账务处置问题拟通过对总体债务打折、减免的方式处理。而根据2018年5月4日某建机公司与孙某宏签订的《还款协议》约定，某建机公司对乙公司债务总额减免91672729.32元。《还款协议》签订于《备忘录》之后，应以签订在后的《还款协议》为准。故原审判决孙某宏、邹某霞、丙公司的责任范围为乙公司欠款本金138125498.95元的15%，即

20718824.84 元及相应利息，并无不当。

——中国裁判文书网。

14.仅以转账凭证提起民间借贷诉讼，被告抗辩转账系因其他债务关系，应承担举证责任

姜某平与白某权、刘某芳民间借贷纠纷案［最高人民法院（2016）最高法民申3335号民事裁定书］

裁判要旨：原告仅依据金融机构的转账凭证提起民间借贷纠纷诉讼，被告以该转账系偿还双方之前借款或其他债务为由进行抗辩的，应当对其主张提供证据证明。被告举证不足的，法院应认定借贷关系成立。

最高人民法院认为：关于白某权与姜某平之间是否存在借贷关系，白某权是否应向姜某平支付借款利息问题。姜某平于2011年8月1日通过银行向白某权转款450万元，对此，白某权并无异议，但认为该450万元不是借款而是投资款。为此，白某权提交了其与姜某平及案外人田耀凯于2012年5月27日签订的《关于开发特克斯县78团畜牧营的协议》，其与姜某平于2015年2月12日签订的《协议》，以证明其上述主张。关于证据一，即2012年5月27日三方所签《关于开发特克斯县78团畜牧营的协议》，从该协议的内容看，是关于三方合作在特克斯县开发沙金矿的协议。根据该协议，姜某平已按约完成出资300万元的义务，且双方均认可该300万元出资款与2015年2月12日双方所签《协议》中的450万元款项没有关系。因该协议与本案无关，故该证据不能证明白某权的上述主张。关于证据二，即2015年2月12日双方所签《协议》，从该协议的内容看，虽然个别条款中将450万元款项表述为"投资"款，但该表述与其他条款中"返还450万元"及"按月息2分计息"的表述相矛盾，且该450万元转款在前，而双方合作开发沙金矿在后，在姜某平不认可该450万元为合作投资款的情况下，白某权应当继续举证，但其未再举证，应当承担举证不足的法律后果。故仅凭该证据不能证明白某权的上述主张。

——中国裁判文书网。

15.不能仅凭转账备注认定与对方存在借贷合意

沈某红、某公司等船舶营运借款合同纠纷案［最高人民法院（2022）最高法民申117号民事裁定书］

裁判要旨：转账凭证的附言中虽然标明了款项用途，但仅是当事人单方备注，不能证明其与对方存在借贷合意。在对方提供证据证明其与当事人存在其他债权债务关系时，当事人仍应当就借贷关系的成立负有证明义务。当事人未能进一步举证证明系借贷关系，原判决对其上诉请求不予支持并无不当。

最高人民法院认为：根据某公司与沈某红于2019年8月22日签订的《合作协议书》第一条“合作基础”载明的内容，某公司委托沈某红收回徐某法的营运权，并将“某101”轮从岳阳城陵矶港带回。舒某翔与沈某红的通话录音表明沈某红于2019年6月已实际控制船舶，并与舒某翔合作经营。现有证据可以证明2019年5月至7月间沈某红实际控制船舶，在8月22日签订《合作协议书》前某公司已经与沈某红合作经营。案涉三笔款项中，沈某红对于47000元是向某公司支付的借款还是为徐某法向某公司支付的垫付款，主张前后不一。5万元和6万元款项的转账凭证中的附言中虽然标明了款项用途，但仅是沈某红的单方备注，不能证明其与某公司存在借贷合意。在某公司提供证据证明其与沈某红存在其他债权债务关系时，沈某红仍应当就借贷关系的成立负有证明义务。沈某红未能进一步举证，原判决对其上诉请求不予支持并无不当。

——中国裁判文书网。

16.借贷金额是否为“大额”的判断标准

最高人民法院民一庭认为，受到地区、行业经济发展实际状况的影响，借贷金额是否为“大额”，难以在全国范围内作出统一规定。对于经济发达、民间金融市场交易活跃的地区，特别是长期专门从事借贷业务的当事人来说，“大额”借贷的金额，显然会明显高于经济欠发达地区交易主体间的“大额”

借贷的金额，甚至还会明显高于同属经济发达地区内普通民众间偶发的“大额”借贷的金额。考虑这一实际情况，原则上只能由受诉法院根据本地区以及涉案当事人的实际情况，在具体案件中对涉诉借贷是否属于“大额”借贷作出判断。为了更好地在同一地区范围内统一裁判尺度，可以考虑由高级人民法院或中级人民法院通过适当方式，给出参照标准，但这一标准亦不应过于机械地适用，而应在具体案件中结合其他证据和案件情况综合予以认定。

——杜万华主编、最高人民法院民事审判第一庭编著：《最高人民法院民间借贷司法解释理解与适用》，人民法院出版社 2015 年版，第 299 页。

17.民间借贷案件中大额现金交付的认定涉及本金与利息预先扣除两方面

沈某与某书店有限公司民间借贷纠纷案［最高人民法院（2015）民一终字第 116 号民事判决书］

裁判要旨：民间借贷中大额现金交付涉及两方面事实认定，一是借贷本金事实的认定，二是是否存在利息预先在本金中扣除的事实认定问题。在法律事实与客观事实可能存在不一致情形下，法官首先应当穷尽方式追求客观事实，以期还原事实真相。如果法律事实与客观事实无法完全匹配或者无法证明完全匹配甚至相悖，应当采纳证据所证明的法律事实。法律事实的真伪取决于举证责任的分配、证据盖然性证明标准的判断、证据的真伪。利用诉讼程序制度通过逻辑性的演绎推理探求法律事实，并将此作为裁判依据，是民间借贷案件大额现金交付主要事实认定的关键。

最高人民法院认为：关于借款本金数额是 7123.27 万元还是 6107.3974 万元问题。沈某依据借款合同、支付款项的银行汇款证明、某书店出具的收条、某书店支付利息的银行凭证等一系列证据材料诉请某书店偿还借款本金 7123.27 万元，并请求支付逾期利息及违约金，某书店抗辩称借款本金为 6107.3974 万元，1015.8726 万元现金并未实际交付。由此，双方对己方诉求或反驳对方诉求所依据的事实有责任提供证据加以证明，没有证据或证据不足以证明己方主张的，由负有举证责任的一方承担不利后果。本案双方于 2010 年 5 月 19 日、2010 年 9 月 6 日、2010 年 9 月 14 日签订的三份借款合同中分别约定，某书店向沈某的借款本金为746万元、1049.27万元、5328万元，借款期限分别为一年、六个月、一年，借款利率均为月利率1.6%，每月支付一次利息，违约金分别为日违约金为本金的万分之八、日违约金为本金的万分之八、月违约金为本金的万分之三。上述三份借款合同分别经海南省海口市琼州公证处〔2010〕琼州证字第3940号《具有强制执行效力的债权文书公证书》、〔2010〕琼州证字第6800号《具有强制执行效力的债权文书公证书》、海南省三亚市公证处〔2010〕三证内字第3340号《公证书》公证。某书店于2010年3月26日、同年6月24日、同年9月9日、同年9月21日、同年9月23日、同年9月28日、2011年1月28日共出具十份收条，对三次借款合同中收到的银行转账及现金进行了确认，其中对应三次借款合同分别收到的现金为46万元、49.27万元、920.6026万元。后某书店对上述前两份借款合同以借款本金746万元、1049.27万元分别支付了9个月、4个月的利息，对第三份借款合同共分七次支付利息3837346元。由此，双方签订的借款合同均明确了借款本金数额，某书店也以借款合同载明的本金数额实际履行了部分利息，且双方之间的借款合同均经公证处出具的有效公证文书证明，结合各证据之间的关联程度，并结合沈某的支付能力等因素，应认为沈某提交的证据已经形成完整的证据链条，能够达到高度盖然性的证明标准，可以证明其已向某书店全额支付了双方争议的涉案1015.8726万元现金。某书店虽主张1015.8726万元现金未实际交付，但并未提交充分证据予以证明，也未能对沈某提交的上述证据提出足以反驳的证据，故双方借贷的本金应为7123.27万元。

——中国裁判文书网。

18.人民法院应根据本地区实际情况，判断涉诉借贷是否属于“大额”借贷

从某种程度上讲，对于当事人之间因“大额”民间借贷引发的纠纷，人民法院必须对有关款项的支付方式、出借人的出借能力、还款人的还款能力、借贷双方的关系以及借款的用途等事实作出查明认定，查明的程度与标准和一般生活性、临时性借贷引发的纠纷存在区别。但是，因受地区、行业经济

发展实际状况的影响，借贷金额是否为“大额”，难以在全国范围内作出统一规定。在经济发达、民间金融市场交易活跃的地区，特别是对于这些地区长期专门从事借贷业务的当事人来说，所谓大额借贷的金额显然要明显高于经济欠发达地区交易主体间的大额借贷的金额，甚至还会明显高于同属经济发达地区内普通民众间偶发的大额借贷的金额。因此，司法实践中，人民法院经常遭遇的问题是，对于审理的具体案件涉及的借贷是否属于法律、司法解释以及司法政策所规定的“大额”借款难以作出准确判断。

最高人民法院民事审判第一庭认为，这一情况现实存在，目前来讲，原则上只能由受诉法院根据本地区以及涉案当事人的实际情况，在具体案件中对涉诉借贷是否属于“大额”借贷作出判断。为了更好地在同一地区范围内统一裁判尺度，也可以考虑由高级人民法院或中级人民法院通过适当方式提出参照标准，但这一标准亦不应过于机械适用，而应在具体案件中结合其他证据和案件情况予以综合认定。

——最高人民法院民事审判第一庭编著：《最高人民法院新民间借贷司法解释理解与适用》，人民法院出版社 2021 年版，第 258~259 页。

19.大额现金借款的认定应达到民事诉讼“高度盖然性”的标准

屈某森与某投资公司、某实业公司民间借贷纠纷案［最高人民法院（2020）最高法民申 1279 号民事裁定书］

裁判要旨：对于原告（出借人）主张的大额现金借款，被告抗辩借贷行为尚未实际发生并能作出合理说明，人民法院应当结合借贷金额、款项交付、当事人的经济能力、当地或者当事人之间的交易方式、交易习惯、当事人财产变动情况以及证人证言等事实和因素，综合判断借贷事实是否发生。原告（出借人）提供的证据不能达到民事诉讼“高度盖然性”标准的，法院依法不予支持。

最高人民法院认为：结合屈某森的再审申请事由和原审查明的事实，本案再审审查的争议焦点为屈某森所主张的 2210 万元现金借款事实是否实际发生。

《最高人民法院关于审理民间借贷案件适用法律若干问题的规定》第十六

条第二款[①]规定："被告抗辩借贷行为尚未实际发生并能作出合理说明，人民法院应当结合借贷金额、款项交付、当事人的经济能力、当地或者当事人之间的交易方式、交易习惯、当事人财产变动情况以及证人证言等事实和因素，综合判断查证借贷事实是否发生。"本案中，屈某森提交《借条》以及《债务情况说明》主张某投资公司借款本息为4987万元，但其仅有983万元转账凭证，其主张另外2210万元为现金借款，某投资公司并不认可。对此，应当结合借贷金额、款项交付、当事人的经济能力、当地或者当事人之间的交易方式、交易习惯、当事人财产变动情况以及证人证言等事实和因素，综合判断借贷事实是否发生。根据原审查明的事实，第一，屈某森称案涉2210万元共计37笔现金借款均在取款当天或者延迟一天至两天的时间内亲自交付给王某海，并且提供了取现记录，但某公司提供了证据证明在屈某森陈述的多个时间段里王某海并未在现金交付地点。第二，屈某森提交的2016年6月14日的《借条》载明，截至2016年6月14日，某投资公司现金借款金额共计2210万元。但是，根据屈某森提交的取现记录，却存在2016年6月14日之后多次的现金借款记录。第三，2016年11月5日王某海以抢夺某公司公章的形式在案涉《借条》《债务情况说明》中盖章，也侧面印证了《借条》的总额存疑。第四，从本案983万元的银行转账借款来看，尚不能评判双方形成了现金借款的交易习惯。第五，王某海在公安机关的多次询问以及二审法院询问中均否认2210万元的现金借款，并多次陈述借款金额为1000万元。因此，屈某森提交的现金借款证据与其陈述、某公司提交证据所证明的事实相互矛盾，不能达到民事诉讼"高度盖然性"标准。原审判决未认定屈某森主张的2210万元现金借款，并无不当。

——中国裁判文书网。

20.关于民间借贷举证责任的分担问题

四、关于举证责任的分担问题

1.借贷合同的订立和款项交付是两项不同的事实，债权人对于自己主张

① 现为《最高人民法院关于审理民间借贷案件适用法律若干问题的规定》(2020年第二次修正)第十五条第二款。

的这两项事实均应承担相应的举证责任。原则上，债权人应当对借贷合意、借贷金额、期限、利率以及款项交付等承担证明责任，债务人主张借款本金、利息等债务已经归还或部分归还的，应当承担证明责任。民间借贷案情复杂，法官应根据具体案情灵活分担举证责任。

2. 对债权人能证明给付事实但不能提供借款协议，双方对借贷关系存在争议的，债权人应当就双方存在借贷关系进一步提供证据。对能够查明双方存在借贷关系的，按照民间借贷纠纷审理；查明债务属于其他法律关系引起的，法院应向当事人释明，由债权人变更诉讼请求和理由后，按其他法律关系审理，债权人坚持不予变更的，判决驳回诉讼请求。

对债权人能提供借款协议但无法证明给付事实的，将举证责任分配给主张协议已实际履行的债权人；对债权人能证明给付事实，也能提供借款协议，但债务人对借款协议或签名的真伪提出异议的，将申请鉴定的举证责任分配给主张协议虚假的债务人；对借款属于债务人个人债务还是夫妻共同债务不明的，将借款用于夫妻日常共同生活或经营的举证责任分配给债权人。

债权人以借据主张债权，债务人抗辩称借据载明的借款金额包含利息或仅为利息，且提供的证据足以使法官对借据载明的本金数额产生合理怀疑的，可以确定由债权人就借据本金数额的真实性承担举证责任。

3. 对需要通过司法鉴定确认借据是否真实的，双方均可申请鉴定，双方均不申请的，法院可根据具体案情作出处理：如果债权人仅凭借据起诉，没有其他证据佐证或者借据的真实性存在合理怀疑的，由债权人申请鉴定，债务人应提供笔迹比对样本。如果债权人提供的借据以及其他证据材料具备一定的可信性，债务人对借据的真实性提出异议，但未提供反驳依据的，由债务人申请鉴定。经依法释明，债权人或债务人不申请鉴定或不提供笔迹比对样本导致案件事实无法查清的，法院依法裁判。

——最高人民法院民事审判第一庭第五合议庭：《建立和完善我国民间借贷法律规制的报告》，载最高人民法院民事审判第二庭编：《商事审判指导》2012年第4辑（总第32辑），人民法院出版社2013年版，第137~138页。

最高人民法院民一庭意见：对于民间借贷纠纷案件的证据认定，应从各证据与案件事实的关联程度、各证据之间的联系等方面进行综合审查判断。

对于存在借贷关系及借贷内容等事实，出借人应承担举证责任。

——最高人民法院民一庭：《民间借贷纠纷案件的证据认定，应从各证据之间的联系等方面进行综合审查判断》，载最高人民法院民事审判第一庭编：《民事审判指导与参考》2013 年第 1 辑（总第 54 辑），人民法院出版社 2013 年版，第 133 页。

21.偷录、偷拍等非法证据超过必要限度时不可作为证明借贷关系存在的证据

具体到偷录偷拍的证据是否能定位为非法证据予以排除，需要根据具体情况具体分析，有以下几点需要考虑：（1）案件性质、偷拍偷录的损害后果及其社会危害程度。如在公共场合的偷拍偷录行为的社会危害性一般来说就小于在个人领域诸如住宅中进行偷拍偷录的社会危害性。（2）偷拍偷录的目的、动机以及主观过错程度。比如说当事人故意将偷拍偷录的照片视频发到网上，然后将网上的评论也作为支持其事实主张的证据，那么该照片或视频及其评论都不能被作为定案依据。（3）偷拍偷录手段和方式。比如用窃听器、望远镜全天候监控某人的住宅等。

——杜万华主编、最高人民法院民事审判第一庭编著：《最高人民法院民间借贷司法解释理解与适用》，人民法院出版社 2015 年版，第 57~73 页。

22.合作开发房地产资金提供一方不承担经营风险，只收取固定数额货币的，应认定为借款关系

A 公司与 B 公司、C 公司企业借贷纠纷案［最高人民法院（2016）最高法民终 541 号民事判决书］

裁判要旨：合作开发房地产合同约定提供资金的当事人不承担经营风险，只收取固定数额货币的，应当认定为借款合同。

最高人民法院认为：《最高人民法院关于审理涉及国有土地使用权合同纠纷案件适用法律问题的解释》第二十六条规定："合作开发房地产合同约定提供资金的当事人不承担经营风险，只收取固定数额货币的，应当认定为借款合同。"案涉《投资合作协议书》第二条就企业的经营管理及风险承担约

定："鉴于乙方某公司不直接参与公司经营管理，因此甲方B公司在经营管理过程中产生的风险责任由甲方B公司承担，即乙方A公司承担投资责任，不承担经营风险责任。"第三条就投资回报约定："甲方B公司给予乙方A公司固定投资回报，本合同项下的年回报率按年利率10%计算，在本合同有效期内回报率保持不变。"第六条就某公司的权利义务约定："乙方A公司享有合作项目的监督权、查阅权，投资回报收益权。"由此可见，案涉《投资合作协议书》在形式上虽有"投资合作"字样，但从其约定的内容看，A公司不直接参与公司经营管理，不承担经营风险，只收取固定数额收益，即该协议书排除了双方共担合作风险的情形，其实质在于A公司所得的回报与合作结果无关。故B公司签订《投资合作协议书》的本意是融资，A公司的真实意思表示则为借款，双方并无合作开发案涉房地产的合意。根据《合同法》第二百零二条[①]有关"贷款人按照约定可以检查、监督借款的使用情况"的规定，A公司作为贷款人为确保借款安全对资金的使用情况具有检查、监督的权利。故B公司以案涉合同约定某公司对合作项目具有监督、查阅等权利为由主张双方并非借款关系，没有事实和法律依据。原审判决将本案认定为借款合同纠纷于法有据，本院予以维持。

——中国裁判文书网。

23.以融通资金为目的的股权转让加回购交易，应认定为民间借贷

李某喜与刘某山等民间借贷纠纷案［最高人民法院（2017）最高法民申4274号民事裁定书］

裁判要旨：通过对合同的约定条款和合同的履行方式等内容的综合分析，可认定双方签订《股权转让合同》并后续以固定金额回购的交易安排目的是一方获得借贷资金，另一方出借资金获得利息，股权转让仅作为借款的担保形式的，应认定双方为民间借贷关系。

最高人民法院认为：原审已查明，本案双方当事人签订的《股权转让合同》中对于李某喜向刘某山转让股权事宜进行了约定，但原审法院通过对该合同中关于利息的约定、拟转让股权的份额确定、拟转让股权的交付方式、

① 对应《民法典》第六百七十二条。

股权转让的价金、回购权的约定和合同的履行方式等内容进行综合分析后，认定李某喜和刘某山签订《股权转让合同》并非要进行股权转让，而是一方以获得借贷资金，另一方以出借资金获得利息为目的，股权仅作为借款的一种担保形式，在李某喜不能按照约定支付本金及利息时，刘某山可获得该股权，本案《股权转让合同》名为股权转让，实为民间借贷。该认定符合双方交易目的以及约定回购权的行使方式、行使条件等客观实际，具有事实和法律依据。李某喜关于原审判决认定合同性质和适用法律错误的再审主张，事实和法律依据不足，不能成立。

——中国裁判文书网。

24.投资协议中约定无论投资是否亏损，投资人均获得固定投资收益的，认定为借贷合同

某公司、付某华借款合同纠纷案［最高人民法院（2020）最高法民申7050号民事裁定］

裁判要旨：当事人之间签订的《投资合作协议》并不具有共同经营、共享收益、共担风险的投资合作特征，而是约定一方出资后，无论公司经营情况如何，是否亏损，均按标准计算并享有固定投资收益。应认定双方之间法律关系的性质“名为投资、实为借贷”。

最高人民法院认为：某公司与付某签订的《投资合作协议》约定内容表明，付某所获收益是以固定回报方式计算，且约定无论公司经营情况如何，是否亏损，付某均按标准获得投资收益。因此，《投资合作协议》的约定不具有共同经营、共享收益、共担风险的投资合作特征。某公司工商登记虽变更付某为公司股东，但某公司并未提交证据证明付某参与了公司的实质性经营活动。付某不参与某公司的经营管理，其投入的资金不承担任何经营风险，只收取固定数额的收益，该1300万元名为投资，实为借款。仅就某公司与付某双方之间的法律关系而言，原审认定为民间借贷性质，并无不当。某公司收到付某支付的1300万元后，没有按照双方协议约定按期给付利息，某公司应当将借款偿还给付某，并按照约定支付相应的利息。原审依照《最高人民

法院关于审理民间借贷案件适用法律若干问题的规定》的有关规定，结合合同的内容及履行情况，并根据交易习惯、市场利率等因素确定某公司应支付的利息标准，亦无不当。

——中国裁判文书网。

25.借款人与银行约定受让银行债权并支付债权转让费用，但不获取任何利益的，应认定该债权转让及资产委托管理协议系以变相收取借款利息为目的

某公司与某银行债权转让合同纠纷案［最高人民法院（2020）最高法民申7094号民事裁定书］

裁判摘要：借款人与贷款银行在双方签订的借款合同之外，另行签订债权转让及资产委托管理协议，约定借款人受让贷款银行的债权并支付一定金额的债权转让费用，但不获取任何利益的，应认定该债权转让及资产委托管理协议系以变相收取借款利息等为目的。双方签订该债权转让及资产委托管理协议的行为系以虚假的意思表示实施，依法应认定为无效；该行为所隐藏的收取利息的行为的效力，依照有关法律规定处理。

最高人民法院认为：本案某公司与某银行所签订的《债权转让协议》和《资产委托管理协议》名为债权转让和资产委托管理协议，实为双方订立的本金为5400万元的借款合同的组成部分。理由如下：首先，从《债权转让协议》和《资产委托管理协议》的约定看，该两份协议约定的内容不符合常理。一般而言，某公司作为案涉债权受让方及资产委托管理方，其受让案涉债权并委托某银行清收，应以获取收益为目的，但本案双方签订的《债权转让协议》《资产委托管理协议》约定，某公司以10620439.51元的对价受让某银行的债权，再委托某银行予以清收，清收所得款项在扣除支出费用后，剩余款项全部作为委托管理费归某银行所有，即某公司在向某银行支付了10620439.51元的债权转让款后，并不能从受让的上述债权中获取任何收益。其次，从双方签订《债权转让协议》《资产委托管理协议》的目的看，某公司是为了与某银行签订借款合同，以获得某银行5400万元的借款；某银行与某公司签订《债权转让协议》《资产委托管理协议》是为了在借款合同之外另行

收取10620439.51元的款项，并达到剥离不良资产即案涉债权的目的。某公司于2015年5月13日向某银行出具的《关于要求提供债务人信息资料的报告》中载明：“我公司为了在贵行贷款5400万元人民币，接受了贵行债务人江西维某实业有限公司的不良贷款债权转让条件……”某银行在本案一审中也有关于“该借款某公司享受了优惠的利率政策，年利率仅为6.15%，当时某银行的贷款利率执行的标准为年利率13%左右，这也是某公司同意接受本案债权的原因所在”的陈述。最后，从《债权转让协议》和《资产委托管理协议》的实际履行情况看，某银行并未实际履行该两份协议。《债权转让协议》第二条约定，某银行应在交割日即2013年10月28日将案涉债权及从权利转让给某公司，但根据某银行在本案一审中自认的事实，其在收到某公司支付的10620439.51元债权转让款后并未将案涉债权移交给某公司，而是继续以自己的名义通过提起诉讼、申请法院强制执行的方式对案涉债权进行追讨，且某银行并未提供证据证明其已将相关债权追讨情况告知了某公司。综合以上分析可以看出，某公司与某银行关于债权转让及资产委托管理的意思表示是虚假的，某银行收取的10620439.51元的债权转让款应认定为其就案涉5400万元借款在双方于2013年10月21日签订的《借款合同》之外另行收取的利息。《中华人民共和国民法总则》第一百四十六条[①]规定：“行为人与相对人以虚假的意思表示实施的民事法律行为无效。以虚假的意思表示隐藏的民事法律行为的效力，依照有关法律规定处理。”根据该条法律规定，本案中某公司与某银行以虚假的意思表示所实施的债权转让及资产委托管理行为应为无效；双方以该虚假的意思表示所隐藏的支付10620439.51元借款利息的行为，实际系双方订立本金为5400万元的借款合同这一民事法律行为的组成部分，对该行为的效力应依照有关法律规定处理。鉴于本案中某公司并未就双方订立的本金为5400万元的借款合同提出相应的诉讼请求，故本院对该借款合同的效力不作审查和认定。二审判决认定《债权转让协议》和《资产委托管理协议》合法有效虽有不当，但判决驳回某公司关于解除《债权转让协议》及某银行返还债权转让款和相应利息的诉讼请求，并无不妥。

——《最高人民法院公报》2023年第1期。

---

① 对应《民法典》第一百四十六条。

26.名为典当、实为借贷的合同是否有效

某典当公司与某建筑公司、某建筑喀什分公司、苏某敏、某房地产公司、刘某元民间借贷纠纷案［最高人民法院（2021）最高法民申5376号民事裁定书］

裁判要旨：案涉《借款合同》及《动产典当合同》签订于2013年9月27日，根据当时施行的有关规定，某典当公司尚不属于金融机构，其经营行为主要受《典当管理办法》规制，包括不得经营发放信用贷款的业务。虽然某典当公司从事的名为典当、实为借贷的民事行为不因违反《典当管理办法》这一部门规章而一概无效，但是某典当公司确曾存在其他类似行为，即使不属于从事经常性借贷，也在一定程度上扰乱了国家金融管理秩序，影响到社会公共利益。从本案借贷行为发生时的政策背景考虑，原判决认定案涉《借款合同》及《动产典当合同》无效，具有合理性。

最高人民法院认为：（一）关于案涉《借款合同》及《动产典当合同》的效力问题。上述两份合同签订于2013年9月27日，根据当时施行的有关规定，某典当公司尚不属于金融机构，其经营行为主要受《典当管理办法》规制，包括不得经营发放信用贷款的业务。虽然某典当公司从事的名为典当、实为借贷的民事行为不因违反《典当管理办法》这一部门规章而一概无效，但是某典当公司确曾存在其他类似行为，即使不属于从事经常性借贷，也在一定程度上扰乱了国家金融管理秩序，影响到社会公共利益。从本案借贷行为发生时的政策背景考虑，原判决认定案涉《借款合同》及《动产典当合同》无效，具有合理性。某典当公司主张的其他理由，均不能推翻上述认定合同无效的结论，本院不再逐一回应。（二）关于某建筑公司应否承担还款责任的问题。某典当公司一审诉请某建筑喀什分公司承担还款责任、某建筑公司承担担保责任，二审上诉要求某建筑公司承担还款责任已超出一审诉讼请求范围。因此，已无审查某建筑公司作为总公司承担责任的前提是否成就，即某建筑喀什分公司能否清偿债务的必要。故某典当公司关于原判决对某建筑喀什分公司偿债能力认定错误的主张，与判决结果无涉，本院不予审查。（三）关于刘某元应否承担担保责任的问题。某典当公司作为债权人主张刘某元承

担担保责任，应当举示证据证明刘某元作出了为案涉债务提供担保的明确意思表示。根据原审查明的事实，刘某元出具的《说明》，并未明确出具对象；《说明》所载借款发生日期与案涉借款日期不符，落款日期与案涉《借款合同》签订日期及款项发放日期均无关联性；《说明》由苏某敏而非某典当公司持有。综合上述情形，原审法院判令某典当公司承担举证不利的后果符合《最高人民法院关于适用〈中华人民共和国担保法〉若干问题的解释》第二十二条第一项关于"第三人单方以书面形式向债权人出具担保书，债权人接受且未提出异议的，保证合同成立"的规定，并无不当之处。

——中国裁判文书网。

27.借款合同签订后，出借人未履行交付款项义务，双方无法要求解除合同

借款合同签订后，出借人没有履行将所借款项交付借款人的义务，双方当事人能否要求解除合同。我们认为，因为涉案争议合同系自然人间的借款合同，属法定实践性合同，以款项交付为成立条件，既然款项并未实际交付，那么合同即未成立生效。根据通说，合同解除系指于合同成立生效后，因当事人一方之意思表示或双方之协议，使因合同产生之权利义务归于消灭之行为。理论上于合同成立生效前或合同已经双方当事人履行其给付义务后，不可能发生解除合同之情形。合同解除需以合同成立并生效为条件，故一方要求解除该合同，缺乏合同有效成立的基础条件，其无法请求解除合同，但可根据诚信原则要求对方承担缔约过失责任。

——最高人民法院民事审判第一庭编著：《最高人民法院新民间借贷司法解释理解与适用》，人民法院出版社 2021 年版，第 177 页。

28.出借人事先知道或应当知道借款人借款用于赌博仍然提供借款，后起诉请求借款人返还本息的，认定民间借贷合同无效

《治安管理处罚法》第七十条规定，赌博属于妨害社会管理的违法行为。故明知或应知借款人借款用于赌博而仍然提供借款属于《最高人民法院关于

审理民间借贷案件适用法律若干问题的规定》第十四条第三项[①]规定的“出借人事先知道或者应当知道借款人借款用于违法犯罪活动仍然提供借款的”情形，应当认定民间借贷合同无效。

民间借贷合同认定无效后，关于支付利息的约定无效，出借人要求按约支付利息的诉请自然应不予支持，但对于出借的本金可否请求返还？我们认为，依据《合同法》第五十八条关于“合同无效或者被撤销后，因该合同取得的财产，应当予以返还；不能返还或者没有必要返还的，应当折价补偿。有过错的一方应当赔偿对方因此所受到的损失，双方都有过错的，应当各自承担相应的责任”的规定，出借人已经支付的本金，属于借款人因无效合同取得的财产，借款人应当予以返还，否则会造成借款人不当得利的后果，亦与《合同法》第五十八条的规定相悖。同时，对出借人因出借款项所受到的损失（一般是指本金在此期间应产生的利息），应根据双方各自的过错程度判定各自承担。

——本书研究组：《出借人事先知道或应当知道借款人借款用于赌博仍然提供借款，后起诉请求借款人返还本息的，人民法院如何处理》，载杜万华主编、最高人民法院民事审判第一庭编：《民事审判指导与参考》2016 年第 4 辑（总第 68 辑），人民法院出版社 2017 年版，第 247~248 页。

29.企业内部集资合法与非法的界限

企业内部集资属于员工与所在企业（非银行金融机构）在双方当事人意思表示真实的情况下的行为。与非法吸收公众存款不同，民间借贷主要为“一对一”的借款模式，行为指向特定对象。即使在一个借款人向多数人借款的情况下，每一笔借款也都是独立存在的。企业内部集资往往与民间借贷中的个人与企业借贷相类似。这种类似民间借贷的企业内部集资，一般不具有很大的融资规模。具体来讲：

1. 既向单位内部职工集资又向社会公众集资的，不应认定为合法集资。因为集资对象既包括本单位的人员，也包括外单位的人员，说明此类吸收资金的行为针对的是不特定对象。如果将两种情形予以区分，将本单位人员的

① 现为《最高人民法院关于审理民间借贷案件适用法律若干问题的规定》第十三条第四项。

集资区别认定为单位内部的合法集资，显然不符合主客观统一的原则。比如，在某纺织实业有限公司非法吸收公众存款案件中，该公司吸收存款的对象有三类：第一类是非本公司职工；第二类是存款人非本公司职工，但通过公司职工存款，其中包括有夫妻关系者；第三类是公司职工。我们认为，尽管该纺织公司吸收存款的对象可以分为三类，但是其吸收资金针对的是不特定对象，无论是否为本单位职工存款都符合其主观意愿。而且，因为整个吸收存款行为是在同一个犯意支配下统一进行的，应当按照主客观相一致原则进行，将所有资金统一认定为非法吸收公众存款的数额，而没有必要按照存款人是否属于单位职工进行人为的区分。

2.“单位内部”应限定指单位内部的职工，如果出现“名义出资人”与“实际出资人”不符的情形，即表面上“出资人”都是单位内部职工，但由于某种原因（如单位给职工施加压力、职工的亲友见有利可图主动要求参与等）导致大量资金来源于非单位职工，此种情形需要结合主客观情况进行综合判断。实践中此类特殊集资的例子很多。（1）以内部人名义转借。如，某县属医院因购买大型医疗设备需要资金，受银行信贷规模影响未能获得足够资金，便通过其内部职工募集缺口资金，但由于该企业长期通过内部集资方式扩大设备投入，致使企业内部职工无力或者不愿意再投入，而最终以内部职工名义在社会集资，而给出资人的债权凭证却是以其内部职工为债权人的收据凭证。（2）通过掮客募集后借入。这部分掮客主要是私营企业主或高层管理人员的亲属或者朋友，通过这些人在各自工作圈及生活圈内进行宣传，然后直接以其个人的名义借款后，转借给企业使用。如某民营建材企业，即通过公司经理的亲属、同学等在各自工作的单位以高于银行二倍的利息，募集资金上百万元，常年周转使用。（3）以准备上市为名义集资。如在新加坡上市的某制药公司，为达到在内地A股市场上市的要求，向本公司职工每人集资10万元，并承诺在预期的三年内上市后转为股份，结果在一个月内募集了2000万元资金。但据调查，该企业内部职工中除高管人员参股外，绝大多数是社会公众以其职工名义参与的。这些特殊的“内部集资”就是在利用法律对“特定少数人”的非禁止性，来规避审查与监管，从而达到内部集资的目的。在判断此类名义出资人与实际出资人不符的内部集资是否合法的时候，如果单位主观上对此是明知的，那么该种集资就具有社会性，就有一定的违法性，不应认定为单位内部的合法集资。

将社会人员吸收为公司工作人员，继而向他们吸收资金，不属于单位内部集资。实践中，一是通过公开招聘，在聘用同时即表明了向应聘人员筹集资金的意思表示，集资参与者参与集资的同时即成为公司的员工，此种以传销方式实施的非法吸收公众存款，不能认定为内部合法集资。二是先将社会人员聘为单位员工，之后再向其吸收资金，此种情形具有一定的隐蔽性。以某果蔬加工有限公司非法吸收公众存款案为例，该公司通过设立连锁超市，聘用超市经理和代理人员，采取推广公司高科技产品，发展"促销员"、招聘"业务员"等手段，先以公司的名义与群众签订协议书，使其成为公司的"促销员""业务员"后，再以公司名义向"促销员""业务员"借款，开具借款借据再返款。除返还本金外，每月还以发工资和付借款利息的形式返利。

非出于单位自用目的的集资不属于单位内部集资。用于单位生产经营活动是认定单位内部集资合法的重要前提。取之于单位职工，用之于单位，是此类集资行为得以正当化、合理化的重要依据。一是单位和职工利益攸关；二是较社会集资其风险更具可控性。以刘某非法吸收公众存款案为例，某区科协副主席张某（另案处理）以搞人体科学研究和开发美容产品申请专利需要经费为名，以某科贸公司名义口头和书面委托某学院总务处代为集资，双方约定期限为一年，年息为20%。时任总务处处长的被告人刘某即安排工作人员夷某、赵某以总务处名义向本单位职工集资65万元。张某以"某科贸公司"名义从总务处"借"走460500元。刘某改任学院培训服务中心主任，又安排工作人员杨某以培训服务中心名义向本单位职工集资，张某又以"某科贸公司"名义先后从该院培训服务中心"借"走493064.50元。审理法院认为，某科贸公司委托在前，吸收、提走、使用资金在后，总务处、培训服务中心集资目的明确，故判决被告人刘某犯非法吸收公众存款罪。我们认为该判决意见是正确的，本案也可以视为是科贸公司与刘某共同非法吸收公众存款。

当然，在处理此类纠纷中，也不能因为单位内部集资的情节恶劣就认定为非法吸收公众存款行为。只要符合以单位内部职工为限、集资资金用于单位生产经营活动的集资行为就不属于非法吸收公众存款。比如，某市场建设管理服务中心为开发某市场，通过调出城关至乡下网点上班的威胁方式，对

300余名员工进行高息集资。本案虽以调动职工工作岗位相威胁，情节固然恶劣，但仍然属于有效的单位内部集资，而不是非法吸收公众存款行为。

——最高人民法院民事审判第一庭编著：《最高人民法院新民间借贷司法解释理解与适用》，人民法院出版社2021年版，第208~211页。

30.应当区分借贷目的和资金来源，对企业借贷予以不同的规制方式

参与企业借贷的主体，有的是出于自身资金需求，有的是以借由资金放贷赚取利润为目的。对于这两类不同的借贷，应当采取不同的规制方式。前者是为生产经营的需要的普通企业借贷行为，因此，并不需要作过多的规制，只要对借贷程度和借贷规模予以适度管控即可。而后者出于营利的目的从事企业间借贷，存有较大的风险和投机性，出现问题后对国家整体经济秩序的影响也要大于普通企业借贷，在规制时需要特别注意以下两点：

1.企业的资金是自有资金还是非自有资金。企业间借贷可以分为自有资金借贷和非自有资金借贷。自有资金企业间借贷，企业对合同标的有完全所有权，对其处分只要满足自愿、平等、真实的原则，就应当予以认可。非自有资金企业间借贷，由于出借资金并不属于企业，对其有效性的认定应当从合同性质入手。如果企业从银行等金融机构取得的信贷资金，又转贷给其他企业牟取利益，借款人事先知道或者应当知道，或者企业将向其他企业所借或者向本单位职工集资取得的资金进行转贷牟取利益，借款人事先知道或者应当知道的，此类企业间借贷应当认定无效。对此，将在其他条文中详述。

2.如果企业知道或应当知道作为借款人的企业借款的用途是犯罪或者从事其他违法活动，企业仍然提供贷款的，则该企业间借贷也应当认定无效。这点也将在其他条文中评述。

——最高人民法院民事审判第一庭编著：《最高人民法院新民间借贷司法解释理解与适用》，人民法院出版社2021年版，第197页。

31.虚假民间借贷诉讼的认定

虚假民间借贷诉讼的认定需要系统地考虑单一证据的真实性以及证据之间的连贯性等因素，并结合日常生活经验来加以处理。

而根据《最高人民法院关于审理民间借贷案件适用法律若干问题的规定》规定，在民间借贷案件涉及上述规定中的10种虚假诉讼的可能情形时，审判人员应当严格审查借贷发生的原因、时间、地点、款项来源、交付方式、款项流向以及借贷双方的关系、经济状况等事实，综合判断是否属于虚假民事诉讼。因此，就虚假民间借贷诉讼的审查而言，最终的落脚点在于审判人员基于案件的证据系统地对案件事实进行判断。

——杜万华主编、最高人民法院民事审判第一庭编著：《最高人民法院民间借贷司法解释理解与适用》，人民法院出版社2015年版，第336页。

32.职业放贷人的对外放贷行为的效力认定

三、关于禁止职业放贷问题

关于职业放贷，2015年《最高人民法院关于审理民间借贷案件适用法律若干问题的规定》(以下简称《民间借贷规定》)制定时，未将其纳入规制，一是考虑职业放贷行为在审判实践中比较难以界定；二是考虑当时《放贷人条例》草案已形成，其中对自然人、法人等放贷人应持牌照分类经营，并根据利率、贷款对象、用途等设置了不同监管要求。但《放贷人条例》至今仍未出台，职业放贷现象近年来却愈演愈烈。为此，2019年7月，最高人民法院与最高人民检察院、公安部、司法部联合制定了《关于办理非法放贷刑事案件若干问题的意见》(以下简称《非法放贷意见》)，其中第一条规定："违反国家规定，未经监管部门批准，或者超越经营范围，以营利为目的，经常性地向社会不特定对象发放贷款，扰乱金融市场秩序，情节严重的，依照刑法第二百二十五条第四项的规定，以非法经营罪定罪处罚。前款规定中的'经常性地向社会不特定对象发放贷款'，是指2年内向不特定多人（包括单位和个人）以借款或其他名义出借资金10次以上。贷款到期后延长还款期限的，发放贷款次数按照1次计算。"2019年11月出台的《全国法院民商事审判工作会议纪要》(以下简称《民商审判会议纪要》)第五十三条规定："未依法取得放贷资格的以民间借贷为业的法人，以及以民间借贷为业的非法人组织或者自然人从事的民间借贷行为，应当依法认定无效。同一出借人在一定期间内多次反复从事有偿民间借贷行为的，一般可以认定为是职业放贷人。民间借贷比较活跃的地方的高级人民法院或者经其授权的中级人民法院，可以根据本地区的实际情况制定具体的认定标准。”本规定此次修正，充分参考借鉴了以上司法解释和司法政策性文件关于“职业放贷人”的规定，在《民间借贷规定》第十三条中增加第三项，对职业放贷行为予以界定，明确规定职业放贷合同无效。

六、关于职业放贷行为的理解

《民间借贷规定》第十三条第三项关于职业放贷合同无效的规定，是本次修正新增的内容。对于职业放贷行为，法律并无明确规定，《民间借贷规定》修正前的司法解释虽有涉及，但规定不一。最高人民法院与最高人民检察院、公安部、司法部联合出台的《非法放贷意见》中规定，违反国家规定，未经监管部门批准，或者超越经营范围，以营利为目的，经常性地向社会不特定对象发放贷款，扰乱金融市场秩序的行为属于职业放贷，并规定“经常性地向社会不特定对象发放贷款”，是指 2 年内向不特定多人（包括单位和个人）以借款或其他名义出借资金 10 次以上。《民商审判会议纪要》第五十三条规定：“未依法取得放贷资格的以民间借贷为业的法人，以及以民间借贷为业的非法人组织或者自然人从事的民间借贷行为，应当依法认定无效。同一出借人在一定期间内多次反复从事有偿民间借贷行为的，一般可以认定为是职业放贷人。民间借贷比较活跃的地方的高级人民法院或者经其授权的中级人民法院，可以根据本地区的实际情况制定具体的认定标准。”本规定此次修正借鉴上述规定精神，对职业放贷行为作了明确界定，即“未依法取得放贷资格的出借人，以营利为目的向社会不特定对象提供借款的”。理解把握这一规定，需要注意以下几点：

1. 职业放贷人既可以是法人、非法人组织，也可以是自然人，但都不具备放贷资格。

2. 借贷行为以营利为目的。通常出借人只要收取利息或资金占用费等即可认定为营利，并不以收取高利息作为营利认定的条件。

3. 向社会不特定对象提供借款。此点需要结合案件事实予以认定。一般来说，在一段时期内多次向不特定的多人出借款项并收取利息或资金占用费等费用的行为，即可认定为职业放贷行为。

——最高人民法院民事审判第一庭编著：《最高人民法院新民间借贷

司法解释理解与适用》，人民法院出版社2021年版，第231~232页、第234~235页。

33.向不特定多数对象借贷扰乱金融市场秩序的借款合同效力认定

李某明与王某亮，甲公司，乙公司、李某祥民间借贷纠纷案［最高人民法院（2021）最高法民申4681号民事裁定书］

裁判要旨：在一定期间内多次反复从事有偿民间借贷行为，可认定出借行为具有反复性、经常性，借款目的具有营业性。未经批准擅自从事经常性的贷款业务的行为，系违反《银行业监督管理法》《非法金融机构和非法金融业务活动取缔办法》中的营业禁止性规定，扰乱了金融市场秩序，属于从事非法金融业务活动，相关借款合同无效。

最高人民法院认为：（一）关于二审判决认定案涉《借款合同》无效是否有误。原《最高人民法院关于适用〈中华人民共和国合同法〉若干问题的解释（一）》第十条[①]规定："当事人超越经营范围订立合同，人民法院不因此认定合同无效。但违反国家限制经营、特许经营以及法律、行政法规禁止经营规定的除外。"根据一审查明的事实，李某明名下账号为6216910306120004的账户流水显示，该账户涉及借款的交易往来多达数百笔，金额超过10亿元。2016年至2018年间，包括本案在内，李某明出借的款项中仅因借款人逾期还款而进入诉讼或仲裁程序的就多达10笔，所涉金额高达数亿元，且借款对象主体众多。本院认为，李某明在一定期间内多次反复从事有偿民间借贷行为，其出借行为具有反复性、经常性，借款目的具有营业性。该未经批准擅自从事经常性的贷款业务的行为，违反了《银行业监督管理法》《非法金融机构和非法金融业务活动取缔办法》中的营业禁止性规定，扰乱了金融市场秩序。尽管李某明主张其只是受丙公司委托将其运营的"PPmoney"理财平台上的相关资金出借，但其在相关资金汇集后以自己的名义向社会不特定对象放贷，仍属于从事非法金融业务活动。二审判决认定案涉《借款合同》无效，适用法律并无不当。

---

① 对应《民法典》第一百五十三条："违反法律、行政法规的强制性规定的民事法律行为无效。但是，该强制性规定不导致该民事法律行为无效的除外。违背公序良俗的民事法律行为无效。"

（二）关于二审判决对王某亮的责任认定是否有误。根据原《担保法》第五条第一款的规定，因《借款合同》无效，案涉《保证担保合同》亦无效。又因甲公司、王某亮未对《借款合同》尽到审查注意义务，存在过错，二审判决依据原《最高人民法院关于适用〈中华人民共和国担保法〉若干问题的解释》第八条[①]的规定，认定甲公司、王某亮应在乙公司不能清偿案涉债务部分的三分之一的范围内承担清偿责任，并无不当。

李某明在再审申请中主张王某亮是案涉借款的实际使用人，所以王某亮不仅应承担担保责任，还应当承担全额还款责任。甲公司、王某亮对此均予以否认。李某明向本院提交了一份《调查取证申请书》，称广东省广州市经侦支队对陈某亮与李某祥进行了询问，二人在询问中均承认乙公司与该二人受王某亮控制，王某亮是案涉借款的实际使用人，故请求本院向广东省广州市公安局调取该份询问笔录。最高人民法院认为，根据原审查明的事实，李某明与乙公司均确认，案涉借款是由李某明直接汇入乙公司法定代表人陈某亮名下的账户，然后再划入李某明与乙公司共同监管的李某祥的股票账户，而且李某明还对该股票账户进行了风险控制。因此，本案的借款人为某公司，应由某公司承担还款责任，故本院对李某明的调查取证申请不予准许，李某明的此点再审申请理由亦不能成立。

——中国裁判文书网。

三、利　息

34.民间借贷双方对于利息有口头约定的，也应认可其合法性

对于一方或双方为非金融机构法人或其他组织的民间借贷而言，“没有约定利息”和“对利息约定不明”的不同情形下，是否计算利息的规则是不同的。因此，在实践中，区分两种情形有着重要的意义。

实践中，借贷双方在书面证据中可能并没有利息、利率的明确约定，但

① 对应《民法典》第六百八十二条。

当事人发生争议诉至法院后，往往出借人会有口头约定利率、利息的主张。根据《民法典》第六百六十九条规定，借款合同采用书面形式，但自然人之间借款另有约定的除外。即对一方或双方为非金融机构法人或非法人组织的民间借贷，原则上要求以书面形式订立。对于口头利息的约定，其效力如何认定？一方面，《民法典》第六百六十九条规定并非效力性强制性规定，应视作带有指引性质的管理性规定。另一方面，根据《民法典》第四百九十条规定，法律、行政法规规定或者当事人约定采用书面形式订立合同，当事人未采用书面形式但一方已经履行主要义务，对方接受的，该合同成立。故在民间借贷合同中，如借贷双方对于利息有口头约定的，法律也应认可其合法性。

——最高人民法院民事审判第一庭编著：《最高人民法院新民间借贷司法解释理解与适用》，人民法院出版社 2021 年版，第 360 页。

35.主张借期内利息的当事人陈述借贷双方对利息有约定而当事人各自持有的借据无相关记载的，应视为未约定利息

董某与万某公司民间借贷纠纷再审审查案［最高人民法院（2021）最高法民申 4753 号民事裁定书］

裁判要旨：当事人各自持有的借据对利息无相关记载的，主张借期内利息的当事人应就借贷双方曾就借期内利息达成合意的事实承担举证证明责任，其仅陈述借贷双方对利息有约定而不能提供其他证据，对方当事人对此又不予认可的，应视为借贷双方就借款未约定利息，对当事人请求对方给付借期内利息的主张，依法应不予支持。

最高人民法院认为：本案再审审查的主要问题是原审认定案涉借款未约定利息是否正确。

经查，董某提交的借据背面字迹被勾划掉，万某公司提交的借据背面则没有关于案涉借款利息约定的记载，董某虽在原审中主张双方对案涉借款利息有过口头约定，但万某公司对此不予认可，且董某未能提交其他证据证明双方对案涉借款利息达成过一致约定，依法应当承担举证不利的后果。原审据此认定案涉借款没有约定利息，于法有据。关于董某主张的案涉借款逾期利息，2015 年《民间借贷解释》第二十九条第二款第一项规定，借贷双方既

未约定借期内的利率，也未约定逾期利率，出借人主张借款人自逾期还款之日起按照年利率6%支付资金占用期间利息的，人民法院应予支持。根据以上规定，原审法院将案涉借款的逾期利率认定为年利率6%，并对董某关于按年利率24%的标准计息的诉请不予支持，法律依据充分，并无不当。

——中国裁判文书网。

36.本金数额及预扣利息的事实，应根据举证规则准确认定

司法实践中，出借人预先扣除利息的做法一般比较隐蔽，如出借人与借款人之间进行定期结算，签订结算协议、还款协议等书面文件，或者更换借条、欠条、收据等债权凭证。出借人以借条等债权凭证为依据要求还款，借款人往往以包含隐形高息、提前扣除利息、实际本金数额与载明本金数额不一致等理由进行抗辩。在此情形下，应初步判断出借人主张的借款事实是否具有合理怀疑，在存在合理怀疑时，应要求出借人进一步举证。比如出借人要求借款人按照借条、收据、欠条等债权凭证载明本金数额归还借款的，应当举证证明其已经按照债权凭证载明数额实际交付，如汇款凭证、银行转账记录。出借人主张为现金交付的，应结合交付金额、交付时间、交付地点、有无见证人等判断出借人主张的合理性。借款人主张利息已经提前扣除的，应对该事实承担举证责任。但是如果出借人未举证证明其已按照债权凭证载明数额实际支付款项，借款人抗辩利息已经提前扣除，出借人主张存在合理怀疑的，比如出借人主张债权凭证载明的大部分款项通过银行转账而其余部分款项以现金交付且无其他证据印证的，人民法院应该要求出借人补强证据，以排除合理怀疑。如果出借人不能证明与债权凭证载明数额的差额以现金交付事实，应对该部分诉讼请求不予支持。

——最高人民法院民事审判第一庭编著：《最高人民法院新民间借贷司法解释理解与适用》，人民法院出版社2021年版，第386~387页。

37.民间借贷利率司法保护上限的重新划定

利率问题是民间借贷的核心问题，也是民间借贷司法解释的主要内容。经济学理论认为，金融是实体经济的血脉，以促进资金在各产业和企业间流

动，来实现资源的优化配置、促进实体经济发展。理想的利率标准应当由市场自发形成，但利率市场化不是利率无序化，无序的市场会降低金融配置资源的效率，导致金融与实体经济失衡，既不利于实体经济发展，也不利于融资活动规范开展，必须加以规制。从我国目前情况看，行政管理层面上，民间借贷缺乏明确的主管部门；立法层面上，《民法典》第六百八十条虽然规定“禁止高利放贷，借款的利率不得违反国家有关规定”，但至今没有法律法规对民间借贷的利率标准作出明确规范。与此同时，市场主体的民间借贷活动却日益活跃，人民法院受理民间借贷纠纷案件数量激增，近年来，每年均有200余万件的民间借贷纠纷案件涌入法院，人民法院划定民间借贷利率的司法保护上限是公平公正处理民间借贷案件的前提条件，可以为民间借贷纠纷的解决提供具体明确的裁判标准和救济渠道。因此，无论是1991年《最高人民法院关于人民法院审理借贷案件的若干意见》，还是本司法解释，均对民间借贷利率的司法保护上限作出规定。当然，作为借款合同的一种形式，尊重当事人的意思自治仍是处理民间借贷纠纷应当坚持的一项根本准则，只有恪守意思自治原则，才能充分发挥民间借贷在融通资金、激活市场方面的积极作用。需要注意的是，本司法解释划定民间借贷利率的保护上限，并不妨碍当事人在实施借贷行为过程中的意思自治。只要不违反法律、行政法规的强制性规定，不违背公序良俗，借贷双方有权按照自己的意思，就借款合同中的借款期限、利息计算、逾期利息、合同解除等内容作出自愿协商，并承受相应的法律后果。

关于民间借贷利率的司法保护上限的标准问题，最高人民法院在调研过程中收集到社会各界形成的三种主要意见：第一种意见以全国人大代表、政协委员为代表，认为应当大幅度降低民间借贷利率的司法保护上限至与实体经济的利润率基本持平的程度，着力缓解中小企业融资压力，保障促进实体经济发展；第二种意见以立法机关为代表，认为应对民间借贷采取与金融机构借贷相同利率标准的保护上限，进一步压缩民间借贷的生存空间，体现从严、治乱的精神要求；第三种意见以金融监管部门为代表，认为本司法解释已经确定的“以24%和36%为基准的两线三区”标准符合民间借贷的特性，有利于提高民间借贷资金的可获得性，可以继续沿用。我们认为，为避免合同在履行过程中的风险，民间借贷利率的司法保护上限经常会成为借贷双方约定利率的重要参考，并辐射性地影响金融市场的资金定价，过高或者过低地划定保护上限的标准，均不利于民间借贷平稳健康发展，也不利于金融市场秩序稳定。鉴于2019年8月17日，中国人民银行已经发布“2019第15号公告”，决定改革完善贷款市场报价利率（LPR）形成机制，参考近期LPR数据的运行情况，将民间借贷利率的保护标准与国家货币政策调控机制进行衔接，在实际上大幅调低了民间借贷利率的司法保护上限，既能适应我国利率市场化改革的客观需要，又能有效降低民间融资的成本，为民间借贷市场发展预留空间。同时，考虑到我国司法实践中长期以来对民间借贷利率不超过“银行同类贷款利率的四倍”上限规定的接受程度，司法解释修改过程中，以中国人民银行授权全国银行间同业拆借中心每月20日发布的一年期贷款市场报价利率（LPR）四倍的标准，重新划定了民间借贷利率的司法保护上限，取代“以24%和36%为基准的两线三区”的规定标准，该标准是在充分吸收社会各界意见后形成的最大公约数，可以将民间借贷利率的司法保护上限控制在一个相对合理的范围内。

据此，依据新司法解释的相关规定，我们将继续执行更加严格的本息保护政策，无论当事人采取何种方式约定利息，对于按照约定要求借款人支付的利息，超过双方合同成立时一年期贷款市场报价利率四倍计算整个借款期间利息之和的，人民法院均不予支持。除此以外，当事人主张的逾期利息、违约金或者其他费用总计超过合同成立时一年期贷款市场报价利率四倍的部分，人民法院亦不予支持。

还应注意的是，为防止出借人以费用名义额外计收利息，进而规避民间借贷利率的司法保护上限，应当从新司法解释控制借款成本的立法本意出发，将第三十条（修改后的第二十九条）中的“其他费用”理解为借款人为获得借款而支付的其他成本，应与利率的性质基本相同，包括但不限于服务费、咨询费、管理费、会员费等各种除借款本金之外实际支付的费用。关于实践中争议较大的担保费问题，由于“其他费用”已经明确为出借人向借款人实际收取的费用，应视担保费是否最终由出借人实际收取作出认定。

——最高人民法院民法典贯彻实施工作领导小组办公室编著：《最高人民法院实施民法典清理司法解释修改条文（111件）理解与适用》，人民法院出版社2022年版，第397~398页。

38.《民间借贷规定》就利率司法保护上限下调后有关条文溯及力的理解

司法解释的溯及力直接决定该司法解释是否适用于某一案件，对当事人的权利义务影响巨大。在本司法解释修改过程中，因民间借贷利率司法保护上限的下调，有关溯及力的规定成为利率问题之外的又一重点。因新旧司法解释的衔接适用，将涉及社会综合治理下存量债务的清理工作，以及对当事人权益的平衡保护，本司法解释的溯及力将会对人民法院依法审理民间借贷纠纷案件产生较大影响。

由于我国《立法法》第九十三条规定，“法律、行政法规、地方性法规、自治条例和单行条例、规章不溯及既往，但为了更好地保护公民、法人和其他组织的权利和利益而作的特别规定除外”，关于司法解释是否具有溯及力的问题，一直存有不同认识。有观点认为，根据1981年第五届全国人大第十九次常委会通过的《关于加强法律解释工作的决议》的相关规定，司法解释是最高人民法院为统一法律适用标准而对现行立法作出的解释，解释的内容一般不得超越法律本身，也就不会超越社会成员的正当预期，溯及既往并不会损害其信赖利益，故最高人民法院司法解释大多规定，自司法解释施行之日起，人民法院尚未审结的一、二审案件均应适用，这种观点在实际上是认为司法解释具有天然的溯及力。但也有相反观点认为，司法解释虽是对既有法律的解释，而我国的司法解释在一定程度上还起到填补立法空白的作用，按照“法不溯及既往”的普遍原则，民事法律行为的当事人不应被将来的、不确定的法律规范，影响其在设定民事权利义务时的合法信赖利益。民间借贷司法解释有关利率司法保护上限的规定即是如此，故司法解释不应具有溯及力。

我们认为，法的生命在于实施，以无溯及力为原则，有溯及力为例外。具体而言，《最高人民法院关于审理民间借贷案件适用法律若干问题的规定》（以下简称《民间借贷规定》）第三十一条第一款规定“本规定施行后，人民法院新受理的一审民间借贷纠纷案件，适用本规定”，是指2020年第一次修改后的《民间借贷规定》自2020年8月20日公布之日起开始施行，新司法解释施行后，各级人民法院新受理的一审民间借贷纠纷案件均应适用本司法解释，但对于已经受理的一审、二审、再审案件的审理不适用本规定。该款规定是关于新司法解释适用案件的原则性规定，一是慎重考量了《立法法》关于“有利溯及”的相关规定，基于司法解释的功能定位，新民间借贷司法解释关于利率保护和合同效力等主要内容，符合《立法法》第九十三条“为了更好地保护公民、法人和其他组织的权利和利益而作出的特别规定”的例外情形；二是充分参考了2014年以来，最高人民法院发布的民商事类司法解释，多采“实体从旧、程序从新”的溯及力准则，作为民间借贷行为的全面规范，新民间借贷司法解释以实体内容为主，适用于新受理的一审案件，也符合民事审判规律。关于“新受理”案件的标准问题，实践中存有一定争议。我们认为，按照我国立案登记制度的相关规定，在2020年8月20日前人民法院收到当事人起诉材料且已转入诉前调解程序的，在2020年8月20日（含）后登记立案的案件，应视为2020年8月20日前受理的案件，依据《民间借贷规定》第三十一条第一款之规定，不适用新民间借贷司法解释。

《民间借贷规定》第三十一条第二款之规定以不减损当事人既存权利为前提，同时体现新司法解释颁布后的规范和引导作用，明确了“跨法”行为分段适用新旧司法解释的具体规则，注重保护民间借贷合同当事人的合理预期。依据该款规定，人民法院在审理2020年8月20日后新受理的一审民间借贷案件时，对于借贷合同成立于2020年8月20日之前，延续到新司法解释之后的借贷合同，当事人请求按照原民间借贷司法解释确定的标准计算部分利息的，以不越过2020年8月19日为界，人民法院应予支持。

此外，根据“新法优于旧法”的法的适用原则，《民间借贷规定》第三十一条第三款规定，最高人民法院以前发布的司法解释与新民间借贷司法解释对同一法律问题或者规则的规定存在适用冲突的，以新民间借贷司法解释的规定为准。

——最高人民法院民法典贯彻实施工作领导小组办公室编著：《最高人民法院实施民法典清理司法解释修改条文（111件）理解与适用》，人民法院出版社2022年版，第399~400页。

39.民间借贷案件审理过程中，如何确定某一个时间点贷款市场报价利率的司法保护上限

审理案件过程中，在适用这一条时要注意如何确定某一个点的司法保护上限？根据《最高人民法院关于审理民间借贷案件适用法律若干问题的规定》规定的“合同成立时一年期贷款市场报价利率”，所以先要确定合同成立的时间点。对于自然人之间的民间借贷合同，其成立是特殊的，是以给付款项为成立的时间点。而其他的自然人和企业、其他组织，以及企业和企业、其他组织等之间的民间借贷合同，是以合同成立时签字盖章作为成立时间点。两者是有区别的。然后再去找合同成立时间点下正在执行的贷款市场报价利率这个点。目前每月 20 日（遇节假日顺延）向社会公布 1 年期和 5 年期以上贷款市场报价利率。

——刘敏：《民法典合同编重点问题解读》，载马世忠主编、最高人民法院政治部编：《人民法院大讲堂：民法典重点问题解读》，人民法院出版社 2021 年版，第 569 页。

40.一年期贷款市场报价利率四倍的上限标准限于“合同成立时”

自 2019 年 8 月 20 日起，中国人民银行已经授权全国银行间同业拆借中心于每月 20 日（遇节假日顺延）9 时 30 分发布贷款市场报价利率（LPR），分为一年期和五年期两种。中国人民银行贷款基准利率这一标准已经取消。根据本条规定，界定利率保护上限的标准为“合同成立时一年期贷款市场报价利率四倍”，故在具体案件中，要先认定合同成立时间，再根据合同成立时间确定当时适用的一年期 LPR，从而计算相应利息上限。比如借款合同成立于 6 月 1 日，那么适用的应为当年 5 月 20 日公布的 LPR。

——最高人民法院民事审判第一庭编著：《最高人民法院新民间借贷司法解释理解与适用》，人民法院出版社 2021 年版，第 398 页。

41.当事人约定的利率高于一年期贷款市场报价利率四倍的，是否为认定合同无效的事由

《最高人民法院关于审理民间借贷案件适用法律若干问题的规定》第二十五条规定只是明确了对于超出一年期贷款市场报价利率四倍的部分利息，人民法院不予保护和支持，并非认定合同无效的依据。审判实践中，我们不能因为当事人约定的利率高于一年期贷款市场报价利率四倍，而认定整个合同无效。

——最高人民法院民事审判第一庭编著：《最高人民法院新民间借贷司法解释理解与适用》，人民法院出版社 2021 年版，第 238~239 页。

2020 年 12 月 29 日修正的《最高人民法院关于审理民间借贷案件适用法律若干问题的规定》(以下简称《民间借贷规定》) 第二十五条规定："出借人请求借款人按照合同约定利率支付利息的，人民法院应予支持，但双方约定的利率超过合同成立时一年期贷款市场报价利率四倍的除外。前款所称'一年期贷款市场报价利率'，是指中国人民银行授权全国银行间同业拆借中心自 2019 年 8 月 20 日起每月发布的一年期贷款市场报价利率。"该条规定只是明确了对于超出一年期贷款市场报价利率四倍的部分利息，人民法院不予保护和支持，并非认定合同无效的依据。审判实践中，我们不能因为当事人约定的利率高于一年期贷款市场报价利率四倍，即认定整个合同无效。

修改前的《民间借贷规定》第二十六条规定："借贷双方约定的利率未超过年利率 24%，出借人请求借款人按照约定的利率支付利息的，人民法院应予支持。借贷双方约定的利率超过年利率 36%，超过部分利息约定无效。借款人请求出借人返还已支付的超过年利率 36% 部分的利息的，人民法院应予支持。"该规定虽然对于当事人约定的年利率超过 24% 但未超过 36% 部分利息如何处理未作明确规定，但实际是按自然之债来对待，即对该部分利息，当事人约定并非无效，但当债权人请求给付时，债务人得拒绝给付，债权人不得通过诉讼强制债务人履行；如果债务人已经给付该部分利息，且债权人已受领，法院也不得认定为不当得利，依债务人请求予以返还。此次《民间

借贷规定》修正，在将第一款规定保护的最高利率修改为“一年期贷款市场报价利率四倍”的同时，删除了第二款规定。对于当事人约定利率超出一年期贷款市场报价利率四倍的利息，就超出部分的约定是按照无效处理，还是按照自然之债处理，《民间借贷规定》此次修正过程中，争议很大，最终未能作出明确规定。笔者认为，对于超出一年期贷款市场报价利率四倍的部分，按照约定无效处理更为妥当，已经支付的该部分利息，债务人可以要求返还或冲抵。理由主要有两点：一是此次《民间借贷规定》修正删除了关于自然之债的规定，同时也未明确超出一年期贷款市场报价利率四倍部分利息约定是否无效，如果我们对超出部分约定按有效对待，超出部分利息即属于自然之债，而当事人约定超出部分可能远远超出一年期贷款市场报价利率四倍，一律按自然之债处理，显然不符合《民间借贷规定》此次大幅降低民间借贷保护利率的修正意图。二是如果不按无效处理，则有可能从反面激励高利贷的出现。同时，可能出现出借人为了规避人民法院对请求支付利率超过合同成立时一年期贷款市场报价利率 4 倍部分不予支持的规定，要求借款人在合同成立时即支付高于一年期贷款市场报价利率 4 倍部分利息。

——汪军：《关于民间借贷合同无效的认定》，载最高人民法院民事审判第一庭编：《民事审判指导与参考》2020 年第 3 辑（总第 83 辑），人民法院出版社 2021 年版，第 40~41 页。

42.债务人偿还部分款项后重新出具债权凭证的，本息和上限如何计算

实践中，借款关系并非一成不变，其内容一直处于变动中，如在借款期间借款金额有可能会增加或减少。常见的情形如债务人在偿还部分款项后，双方对部分事项重新约定，又重新出具债权凭证，此种情形下该如何认定本息和上限？

第一种观点认为，因《最高人民法院关于审理民间借贷案件适用法律若干问题的规定》第二十七条第二款规定的上限的计算是“以最初借款本金为基数”，如果债务人已经偿还部分款项，致使后期借款本金小于最初借款本金，则不再适用本条第二款规定，只要双方当事人约定的年利率不高于“合

同成立时一年期贷款市场报价利率四倍”，则其请求的利息数额就可以支持。

第二种观点认为，如果债务人已经偿还部分款项，致使后期借款本金小于最初借款本金，仍应以最初借款本金为基数，计算出一个本息和上限，债权人请求的数额与债务人已经偿还的数额之和不应超过此上限，也就是说，此本息和上限减去债务人已经偿还的部分，即为债权人诉讼请求可以得到支持的部分。

第三种观点认为，如果债务人已经偿还部分款项，致使后期借款本金小于最初借款本金，则《最高人民法院关于审理民间借贷案件适用法律若干问题的规定》第二十七条第二款规定的本息和上限的计算方式就应该发生相应变化，应以开始小于最初借款本金的那一期借款本金作为计算基数，以之后的期间作为借款期间来计算本息和上限。

我们认为，从该条规定的背景与依据来看，第三种观点比较接近本条起草的本意。理由如下：第一种观点的理解不够全面，只体现了对计算复利的认可，但反映不出对复利计算的特别规制，体现不出该条第二款规定的意义。第二种观点比较容易计算，便于实际操作，但忽视了债务人的还款行为对其利益的直接影响，尤其是在债务人已经偿还了大部分款项的情形下，这种计算方式实际上就失去了其“上限”的规制作用。故相比较而言，我们更倾向于第三种观点，虽然这种计算方式相对烦琐，但更为接近本条规定的本意，也能体现债务人的还款行为对其利益的直接影响，从而对促使债务人及时还款起到积极作用。

——最高人民法院民事审判第一庭编著：《最高人民法院新民间借贷司法解释理解与适用》，人民法院出版社 2021 年版，第 399~400 页。

43.逾期还款利息计算的截止时间

关于逾期还款利息计算的截止时间因法律无明确规定，司法裁判中存有很大争议，具体有以下四种观点：第一种观点认为，逾期还款利息应计算至贷款人起诉之日止；第二种观点认为，逾期还款利息应计算至判决发生法律效力之日止；第三种观点认为，逾期还款利息应计算至判决确定的履行期届满日止；第四种观点认为，逾期还款利息应计算至借款偿付完毕之日止。

我们认为逾期还款利息的性质为逾期还款的违约金或者损失赔偿，借款人在清偿借款之前其违约的状态一直持续之中，应当由借款人承担直到全部清偿之间的违约金或者赔偿损失。至于《民事诉讼法》第二百五十三条规定被执行人未按判决指定的期间履行给付金钱义务的，应当加倍支付迟延履行期间的债务利息的义务，自2014年8月1日起施行的《最高人民法院关于执行程序中计算迟延履行期间的债务利息适用法律若干问题的解释》已经明确了计算方法与标准，与逾期利息的计算并不冲突也不重复，二者可以分别适用。

——最高人民法院民事审判第一庭编著:《最高人民法院新民间借贷司法解释理解与适用》，人民法院出版社2021年版，第413页。

44."高利转贷""职业放贷"等违法借贷行为无效

11. 依法规制民间借贷市场秩序。对"高利转贷""职业放贷"等违法借贷行为，依法认定其无效。推动各地人民法院根据本地区实际情况建立"职业放贷人"名录制度。依法否定规避利率司法保护上限合同条款，对变相高息等超出法律、司法解释规定的利息部分不予支持。在审判执行过程中发现有非法集资、"套路贷"、催收非法债务等犯罪嫌疑的，应当及时将有关材料移送相关部门。

——《最高人民法院印发〈关于充分发挥司法职能作用助力中小微企业发展的指导意见〉的通知》(2022年1月13日，法发〔2022〕2号)。

法律规定合同无效制度，以集中体现对行为的否定态度。《最高人民法院关于审理民间借贷案件适用法律若干问题的规定》第十三条对民间借贷合同的无效事由作出规定，体现对借贷行为的管控和规制，为借贷主体参与民间借贷活动划定界限。

首先，2015年司法解释已经确立的"转贷无效"规则，有条件地承认了企业间借贷合同的效力，在施行过程中取得了良好的效果。但为顺应我国市场经济发展趋势，在司法解释修改过程中，最高人民法院又先后征求了有关主管部门、专家学者以及行业协会的意见，决定突出民间借贷以自有资金和禁止吸收他人资金转手放款的原则要求，对转贷无效规则作出严格限定。实践中，对于《最高人民法院关于审理民间借贷案件适用法律若干问题的规定》（以下简称《民间借贷规定》）第十三条第一项规定存有一定争议，有观点认为，只要有证据证明出借人在出借款项的同期尚有金融机构贷款尚未偿还，出借人又不能举证证明款项的具体来源的，即可推定其实施了套取金融机构贷款转贷行为。我们认为，该项规定旨在加重出借人对资金来源的举证责任，但在认定是否构成套取金融机构贷款转贷的具体情形时，还应当综合出借人的贷款用途，出借人的金融贷款与用于出借的款项是否可以区分等方面加以综合考虑。另外，《民间借贷规定》第十三条第二项之规定中虽有“向其他营利法人借贷”“向本单位职工集资”的表述，但并不影响主体的广泛性，并未将自然人主体排除在外，出借人为自然人的，只要符合行为要件，也可适用《民间借贷规定》第十三条第二项之规定认定合同无效。

其次，我国虽一直秉持民商合一的立法体系，但仍重视民商区分的法律思维，职业放贷人以放贷为业，对金融市场规则十分熟悉，有较高能力控制风险和节约成本，已经超出了民事主体的范畴。依据《银行业监督管理法》《关于规范民间借贷行为维护经济金融秩序有关事项的通知》的相关规定，职业放贷行为严重危害金融秩序，应当严格禁止。在制定2015年司法解释的过程中，考虑到职业放贷人难以认定，我国《放贷人条例》在当时已形成草案，故未将职业放贷行为纳入司法解释的规制范围，但《放贷人条例》至今仍未出台，职业放贷现象却愈演愈烈，故在修改司法解释时，在《民间借贷规定》第十三条规定的第三项增加规定了职业放贷行为的合同无效事由。而关于职业放贷行为的认定标准，法律并无明确规定，相关司法解释和司法政策文件虽有涉及，也规定不一。我们认为，除应结合条款中关于出借人是否获得有权机关的依法批准，出借行为是否具有营利目的以及是否属于向不特定对象提供借款的规定对职业放贷行为作出认定以外，还可以由各高级人民法院探索在本辖区范围内，综合考虑出借人放贷的次数、金额、主要收入来源、在法院集中诉讼的情况等对职业放贷人标准予以具体规范。

最后，《民间借贷规定》第十三条规定根据民间借贷合同的特点，涵盖了民间借贷合同无效的主要事由。实践中，对于符合《民法典》规定民事法律行为无效制度的民间借贷行为，应当直接依据《民法典》的相关规定认定无效。例如，借贷合同的一方主体为无民事行为能力人的，应当依据《民法典》第一百四十四条之规定认定为无效；出借人与借款人以虚假的意思表示订立民间借贷合同的，亦应依据《民法典》第一百四十六条之规定认定无效。

——最高人民法院民法典贯彻实施工作领导小组办公室编著：《最高人民法院实施民法典清理司法解释修改条文（111 件）理解与适用》，人民法院出版社 2022 年版，第 395~396 页。

45.变相预扣利息行为的处理

一般而言，预扣利息是发生在交付本金时，但是实践中，存在当事人为规避法律规定变相预扣利息的行为。以案为例：杨某作为甲方（出借人）与乙方（借款人）M 公司签订《借款协议书》，约定杨某出借 1500 万元给 M 公司作为流动资金，借款期限为六个月，月利率为 2%，利息总额为 180 万元，如乙方不按期归还借款，逾期还款利率按 4% 计算违约金。协议书签订后一个月，杨某向 M 公司转账支付 1500 万元。第二天，M 公司支付给杨某现金 180 万元。借款到期后，M 公司没有及时付款，杨某起诉至法院，要求 M 公司归还借款 1500 万元，并按照月利率 2% 支付利息。M 公司抗辩称本金应按照 1320 万元计算。

本案中，借款人在次日将 180 万元利息归还出借人，是否存在利息预先扣除情形、是按照 1500 万元还是按照 1320 万元计算本金存在一定争议。有观点认为：双方在《借款协议书》中约定利息为 180 万元，但并未约定利息支付的时间，因此，债务人可以随时支付利息，债权人也可以随时要求债务人支付利息，这是当事人自由意志体现。M 公司支付了 180 万元，与《借款协议书》中约定的利息基本一致。法律规定“借款利息不得预先在本金中扣除”是指交付本金时预先扣除利息。因此，应当按照出借人主张的 1500 万元计算本息。我们认为，此种行为尽管并非通常出借款项时直接扣除利息后交付本金的行为，但结合《民法典》的立法目的、利息性质等分析，仍应认定为预扣利息的行为。

就利息性质而言，利息是按约定利率计算的孳息，是借款人完全支配和使用借款本金所承担的成本，如果事先从借款本金中扣除利息，借款人利用本金创造经济效益的资金条件将受到限制，这对于借款人来说实质上是不公平的。

《民法典》第六百六十七条规定，借款合同是借款人向贷款人借款，到期返还借款并支付利息的合同。民间借贷中，出借人的主要义务是提供借款，借款人的主要义务是偿还所借款项并支付利息。就本案而言，虽然当事人对于返还利息的期限没有约定，但根据《民法典》第六百七十四条规定，对支付利息的期限没有约定或者约定不明确，依照《民法典》第五百一十条的规定仍不能确定，借款期间不满一年的，应当在返还借款时一并支付；借款期间一年以上的，应当在每届满一年时支付，剩余期间不满一年的，应当在返还借款时一并支付。所以，本案中，当事人完全可以就返还利息时间进行协商，如果协商不成，应该根据法律规定，按交易方式、交易习惯进行确定。次日即偿还借款，剥夺了借款人对于部分借款本金的期限利益。本案情形虽然不是出借人预先扣除利息后交付本金，并非典型的"本金中扣除利息"的行为，但对于此种行为的认可，无疑会助长当事人借此规避法律强制性规定的行为。所以，对于此种行为，应该予以否定性评价。

——最高人民法院民事审判第一庭编著：《最高人民法院新民间借贷司法解释理解与适用》，人民法院出版社 2021 年版，第 387~388 页。

46.在合同没有约定情况下，不应对逾期利息计收复利

某银行与某公司金融借款合同纠纷案［最高人民法院（2016）最高法民终 340 号民事判决书］

裁判要旨：中国人民银行发布的有关利率的规定，只是规定了逾期利息和复利的计算标准，不能得出对于逾期利息应当计算复利的结论。案涉《借款合同》约定的逾期利息是对逾期贷款根据逾期天数按照日万分之二点一计收，已经高于《借款合同》约定的正常利率标准，由于逾期利息本质上是一种违约责任的承担方式，已经体现了对借款人逾期还款行为的惩罚性，其若再对逾期利息计收复利，有违公平和补偿原则。

最高人民法院认为：本案的争议焦点是某银行是否有权对案涉《借款合同》中约定的逾期利息计收复利。某银行主张应当计收复利的合同依据是

《借款合同》第五条第五项约定，“对应付未付利息，按中国人民银行规定计收复利”，某银行认为该项约定中的利息，包括逾期利息。而某公司则认为，上述约定中的利息，只是正常贷款期限内产生的利息，不包括逾期利息。双方当事人均是依据《借款合同》第五条第五项的约定，提出了截然相反的认识和主张，在此情况下，本院将依照《合同法》第一百二十五条[①]的规定，对当事人存有争议的合同条款进行解释。

第一，从双方合同争议条款及相关条款的文义角度分析。一般而言，逾期利息也应该视为利息的一种，但是在本案《借款合同》中约定的利息与逾期利息还是不同的，合同第三条第二项“贷款人权利义务”中，明确约定“贷款人有权按照合同的约定直接从借款人任何账户中划收贷款本金、利息、罚息、逾期利息、复利和其他借款人应付费用”，这里的利息与罚息、逾期利息、复利等是并列表述的。与罚息、逾期利息、复利等不同，此处约定的利息应当是指贷款人按照约定利率或者法定利率，在借款合同期限内应得的利息，而逾期利息和复利的计收均是在合同第五条“违约责任”中约定的，其中第三项明确约定，“借款人不按本合同约定的期限归还贷款本金的，贷款人有权对逾期贷款根据逾期天数按日利率万分之二点一计收逾期利息”；第五项约定，“对应付未付利息，按中国人民银行规定计收复利”。根据上述约定，应当计收复利的“应付未付利息”显然不应包括逾期利息。

第二，结合相关规定分析。诉讼中，某银行提出按照中国人民银行发布的《人民币利率管理规定》和《关于人民币贷款利率有关问题的通知》的规定，应当对逾期利息计算复利。其中，《人民币利率管理规定》第二十一条规定，“对贷款期内不能按期支付的利息按合同利率按季计收复利，贷款逾期后改按罚息利率计收复利”。本院认为，其中应当计算复利的利息指的是贷款期内不能按期支付的利息，而并非对贷款逾期后的逾期利息计算复利。而《关于人民币贷款利率有关问题的通知》第三条规定“对逾期或未按合同约定用途使用借款的贷款，从逾期或未按合同约定用途使用贷款之日起，按罚息利率计收利息，直至清偿本息为止。对不能按时支付的利息，按罚息利率计收复利”，只是规定了逾期利息和复利的计算标准，同样不能得出对于逾期利息

① 对应《民法典》第四百六十六条。

应当计算复利的结论。

第三,《合同法》第四十一条[①]规定，对于格式合同中“格式条款的理解发生争议的，应当按照通常理解予以解释。对格式条款有两种以上解释的，应当作出不利于提供格式条款一方的解释”。本案中的《借款合同》是银行一方提供的格式合同，在法律法规和相关金融管理规章并没有就逾期利息应否计算复利作出明确规定的情况下，双方当事人亦没有约定逾期利息应当计算复利，按照对于格式合同或者格式条款的理解发生争议的解释原则，本案应当作出对上诉人某银行一方不利的解释，即《借款合同》第五条第五项约定的应当计收复利的“应付未付利息”不包括逾期利息。

第四，从《借款合同》约定的逾期利息的计算方法来看，逾期利息是对逾期贷款根据逾期天数按照日万分之二点一计收，已经高于《借款合同》约定的正常利率标准，由于逾期利息本质上是一种违约责任的承担方式，已经体现了对某公司逾期还款行为的惩罚性，其若再对逾期利息计收复利，有违公平和补偿原则。

综上，某银行的上诉理由不成立，对其对逾期利息计收复利的上诉请求，本院不予支持。

——中国裁判文书网。

47.当事人约定逾期复利，该复利的计算基数是否包括逾期罚息

某银行（亚洲）有限公司、某融资租赁有限责任公司金融借款合同纠纷二审案［最高人民法院（2020）最高法民终947号民事判决书］

裁判要旨：由于对借款本金计收的逾期罚息高于借款合同约定的期内利率，这一点已经体现了对借款人逾期还款行为的惩罚，若对逾期利息再计收复利，则有违公平和补偿原则，故在当事人约定逾期复利的情况下，该复利的计算基数应仅为合同期内的应付利息，而不包括逾期罚息。

最高人民法院认为：本案双方当事人对根据案涉相关利率掉期文件计算的2015年8月10日至2017年2月10日的掉期利息284774.34美元本身并无异议。就该部分掉期利息可否计收逾期利息，本院分析如下：

① 对应《民法典》第四百九十八条。

1. 关于掉期利息的性质。利率掉期又称利率互换，是指交易双方约定在未来一定期限内，根据约定的同种货币本金和利率计算利息并进行利息交换的金融合约。掉期交易系金融衍生品交易的一种具体形式，其与作为基础交易的金融借款合同的关系，亦应根据具体的案件情况尤其是当事人的约定而确定。案涉《贷款协议》第 5.1 条约定："借款人应按本条及掉期协议的相应规定支付贷款余额的相关部分的利息。"第 5.3 条则进一步明确《贷款协议》项下的利率为 Libor+3.5% 之和。由于 Libor 系浮动利率，为了对冲该利率浮动给双方带来的风险，根据《贷款协议》的上述约定，双方就案涉同一贷款融资交易又签署了一系列有关利率掉期的文件，约定"互换利率"，即在掉期交易期限内（2014 年 2 月 20 日至 2017 年 2 月 20 日），某公司支付某银行以案涉借款本金（或余额）为基数、以年 0.85% 为固定利率计算的利息；同时，某公司从某银行收取以案涉借款本金（或余额）为基数、以 Libor 为利率计算的利息，该两项利息的差值即为一审判决主文第二项中的掉期利息亦即点差。《贷款协议》和掉期文件项下的利息相加（抵销）之后，就案涉贷款融资交易而言，某公司需支付的贷款利率实质上已经锁定为 0.85%+3.5% 这一固定利率。由此可见，在当事人于《贷款协议》第 5.1 条已就案涉贷款的利息收取作出明确约定的情况下，掉期文件与《贷款协议》的相关内容实质上系双方围绕同一案涉贷款的利息问题作出的交易安排，掉期利息针对《贷款协议》所约定之 Libor 的上下浮动实际上起到了"削峰填谷"的作用，即当 Libor 高于 0.85% 时，某银行需向某公司退还差额部分，即掉期利息；在 Libor 低于 0.85% 时，某公司需向某银行支付掉期利息以补足相应差额。据此可认定，《贷款协议》项下的利率即 Libor+3.5%，与掉期文件项下的掉期利率即 Libor 与 0.85% 的差值，共同构成了案涉贷款的利率。

某银行以利率掉期与贷款业务分别记账核算，且其参与主体、计算基数可能不同为由，认为其二者系两种不同的业务，并进而主张关于掉期利息并非案涉借款利息的组成部分。本案中，借款人与掉期交易的服务提供方均为某银行，并不存在交易主体不同的问题；根据《利率掉期确认书》的约定案涉掉期交易第三年的名义本金为 6000 万美元，该名义本金虽与《贷款协议》的剩余本金数额不一致，但并不妨碍该 6000 万美元名义本金所产生的掉期利息，构成该相应部分贷款本金之逾期利息的组成部分；此外，利率掉期与贷款业务分别记账核算系银行自身的内部管理问题，并不能说明其二者的关系。综上，某银行的上述理由不能成立。在《贷款协议》第5.1条已就案涉贷款利息与掉期利息的关系作出明确约定的情况下，本案中应认定掉期利息系案涉借款利息的组成部分。

2. 关于掉期利息可否计收逾期利息亦即复利的问题。就人民币贷款而言，由于对借款本金计收的逾期罚息高于借款合同约定的期内利率，这一点已经体现了对借款人逾期还款行为的惩罚，若对逾期利息再计收复利，则有违公平和补偿原则，故在当事人约定逾期复利的情况下，该复利的计算基数应仅为合同期内的应付利息，而不包括逾期罚息。我国法律对美元等外币贷款的复利计收问题没有明确规定，但对此问题亦应作同一处理。如上所述，一审判决认定的2015年8月10日至2017年2月10日的掉期利息284774.34美元，系案涉贷款利息的组成部分。一方面，由于案涉贷款系于2015年8月10日提前到期，故8月10日当天的掉期利息与一审判决依据Libor+3.5%的利率计算的《贷款协议》项下该日利息8469.78美元，共同构成了期内应付利息。该期内应付利息，可根据合同约定计收复利，一审判决亦已判令对8469.78美元利息计收逾期利息。鉴于案涉《利率掉期协议》明确约定对掉期利息可计收复利，故对8月10日当天的掉期利息亦可计收复利。另一方面，一审判决明确自8月11日开始计算本金的逾期还款利息，而根据《贷款协议》的约定及双方在一、二审庭审中的共同主张，该部分逾期利息的利率为Libor+3.5%+2%，其中2%的利率已经体现了惩罚性。《贷款协议》项下的逾期利息与8月11日之后的掉期利息共同构成了某公司的逾期还款利息，故8月11日之后的掉期利息本身不应再计收逾期利息即复利。综上，一审判决以双方未明确约定为由，未作区分即否认某银行对掉期利息计收复利的请求，确有不当，本院予以部分纠正。

根据二审查明的事实，8月10日至11月10日期间的掉期利息为110113.78美元［8000万美元×（0.85%-0.31140%）×92天÷360天］，由此可计算8月10日当日的掉期利息为1196.89美元。某银行主张依据《贷款协议》第15.1（a）(iii）条“如果第7.1条所述的任何情况适用，该利率则为贷款行不时核实的反映其以其认为适当的任何方式筹集上述未付款项的筹资成本的利率”的约定计收复利，但其并未举证证明本案存在第7.1条所述的情况，故该主张本院不予支持。根据《贷款协议》第15.1（a）条的约定，本院认定以双方共同认可的逾期利率计收8月10日掉期利息的复利。鉴于某银行向某公司发出的掉期利息收取函载明，2015年8月10日至11月10日的掉期利息应于11月10日支付，故8月10日当日掉期利息的复利应从11月10日起算。

——中国裁判文书网。

48.如何理解《民间借贷规定》第二十九条规定中的“其他费用”

律师费和诉讼保全责任保险费为出借人维护自身合法权益的必要支出，与借款人借款成本性质不同。首先，从《最高人民法院关于审理民间借贷案件适用法律若干问题的规定》第二十九条规定的立法本意看，该条主要目的在于当借贷双方对逾期利率、违约金以及其他费用一并约定时平衡保护当事人之间的权益；其次，从实践情况看，只有与融资成本紧密相关的费用才属于司法解释规定的范围，一般主要指约定的服务费、咨询费、管理费等，其性质上仍属于借款人为获得借款而支付的必要成本，并非在借款合同中出现的所有费用都属于上述范围；再次，本条设定利率上限的目的是防止当事人以其他费用变相提高借款利率；最后，律师费和诉讼保全责任保险费与借贷中的控制融资成本并无直接关联关系。当事人约定的律师费和诉讼保全责任保险费系当事人为实现债权而可能支出的成本，若借款人依约还款则不会产生；若引发纠纷产生相关费用，当由败诉方承担，原则上不同于借款利息、违约金等费用。

附：案情简介

A公司与B公司签订借款合同，约定A公司向B公司出借资金，若B公司出现违约，则双方为解决争议而实际支付的费用（包括但不限于诉讼费和合理的律师费）由败诉方承担。因B公司未依约偿还借款，A公司向法院提起诉讼请求B公司偿还借款本息，并支付律师费及诉讼保全责任保险费。

——《如何理解〈民间借贷规定〉第29条规定中的“其他费用”（最高人民法院第二巡回法庭2021年第19次法官会议纪要）》，载贺小荣主编：《最高人民法院第二巡回法庭法官会议纪要（第三辑）》，人民法院出版社2022年版，第 257~259 页。

中铁某集团有限公司与河北某投资有限公司借款合同纠纷案［最高人民法院（2020）最高法民申 454 号民事裁定书］

裁判要旨：律师费、财产保全责任险保费等实现债权的费用系因借款人未按照约定偿还借款，导致债权人产生的费用支出和损失，且通常以实际发生的数额为限，不属于《最高人民法院关于审理民间借贷案件适用法律若干问题的规定》第二十九条“其他费用”的范围。

最高人民法院认为：关于二审判决案涉律师费及财产保全责任险保费由中铁某公司承担是否正确问题，《最高人民法院关于审理民间借贷案件适用法律若干问题的规定》第三十条规定的“其他费用”在性质上属于借款人为获得借款支付的成本或支出，目的在于确保出借人出借资金的收益。而律师费、财产保全责任险保费等实现债权的费用系因借款人未按照约定偿还借款，导致债权人产生的费用支出和损失，且通常以实际发生的数额为限，不属于上述“其他费用”的范围。该案中，双方已对案涉费用在协议中有明确单独约定，且河北某公司提供了律师代理费发票、财产保全责任险保费发票证明系其实际支出。中铁某公司应当依照合同约定，承担河北某公司为提起本案诉讼支付的相关费用。故中铁某公司关于案涉律师费、财产保全责任险保费应当受到年利率 24% 上限限制的主张，缺乏事实和法律依据，不予支持。

——中国裁判文书网。

民间借贷中的律师费、诉讼保全责任保险费是当事人在借款合同中明确约定的合同内容，是当事人意思自治的体现，也是当事人预防风险的合理分担损失方式的预先安排。对此，对这一当事人之间的民事法律行为应当充分予以尊重，“法律行为有效，非因法律行为‘合法性’所致，而是直接源于行为人自由意志。‘合法性’判断则只在观察法律行为是否因违反强制规范而产生效力瑕疵时，才有意义”。上述费用只有在双方当事人产生争议，且向人民法院提起诉讼的情况下才可能产生，即具有或然性，与使用资金必然产生融资成本不同，后者具有必然性。其中有关律师费的额度，也并非完全由当事人意思自治约定，其也需符合律师费用相关的收取标准，要在通常意义上的

"合理"范畴。何为"合理"，2021年12月28日，司法部、国家发展和改革委员会、国家市场监督管理总局印发的《关于进一步规范律师服务收费的意见》"严格规范律师风险代理行为"部分的第六项指出，律师事务所与当事人约定风险代理收费的，可以按照固定的金额收费，也可以按照当事人最终实现的债权或者减免的债务金额（以下简称标的额）的一定比例收费。律师事务所在风险代理各个环节收取的服务费合计最高金额应当符合下列规定：标的额不足人民币100万元的部分，不得超过标的额的18%；标的额在人民币100万元以上不足500万元的部分，不得超过标的额的15%；标的额在人民币500万元以上不足1000万元的部分，不得超过标的额的12%；标的额在人民币1000万元以上不足5000万元的部分，不得超过标的额的9%；标的额在人民币5000万元以上的部分，不得超过标的额的6%。因此，相关的律师费不能超越上述范畴。

对于诉讼保全责任保险费，其产生的原因和机理是基于保险期间内被保险人向法院提起的诉讼财产保全申请，如被保险人诉讼财产保全错误导致被申请人遭受损失的，经法院判决生效后由被保险人承担经济赔偿责任，保险人按照保险合同约定赔偿。对于诉讼保全责任保险费由谁承担的问题，实践中也存在争议，但由败诉方承担的观点也越来越多地被接受，案涉当事人也约定由败诉方承担的上述费用，参照《诉讼费用交纳办法》关于保全费的规定，即保全费应由申请人向法院预交，之后根据判决结果由败诉方承担，如果部分败诉、部分胜诉的，则按比例分别承担。即由败诉方承担也符合法律的公平原则。至于其具体标准，应受到保险法律法规的相关规制，不应由《民间借贷规定》来规定。综合上述分析，认定律师费及诉讼保全责任险费不包含在"相关费用"中更具有合理性。

此外，审判实践中已经有很多例子。如在最高人民法院审理的王某某与汤某某借贷纠纷再审案中，最高人民法院认为《民间借贷规定》第三十条关于出借人与借款人既约定了逾期利率，又约定了违约金或者其他费用，出借人可以选择主张逾期利息、违约金或者其他费用，也可以一并主张，但总计超过年利率24%的部分，人民法院不予支持的规定，其他费用在性质上属于借款人为获得借款支付的成本或支出。而律师费等实现债权的费用系因借款人未按照约定偿还借款，导致债权人产生的费用支出和损失，非债权人基于借款合同所直接获得金钱利益，不属于其他费用的范围。因此，律师费、保全费不属于《民间借贷规定》第二十九条规定的“其他费用”，也与以往的司法案例保持一致。

——《如何理解〈民间借贷规定〉第 29 条规定中的“其他费用”（最高人民法院第二巡回法庭 2021 年第 19 次法官会议纪要）》，载贺小荣主编：《最高人民法院第二巡回法庭法官会议纪要（第三辑）》，人民法院出版社 2022 年版，第 262~264 页。

49.罚息能否计收复利

罚息、复利通常仅适用于金融借贷。在金融借贷中，贷款期内的利息可以计算复利当无疑问，此时复利的计算依据为结息日时欠付的利息乘以相应的利率，故复利的计算标准与结息日密切相关。贷款逾期后计收的罚息，因不存在结息日问题，因而一般情况下不存在罚息计收复利问题。当然，如果借款合同对逾期结息日及逾期罚息的收取有明确约定的，也可能存在罚息计收复利的问题。鉴于现行法对罚息计收复利并未作禁止性规定，根据意思自治原则，应当允许当事人作出此种交易安排，但不得超过法定的利率上限。考虑到金融借贷合同通常是由金融机构一方事先拟定的格式合同，对是否存在罚息应否以及如何计算复利的条款，应当由金融机构举证证明已经尽到提示和说明义务。

附：案情简介

A 银行与 B 公司签订借款合同，约定 A 银行向 B 公司提供资金 4 亿元，借款期限 36 个月，合同约定利率为 10%，逾期贷款的罚息利率按合同约定利率上浮 50%，同时约定借款人对应付未付利息计收复利。此后，A 银行以 B 公司违约为由主张贷款提前到期，起诉 B 公司要求偿还借款本息，其所主张利息包括利息、罚息和复利。

——《利息的裁判尺度（最高人民法院第二巡回法庭 2021 年第 20 次法官会议纪要）》，载贺小荣主编：《最高人民法院第二巡回法庭法官会议纪要（第三辑）》，人民法院出版社 2022 年版，第 277~278 页。

某信托公司与某绸缎公司借款合同纠纷案［最高人民法院（2020）最高法民终145号民事判决书］

裁判要旨：《人民币利率管理规定》第二十条、第二十一条及《贷款利率通知》第三条第二款只规定了计收逾期利息（罚息）和复利的利率标准为罚息利率，未明确规定对罚息可以计算复利。利息与罚息是金融行业中两个不同含义的专业术语，不能互相混淆指代，更不能相互包含。因此，“应付未付利息”中的利息应当仅指贷款期内的利息，不能理解为包括罚息的利息。在合同没有约定的情况下，罚息计算复利缺乏依据。

最高人民法院认为：第一，关于某信托公司所主张的利息、罚息、复利计算的年利率是否已经超过年利率24%的问题。法院认为，根据某信托公司的诉讼请求，其在2016年7月21日至2017年7月2日期间主张的利息是以9000万元为本金，以年利率7.55%计算，其在该期间主张的复利是以欠付利息为本金，以年利率11.325%计算，并未超过年利率24%。从2017年7月3日起至款项付清之日止，某信托公司主张的罚息是以9000万元为本金，以年利率11.325%计算，其主张的复利是以欠付利息或罚息为本金，以年利率11.325%计算，也未超过年利率24%。综上，某信托公司所主张的利息、罚息和复利相加计算的年利率并未超过年利率24%。

第二，关于案涉罚息和复利是否应当予以调减的问题。法院认为，《信托借款合同》明确约定了罚息和复利的计算方法，年利率并未超过24%，并不明显过高，对某绸缎公司调减罚息和复利的主张不予支持。对于某信托公司所主张的以欠付利息或罚息计收复利的诉讼请求，关于银行贷款产生的逾期罚息是否应当计收复利的问题，现行法律、行政法规并无明确规定。中国人民银行《人民币利率管理规定》第二十条第二款规定：“短期贷款按季结息的，每季度末月的二十日为结息日；按月结息的，每月的二十日为结息日。具体结息方式由借贷双方协商确定。对贷款期内不能按期支付的利息按贷款合同利率按季或按月计收复利，贷款逾期后改按罚息利率计收复利。最后一笔贷款清偿时，利随本清。”该规定仅对贷款期内不能按期支付的利息计收复利以及贷款逾期后计收复利的利率标准作出规定，并未对逾期罚息是否计收复利作出规定。依照《中国人民银行关于进一步推进利率市场化改革的通知》，目前我国已经全面放开金融机构贷款利率管制。在现行法律、行政法规无禁止性规定的情况下，金融机构可以与借款人对逾期罚息是否计收复利作出约定。故本案所涉借款逾期罚息是否计收复利，应当根据《信托借款合同》的内容确定。因《信托借款合同》仅约定“对没有按时支付的利息，按前述罚息利率计收复利”，即仅约定了利息部分要计收复利，并没有明确约定罚息也要计收复利。因此，一审法院对某信托公司关于计收罚息复利的该部分诉讼请求不予支持。四川省高级人民法院判决：（1）某绸缎公司于判决生效之日起10日内向某信托公司支付借款本金9000万元、利息（以9000万元为基数，按年利率7.55%计算，从2016年7月21日起至2017年7月2日止）、罚息（以9000万元为基数，按年利率11.325%计算，从2017年7月3日起至付清之日止）、复利（以欠付利息为基数，按年利率11.325%计算，从2016年7月21日起至付清之日止）；（2）某信托公司对三宗国有建设用地享有抵押权，并对抵押物折价或者拍卖、变卖所得价款享有优先受偿权；（3）某信托公司对遂宁天某酒店的股权享有质权，并对质押物折价或者拍卖、变卖所得价款享有优先受偿权；（4）平武天某酒店、某发展公司、遂宁天某酒店、某旅游公司、白某某、刘某某对某绸缎公司的债务承担连带清偿责任；（5）驳回某信托公司的其他诉讼请求。

某信托公司不服上述民事判决，向最高人民法院提起上诉，请求改判复利以欠付的利息、罚息为基数，按年利率11.325%计算，从2016年7月21日起至付清之日止。最高人民法院判决：驳回上诉，维持原判。

——中国裁判文书网。

最高人民法院第二巡回法庭认为，在合同没有相关约定或约定不明的情况下，罚息不宜计收复利。首先，从《人民币利率管理规定》及《贷款利率通知》的规定看，确实并无明文规定罚息可以计收复利。其次，罚息已经具有惩罚性质，体现了对借款人逾期还款行为的惩戒，如允许罚息计收复利，则可能造成违约借款人的双重处罚，有违公平原则和违约责任的非惩罚性精神。最后，复利需要在结息日基础上进行计算，对于借款逾期后收取的罚息，已不存在合同约定的结息日，故罚息计算复利缺乏依据。相反，如果当事人对罚息计收复利进行了明确约定，该约定亦不存在违反禁止性规定的情形，则银行对罚息计收复利具有合同依据。原《最高人民法院关于审理涉及金融资产管理公司收购、管理、处置国有银行不良贷款形成的资产的案件适用法律若干问题的规定》(已废止)第7条规定当事人关于利息的计算方法不违反法律法规时，约定有效。该司法解释虽然于2021年1月1日被废止，但该指向性条款已被司法实践广泛采纳和适用。同时，应注意考察利息、复利、罚息等费用是否总计超过年利率24%这一上限，不能过分加重借款人的责任。因金融借贷合同通常是由金融机构一方事先拟定的格式合同，金融机构应举证证明罚息计算复利的合同条款经贷款人与借款人协商确定，或者提请借款人注意，否则该条款不能成为合同内容。

——《利息的裁判尺度(最高人民法院第二巡回法庭2021年第20次法官会议纪要)》，载贺小荣主编：《最高人民法院第二巡回法庭法官会议纪要(第三辑)》，人民法院出版社2022年版，第286页。

50.合同约定“对不能按时支付的利息计收复利”是否包含贷款逾期利息

李某英与某银行、鑫某源公司、某通公司金融借款合同纠纷案［最高人民法院(2020)最高法民终1035号民事裁定书］

裁判要旨：复利为对于利息更生之利息的理解，对合同条款约定的“不能按时支付的利息”，应当理解为包括该合同约定的贷款期内应当按期支付的正常利息，以及因贷款逾期产生的逾期利息之总和。

最高人民法院认为：本案《流动资金借款合同》《保证合同》是合同各方的真实意思表示，内容合法有效，合同当事人均应按照约定履行义务或者承担相应的民事责任。某银行福州分行依约履行了款项出借义务，鑫某源公司未按约还款，构成违约，应承担相应的违约责任。某银行福州分行诉请鑫某源公司偿还《流动资金借款合同》项下欠付的本金并按约支付利息、罚息和复利，请求担保人承担相应的担保责任，于法有据，一审法院予以支持并无不当。现李某英上诉认为，一审法院判决某银行福州分行有权按照合同约定利率标准计收利息、罚息和复利属于认定事实不清，适用法律错误。某银行福州分行不能把贷款逾期利息视为“不能按时支付的利息”而计算复利，复利的计算基数仅为正常利息即合同期内的应付利息，不包括逾期罚息。最高人民法院认为，复利即为对于利息更生之利息。本案当事人之间《流动资金借款合同》第 2.3.1 款约定，对不能按时支付的利息，贷款人有权按本合同约定的罚息利率计收复利。该条款仅对计收复利的标准作出约定，但并未对计收复利的基数作出约定。基于对复利的法律概念即复利为对于利息更生之利息的理解，对于该款“不能按时支付的利息”，应当理解为包括该《流动资金借款合同》约定的贷款期内应当按期支付的正常利息，以及因贷款逾期产生的逾期利息之总和。中国人民银行《人民币利率管理规定》第二十条规定，期限在一年以下（含一年）的短期贷款，对贷款期内不能按期支付的利息按贷款合同利率按季或按月计收复利，贷款逾期后改按罚息利率计收复利。《人民币利率管理规定》同样规定了复利的计收基数包括贷款期内应当按期支付的正常利息，以及因贷款逾期产生的逾期利息。另外，二审庭审中，李某英对于本案罚息的计算也提出异议，但并未明确异议的具体理由。经本院审查，一审审理过程中已就该罚息的计算组织当事人进行了质证和辩论，李某英提出的异议不能成立。故本院对李某英的该项请求亦不支持。

——中国裁判文书网。

51.公司受让金融不良债权时能否计收复利

司法实践中，往往存在金融机构将债权转让给其他企业法人的情况，受让人在诉讼或执行中，能否依据原金融借款合同的约定，向债务人主张相关权利，如就利息计收复利、罚息计收复利等。有观点认为，《人民币利率管理规定》的适用对象限于金融机构，故非金融机构企业法人作为受让人，不能获得计收复利的资格；在多数情况下，债权转让多为金融不良资产的转让，《最高人民法院关于审理涉及金融不良债权转让案件工作座谈会纪要》第九条明确受让人向国有企业债务人主张利息的计算基数应以原借款合同本金为准。因受让人即便支付对价，也与金融不良债权资产数额严重不等，如果受让人能够就此获得计收复利的资格，就相当于不具有此类资格的主体可以通过债权受让的方式获得更多的利益，不利于实体产业的发展和经济秩序的稳定。

前述观点值得商榷。如果金融借贷合同约定了利息、罚息计收复利，其他企业法人受让不良债权后，可以依据原金融借贷合同约定向债务人主张相关权利。主要理由是：首先，金融机构将债权转让给其他企业法人，该行为的性质是债权转让，性质上类似于买卖，而有别于借贷。既然不是借贷，就不能因债权人主体变化导致借贷性质由金融债权转为民间借贷。无论受让人是谁，均取得原债权人的法律地位，享有原债权人的一切权利，包括就利息、罚息计收复利的权利。其次，罚息属于逾期违约金，与其他违约金在法律性质上并无本质区别，中国人民银行对金融机构收取罚息及复利等作出专门规定，目的在于维护金融市场秩序，并非赋予金融机构以特权。《民法典》第六百七十六条明确保护当事人约定或者国家规定的逾期利息，并未区分贷款人的身份。与利息、罚息及复利的相关权利不属于《民法典》第五百四十七条债权转让规定中专属于债权人自身的权利。最后，明确金融债权转让给其他企业法人后，借款人依然须支付合同约定的罚息及复利，则其赖账成本将会比过去有较大提升，有利于促使其尽早还款，降低金融不良债权的发生率。

——《利息的裁判尺度（最高人民法院第二巡回法庭 2021 年第 20 次法官会议纪要）》，载贺小荣主编：《最高人民法院第二巡回法庭法官会议纪要（第三辑）》，人民法院出版社 2022 年版，第 287~288 页。

52.外币的利息换算时点

在利息裁判尺度的问题上，以何种货币裁决、如何计息以及以什么汇率来确定损失也属于司法实践中常见的争议焦点。尤其是当违约日或者侵权日与裁决作出之日或者至债务被实际履行之日之间的间隔时间较长的情况下，不同的选择得出的结果差距较大。此外，国际案件通常争议标的额较大，币种、利息或者汇率对结果的影响将会进一步扩大。

实践中现存的裁判方法有给付时折算、到期时折算、起诉受理日折算、法庭辩论终结之日起算和履行判决之日起算五种。这几种观点均有利弊，第一，给付时起算与履行判决时起算类似，《德国民法典》第 244 条规定，外国货币之折算，应依履行地支付当时之市价，可予借鉴。但是这将选择权赋予了债务人，债务人可以根据汇率波动情况挑选履行时间，从而向债权人转嫁汇率下降的风险，当汇率下跌时履行，这种折算方法对债权人明显不公。第二，债务到期时折算是以债务原本的履行期限届满之日的汇率进行折算，认为以合同依约履行时债权人的可得汇率进行折算足以填补其所受损害，但这在外币贬值过程中，将造成让违约方得益的效果。故这些观点都忽视了守约方的利益。

最高人民法院第二巡回法庭认为，原则上应以起诉日起算。根据国务院《诉讼费用交纳办法》第五十五条的规定，诉讼标的以外币为计算单位时，法院应按决定受理案件之日的汇率换算成人民币后计算诉讼费。与此相适应，法院判决时也应按该日的汇率折算，否则，可能产生判决标的金额超出立案标的金额的现象，造成判决结果超出当事人的诉讼请求的后果。这也是尊重当事人意思自治的要求，因为此时债权人已经对外币的换算问题予以一定考虑，同时也能体现对债权人守约方的保护。但如果起诉之日当事人并未选择采用何种外币，则应以裁判之日确定。

——《利息的裁判尺度（最高人民法院第二巡回法庭 2021 年第 20 次法官会议纪要）》，载贺小荣主编：《最高人民法院第二巡回法庭法官会议纪要（第三辑）》，人民法院出版社 2022 年版，第 291～292 页。

53.借贷双方对偿还的款项为本金还是利息无约定时，在计算借款人偿还出借人的本金和利息时，应当按照先息后本的原则，逐笔计算每次偿还的利息和本金

李某刚、王某莉与王某强、南阳市某房地产开发有限公司民间借贷纠纷案［最高人民法院（2019）最高法民申 6862 号民事裁定书］

裁判要旨：借贷双方对偿还的款项为本金还是利息无约定时，在计算借款人偿还出借人的本金和利息时，应当按照先息后本的原则，逐笔计算每次偿还的利息和本金。如果借款人清偿出借人的款项在冲抵当期利息之后还有剩余，应当冲抵本金。下一期利息应当以上期清偿之后的本金为基数进行计算。

最高人民法院认为：在计算借款人偿还出借人的本金和利息时，应当按照先息后本的原则，逐笔计算每次偿还的利息和本金。如果借款人清偿出借人的款项在冲抵当期利息之后还有剩余，应当冲抵本金。下一期利息应当以上期清偿之后的本金为基数进行计算。原审法院未查明李某刚、王某莉每笔

清偿资金在冲抵当期利息后，是否有剩余、是否还应当冲抵本金、每次冲抵本金的数额等基本事实，而是对每一期的利息均以 2960 万元本金为基数进行计算。原审法院这一计算方式缺乏事实和法律依据。

——法信精选。

54.借款利息所涉个人所得税、增值税应由谁承担

孟某凤与某公司等民间借贷纠纷案［最高人民法院（2021）最高法民申 5528 号民事裁定书］

裁判要旨：借款合同并未明确约定借款利息所涉的个人所得税、增值税由借款人承担。出借双方在约定利息的计付标准时应考虑到个人所得税、增值税的承担，其与出借款成本核算紧密相关，出借人主张借款人承担借款利息的个人所得税、增值税缺乏合同依据，不予支持。

最高人民法院认为：首先，案涉《借款合同》并未明确约定借款利息所涉的个人所得税、增值税由某公司承担。正常交易中，出借双方在约定利息的计付标准时应考虑到个人所得税、增值税的承担问题，孟某凤与某公司约定了借款利息，二审法院认为个人所得税、增值税与孟某凤出借款成本核算紧密相关，已为双方约定的借款利息所囊括，对孟某凤的主张不予支持，并无不当。其次，孟某凤先后与 10 家律师事务所及个人签订委托代理合同，所涉代理费达 8000 余万元，不符合通常的委托方式和习惯，亦超过某公司在订立案涉《借款合同》时预见或者应当预见到的损失范围，故仅应对孟某凤合理范围内的律师代理费主张予以支持。二审法院参照案涉《借款合同》订立时河北省律师服务收费相关标准，酌定以 1.74 亿元借款本金的 1.5% 支持孟某凤律师代理费主张 261 万元，亦无明显不当。最后，孟某凤向二审法院提交桥西区人民法院（2020）冀 0104 民初 7844 号判决书时，本案二审判决已作出，不存在剥夺当事人辩论权利的情形。

——中国裁判文书网。

四、网络平台借贷

55.网络借贷平台上借款合同的成立与生效

第二十一条　借贷双方通过网络贷款平台形成借贷关系，网络贷款平台的提供者仅提供媒介服务，当事人请求其承担担保责任的，人民法院不予支持。

网络贷款平台的提供者通过网页、广告或者其他媒介明示或者有其他证据证明其为借贷提供担保，出借人请求网络贷款平台的提供者承担担保责任的，人民法院应予支持。

——《最高人民法院关于审理民间借贷案件适用法律若干问题的规定》(节选)(2020年12月29日修正)。

附录：最高人民法院主流观点

P2P借贷平台上，同时存在多个出借人和借款人。合同何时成立，需要根据平台的交易规则作出判断。有的平台的交易规则是按照竞标定价模式设计，即由借款人发布借款金额、价款期限、最高年利率等相关信息，潜在的出借人根据这些信息在最高利率范围内进行投标，投标期满后，如果投标资金总额超过借款人的融资总额，则利率最低的投资人中标；如果投标资金总额小于借款人的融资总额，则流标。在此交易模式下，借款人发布的借款需求等信息为要约邀请，投资者的投标为要约，最后由利率最低的投资人中标，则为承诺，至此，合同以投资者投标约定的条件成立。如果流标，则合同不成立，由于该合同不成立并非由于出借人、借款人或者平台的过错，因此不发生缔约过失责任。

——杜万华主编、最高人民法院民事审判第一庭编著：《最高人民法院民间借贷司法解释理解与适用》，人民法院出版社2015年版，第388页。

56.网络借贷平台上居间合同的成立与生效

P2P 平台与借款人或者出借人之间的居间合同应于当事人签订居间合同时成立，具体的表现形式多为“某某平台服务协议”，此协议往往于借款人或出借人在平台上注册时显示，订立方式为用户注册时需点击“已阅读并同意某某平台服务协议”对话框，应该说，注册完成即视为双方居间合同成立。

有观点认为，应以借款人成功筹集到借款时起认定居间合同成立并生效，“流标”情况视为居间合同不成立。P2P 平台与出借人之间的居间合同中，成立生效时间应与借款人的居间合同一致。我们认为，这种观点值得商榷。首先，原《合同法》居间合同一章并未对居间合同的成立时间作出特别规定，原则上应自承诺达到对方之日起成立并生效。其次，从 P2P 平台所提供的服务来看，是发布借款需求、提供投资信息、资金充值等中介服务，并且只有在注册为会员时才能申请借款或投资。这说明，只要注册后，即能享受到实际中介服务。同时，从 P2P 平台的义务来看，对已经注册为其会员的主体，它已经在履行报告订立合同的机会或者提供订立合同的媒介服务。这说明，合同已经成立。最后，借款人成功借款与否不是居间合同的成立要件，只是自然人间借款合同的成立要件。借款合同成立，是 P2P 平台促成合同成立的表现，也是 P2P 平台收取借款人或出借人报酬的条件，但非居间合同的成立条件。

——杜万华主编、最高人民法院民事审判第一庭编著:《最高人民法院民间借贷司法解释理解与适用》，人民法院出版社 2015 年版，第 389 页。

57.网络借贷平台贷款金额的给付判断标准

由于 P2P 网络贷款的支付有两种方式，一是通过 P2P 平台自有账户，二是通过第三方支付账户。人民法院在判断借款金额是否支付时，应根据 P2P 网络借贷平台的操作规程和服务协议的约定，分别判断。按照有的 P2P 网络借贷平台的操作程序，出借人并非直接把借款支付给借款人账户，而是通过转账至 P2P 平台的自有账户或第三方支付账户，在选中投资项目后，再通过该账户向投资项目中转款的方式给付。此时，借款合同自出借人的款项达到被投资项目即借款人的账户之时即为交付。

国内多数 P2P 平台提供网站充值服务，即由出借人提前把资金转账至平台上的个人账户，在投资时直接从账户里向借款人转账。不能认为出借人转账至平台上的个人账户时即视为借款合同的交付，原因在于该充值的资金随时可以提现、转账至出借人的银行账户，尚在出借人控制范围之内。

——杜万华主编、最高人民法院民事审判第一庭编著：《最高人民法院民间借贷司法解释理解与适用》，人民法院出版社 2015 年版，第 387~388 页。

58.人民法院判断网络借贷借款是否交付的，应结合平台操作规程等综合认定

自然人之间的借款合同为实践性合同，交付借款是合同的成立要件，通过网络贷款平台促成的自然人之间的借款合同，应当自出借人提供的资金到达借款人账户时才为交付，双方之间的借款合同成立，可以开始按照约定计算利息，这一点自无疑问。但是，由于网络借贷的支付既可以通过网络借贷平台自有账户，也可以通过第三方支付账户交付借款。此时，应当以何时认定借款合同已经成立，实践中尚有争议。

我们认为，人民法院在判断网络借贷中的借款金额是否实际交付时，应结合网络借贷平台的操作规程和服务协议作出综合认定。对于网络借贷平台的操作规程要求出借人先将投资款项转至网络借贷平台的自有账户或第三方支付账户，在选中投资项目后，再通过该账户向投资项目中完成转款的，借款合同应自出借人的款项达到被投资项目即借款人的账户后才为实际交付。具体规则是，出借人将资金转账至网络借贷平台后，出借人是否仍对该资金享有处分权，如果出借人支付至网络借贷平台或者第三方账户后，仍然可以对资金实现随时提现、转账等，应当认为该资金尚在出借人控制范围之内，不能认为该款项已经实际交付，不能认定借贷双方的借款合同已经成立。

——最高人民法院民事审判第一庭编著：《最高人民法院新民间借贷司法解释理解与适用》，人民法院出版社 2021 年版，第 326 页。

59.互联网借贷系列合同中将非双方住所地及履行地记载为签约地，并约定该签约地法院管辖的条款无效

郭某铭与重庆度某小额贷款有限公司以及第三人广州市天河区某小额借款合同纠纷案［最高人民法院（2022）最高法民辖27号民事裁定书］

裁判要旨：1. 案涉《借款协议》载明了签署地/履行地，并约定发生争议，由该地法院管辖。但出借人、借款人住所地均不在上述地点，现有证据材料无法证明当事人系在此地签订并履行借款协议，该地与双方争议没有实际联系。

2. 此类互联网借贷纠纷，出借方一方主体特定、借款方一方主体不特定，存在着面广量大的情形，虽然协议选择管辖法院，系双方当事人的明确约定，但在无证据材料可证明该选择地与争议有实际联系的情况下，如就此认定选择地人民法院是管辖法院，势必造成大量案件通过协议管辖进入约定法院，破坏正常的民事诉讼管辖秩序，故该协议管辖条款无效。

最高人民法院认为：本案系互联网借贷引发的合同纠纷。《民事诉讼法》第三十五条规定，合同或者其他财产权益纠纷的当事人可以书面协议选择被告住所地、合同履行地、合同签订地、原告住所地、标的物所在地等与争议有实际联系的地点的人民法院管辖，但不得违反本法对级别管辖和专属管辖的规定。案涉《重庆度某小额贷款有限公司借款协议》系通过互联网方式签订，其中，借款协议载明签署地、实际履行地为北京市海淀区，发生争议，由协议签署地或实际履行地人民法院管辖，出借人度某公司、借款人郭某铭住所地均不在北京市海淀区，现有证据材料无法证明当事人系在北京市海淀区签订并履行案涉借款协议，北京市海淀区与本案争议没有实际联系。此类互联网借贷纠纷，出借方一方主体特定、借款方一方主体不特定，存在着面广量大的情形，虽然协议选择北京市海淀区人民法院管辖，系双方当事人在案涉合同中进行的明确约定，但是，在无证据材料可以证明北京市海淀区与本案争议有实际联系的情况下，如就此认定北京市海淀区人民法院是本案的管辖法院，势必造成大量案件通过协议管辖进入约定法院，破坏正常的民事诉讼管辖秩序，故案涉协议管辖条款无效。《民事诉讼法》第二十四条规定，

因合同纠纷提起的诉讼，由被告住所地或者合同履行地人民法院管辖。度某公司住所地位于重庆市北碚区，重庆市北碚区人民法院是本案的管辖法院。重庆市北碚区人民法院将有管辖权的案件移送北京市海淀区人民法院处理不当，本院予以纠正。

——中国裁判文书网。

五、责任主体

60.第三人仅在债权凭证或借款合同中签字或者盖章的行为认定

正确的做法应当是，首先对债权人提出的证据作出评价，在该证据能够证明第三人的签字或者盖章具有建立保证合同关系的规范意义时，就应当认定第三人的保证人地位并判令其承担保证责任；如果第三人提出的反驳证据降低了债权人证据的证明力，使债权人的证据证明力不能达到“高度可能性”的标准，则不应认定第三人的保证人身份；如果第三人提出的证据降低了债权人证据的证明力，使第三人保证人地位这一待证事实处于真伪不明的状态，则人民法院应当认定保证合同关系不成立。

——杜万华主编、最高人民法院民事审判第一庭编著：《最高人民法院民间借贷司法解释理解与适用》，人民法院出版社 2015 年版，第 368~369 页。

61.借款人出具书面凭证对其借用账户借款的事实及数额予以确认且经出借人认可的，被借账户的人不应承担连带清偿责任

陈某、陈某钰等与杨某凤、某防暴器材有限公司等民间借贷纠纷案［最高人民法院（2016）最高法民再 24 号民事判决书］

裁判要旨：判令当事人承担连带责任，须有法律明确规定或者当事人明确约定。借贷双方均认可借款人借用账户用以接收出借款项，并且借款人出具书面凭证对借款事实及数额予以确认，出借人接受并予以认可的，不应判令被借用账户的人承担连带清偿责任。

最高人民法院认为：判令当事人承担连带清偿责任应当有明确的法律规定或者当事人约定。根据已查明的案件事实，虽然杨某凤指示案外人王某奉、肖某向陈某钰账户转款1150万元，但该款项已包含在陈某所签《欠据》的800万元借款本金范围内，各方当事人对此均不持异议。杨某凤不能证明陈某钰具有与陈某共同借款的意思表示，亦不能证明该款项系被陈某钰实际使用，故该笔借款的债务人仍是陈某。据此，原判决判令陈某钰在150万元范围内与陈某承担连带清偿责任，缺乏事实及法律依据，应予纠正。

——法信网。

连带责任是中国民事立法中的一项重要民事责任制度，其目的在于补偿救济，加重民事法律关系当事人的法律责任，有效地保障债权人的合法权益。判令当事人承担连带责任，实际上加重了当事人的负担，所以，必须有法律的明确规定或者当事人约定。在没有法律规定或者当事人约定的情况下，判令当事人承担连带责任，违反民事诉讼以法律为准绳、以事实为根据的原则。

本案中，陈某向杨某凤借款，杨某凤按照陈某的指示将150万元出借款项转账至陈某钰账户。后在陈某与杨某凤结算借款时，陈某亦将该150万元计入其借款数额向杨某凤出具了《欠据》，杨某凤接收并予以认可。由此可见，杨某凤认可该150万元是借给陈某使用的。虽然杨某凤将150万元出借款项转账至陈某钰账户，但是，由于杨某凤与陈某钰没有达成借贷的合意，且没有证据证明陈某钰与陈某系共同借款人，也没有证据证明陈某钰使用了该款项，因此，不能认定存在陈某钰对该150万元借款承担连带清偿责任的约定。现行法律及司法解释没有规定借用账户收取借款的，出借账户的人应当与借款人承担连带清偿责任。因此，判令陈某钰在150万元范围内与陈某承担连带清偿责任既没有事实根据，也没有法律依据，最高人民法院再审予以纠正。

——《判令承担连带责任需有法律规定或者当事人约定》，载最高人民法院第二巡回法庭编著：《民商事再审典型案例及审判经验》，人民法院出版社2019年版，第132~134页。

62.他人基于亲属等社会关系在借据上签名的，出借人应提供充分证据证明借款人身份

段某某与颜某、林某某民间借贷纠纷案［最高人民法院（2021）最高法民申6853号民事裁定书］

裁判要旨：民间借贷实务中，借贷双方主体在签订借款合同时，在形式上和内容上，经常呈现出不规范的特征。当事人在订立民间借贷合同时，基于亲属、朋友、同事或者其他社会关系，他人作为出借人的保证人、见证人、中间人或者出于其他原因而在借据上签名的情形亦存在。出借人（原告）主张被告之一为《借款合同》的共同借款人，应提供充分证据证明该被告的借款人身份。如存在该被告于“借款人”处签字的合理事由，但出借人仅提供上述《借款合同》，而没有其他充分证据予以佐证，则系未尽到必要的举证义务。

最高人民法院认为：一、关于原判决认定的基本事实是否缺乏证据证明的问题。民间借贷实务中，借贷双方主体在签订借款合同时，在形式上和内容上，经常呈现出不规范的特征。当事人在订立民间借贷合同时，基于亲属、朋友、同事或者其他社会关系，他人作为出借人的保证人、见证人、中间人或者出于其他原因而在借据上签名的情形亦存在。本案中，段某某主张林某某为案涉《借款合同》的共同借款人，应当提供充分的证据证明林某某的借款人身份。根据原审查明的事实，段某某认定林某某为借款人的依据为林某某在《借款合同》上借款人处后面签字，此外并没有其他充分证据予以佐证，其没有尽到必要的举证义务。相反，林某某作为颜某公司的财务负责人，在签订《借款合同》时颜某不在现场的情况下，由林某某先行签字作为见证人符合常理。从《借款合同》的内容及履行情况来看，合同注明的借款人、款项汇入账户以及转账备注都显示借款人为颜某一人，与林某某无关。同时，证人陈某1、陈某2以及作为段某某借款介绍人的谢某相关证言及录音亦能证实林某某并不是案涉《借款合同》的借款人，且段某某并未提供证据证明其本人或谢某在合同履行期间曾向林某某主张过还款付息。因此，根据现有证据，原判决认定林某某不是《借款合同》的共同借款人，并无不当。

二、关于本案主要证据是否未经质证的问题。根据前述分析，原判决认定林某某不是《借款合同》的共同借款人，主要基于段某某并未提交充分证据证明林某某的借款人身份。原判决并非仅以陈某 1、陈某 2 的证人证言及谢某的录音材料作为认定本案基本事实的主要证据。同时，陈某 1、陈某 2 的证人证言经过公证处公证，林某某与谢某的电话录音属于证明案件事实的电子证据。原审法院对上述证据经过质证程序，且表明将结合现有其他证据对上述证据证明力作出认定，而不是直接以该证据认定本案基本事实。综上，原判决并不存在认定事实的主要证据未经质证的情形。

三、关于本案是否适用法律错误的问题。《最高人民法院关于适用〈中华人民共和国民事诉讼法〉的解释》第九十一条规定："人民法院应当依照下列原则确定举证证明责任的承担，但法律另有规定的除外：（一）主张法律关系存在的当事人，应当对产生该法律关系的基本事实承担举证证明责任；（二）主张法律关系变更、消灭或者权利受到妨害的当事人，应当对该法律关系变更、消灭或者权利受到妨害的基本事实承担举证证明责任。"本案中，段某某主张林某某为借款合同关系的当事人，其应当对林某某为借款人的基本事实承担举证证明责任，原判决适用法律并无错误。

——中国裁判文书网。

63.当事人可约定采用债务加入或确认共同债务的方式来承担既有债务

陈某、浙江某物流发展有限公司与陈某某、原审被告福州市某投资合伙企业（有限合伙）民间借贷纠纷案（最高人民法院民事判决书）

裁判要旨：当事人对既有债务，可以在明确为他人债务的情形下，通过债务加入等方式承担债务，也可以通过确认该债务为己方与他人共同债务的方式承担债务。当法定代表人以公司名义加入债务时，其行为的效力与后果，应当参照公司为他人提供担保的相关规定来处理。而当有充分证据证明法定代表人以公司名义确认该债务为己方与他人共同债务与事实相符时，则不宜再认定为债务加入，进而参照公司为他人提供担保的相关规定认定该确认行为的效力。

最高人民法院认为：某公司上诉关于其不应与陈某共同承担案涉款项还款责任的主张，不予支持。第一，某公司对案涉款项承担清偿责任是基于共同借款而非债务加入关系。首先，某公司在案涉借条复印件上“借款人：”处加盖了某公司公章。虽然各方当事人对案涉借条上陈某签名和某公司盖章先后关系说法不一，但即便某公司盖章在陈某签名之后，某公司明知陈某已在借条上“借款人：”处签名捺印，仍在几张借条复印件上的“借款人：”处加盖公章行为本身就可以作为其是以共同借款人身份加盖的证据；其次，2018 年 7 月 13 日签订的《借款确认及还款协议》的相关文义表述可以证明某公司是以共同借款人而非债务加入人身份签订该协议。根据该协议标题可知，协议主要内容为：确认案涉借款金额及其利息和还款方式和期限等。而协议中“二、借款用途：乙方将借款用于支付借款方 2 某公司的工程款及补充公司日常经营所需的流动资金”的表述，则说明某公司与陈某共同作为乙方确认，之前发生的案涉借款用途为用于某公司自身需要。协议抬头中协议主体部分和结尾签字或盖章部分均为“乙方（借款方 1）：陈某；（借款方 2）：某公司”都共同证明某公司对案涉借款承担清偿责任的身份有明确的意思表示，即与陈某一起作为共同借款方。协议中“一、借款金额”部分明确记载“乙方两借款人作为共同借款人，对甲方承担还款义务”。对此，某公司作为常年从事商业活动的主体应清楚该句话所表述的意思并非债务加入。可见，虽然案涉借款行为发生在该协议签订之前，但某公司已在该协议中确认其法定代表人陈某之前与陈某某之间发生的案涉借款实际用于某公司生产经营。也正是在此前提下，某公司才愿以“借款方 2：某公司”名义清偿案涉债务。虽然某公司上诉主张，案涉借款发生在先，某公司盖章确认在后，故应认定某公司是债务加入。但从当事人意思自治出发，当事人对既有债务的承担自行选择采用债务加入抑或共同债务的方式，均应予尊重。而本案中“借款方 2：某公司”“乙方两借款人作为共同借款人，对甲方承担还款义务。”的文义表述、案涉款项用途以及陈某的某公司法定代表人身份等案件事实足以证明某公司是以共同借款人身份而非债务加入人身份签订案涉协议。故原判决认定某公司是共同借款人，并无不当。进而，某公司主张应参照适用公司为他人提供担保的规定认定案涉协议无效，则因缺乏依据，不予支持。

第二，陈某某签订案涉《借款确认及还款协议》并不违反《公司法》第一百四十八条规定。《公司法》第一百四十八条规定的“董事、高级管理人员不得有下列行为：（四）违反公司章程的规定或者未经股东会、股东大会同意，与本公司订立合同或者进行交易”并不是绝对禁止公司董事、高级管理人员与本公司订立合同或者进行交易，而主要是为防止公司董事、高级管理人员在上述订立合同或进行交易过程中，不当利用其担任公司职务所知悉的信息等，损害公司利益。因此，在公司章程没有特别规定的情形下，即便董事、高级管理人员与本公司订立合同或者进行交易时未经股东会、股东大会同意，只要事后经股东会、股东大会追认同意，仍可有效。具体到本案中，根据二审庭审查明事实，陈某某签订案涉《借款确认及还款协议》时，刚刚取得某公司董事身份，尚未实质参与某公司生产经营管理，且该协议内容主要是针对原来已发生借款数额的确认和结算事宜，并不涉及新的借款事项约定，不属于订立新的借款合同。

第三，案涉款项是否全部用于某公司的生产经营，不影响某公司承担案涉款项的返还责任。某公司上诉主张，陈某收取的借款中有部分未交付给某公司用于生产经营，故对该部分不承担还款责任。由于某公司所主张的未交付部分实际已被另一共同借款人陈某收取，故某公司作为共同借款人，仍应在陈某收取的借款范围内承担还款责任。

——最高人民法院民事审判第一庭编：《民事审判指导与参考》2021 年第 2 辑（总第 86 辑），人民法院出版社 2021 年版，第 224~225 页。

64.债务人明知借贷中间人身份而向其履行对债权人的还款，不构成表见代理

陈某某等与代某某等民间借贷纠纷案［最高人民法院（2018）最高法民申 1140 号民事裁定书］

裁判要旨：构成表见代理的前提是，代理人以被代理人的名义行事。如果债务人明知借贷中间人身份而向其履行对债权人的还款，不存在委托汇款情形，不能认定构成表见代理。

最高人民法院认为：本案的主要争议焦点系代某某在本案借贷关系中的行为是否构成表见代理。根据《合同法》第四十九条规定，表见代理是行为

人没有代理权、超越代理权或者代理权终止后作出行为，如果相对人有理由相信其有代理权，则相对人即可要求本人承担行为后果并受其约束。构成表见代理的前提是，代理人以被代理人的名义行事。从涉案三份借条来看，陈某某系以本人名义出借，借贷关系发生于陈某某与方某明、甲公司、乙公司之间；根据现有证据，陈某某并未直接授权代某某从事借款相关事宜，借款系从陈某亮账户直接汇给甲公司账号，不存在委托汇款情形。甲公司与乙公司出具的《情况说明》也清楚载明“我单位方某明董事长通过代某某向陈某晋（谨）借款750万元人民币”，由此表明甲公司、乙公司和方某明明知代某某中间人的身份。二审判决认定代某某在借贷过程中以陈某某的名义代其行事依据不足，认定代某某构成表见代理缺乏充分的事实和法律依据。

——中国裁判文书网。

65.在无债权人授权情形下向中间人还款，具有重大过失，不构成表见代理

杨某某与林某某等民间借贷纠纷案［最高人民法院（2018）最高法民申1692号民事裁定书］

裁判要旨：在民间借贷法律关系中，在无债权人授权情形下向中间人还款，具有重大过失，不构成表见代理，应当承担相应的法律责任。

最高人民法院认为：关于林某赋收取杨某某的还款是否构成表见代理的问题。《合同法》第四十九条规定：“行为没有代理权、超越代理权或者代理权终止后以被代理人名义订立合同，相对人有理由相信行为人有代理权的，该代理行为有效。”杨某某主张其有理由相信林某某有权代理林某赋收取还款，因此林某某的行为构成表见代理，应由林某某承担相应法律责任。本院认为，表见代理制度是为了有效保障善意第三人的合法权益，维护交易安全，其中重要构成要件是相对人有理由相信行为人有代理权且善意无过失。本案民间借贷法律关系中，杨某某并无充分理由相信林某某具有代理权，且在选择还款对象时存在重大过失，故林某某的行为并不构成表见代理。首先，杨某某多次通过民间借贷融资，其应当知晓在民间借贷中应当向出借人还款系行业惯例，但其在没有林某赋的授权下向中间人林某赋还款，具有重大过失，

应当承担相应的法律责任。虽然杨某某辩称其没有林某赋联系方式，但对于数额如此巨大的借款，其应当通过林某赋取得林某某联系方式或相应账户，但其未能尽到谨慎义务，以致没有直接向出借人还款。其次，林某某与林某赋并没有直接紧密的关系足以让杨某某相信林某某有权代理林某赋收取借款。根据查明的事实可知，林某赋长期从事对外借贷的相关业务，而林某赋只是其联系的资金方之一，并无充分证据表明林某赋与林某某具有共同经营或其他紧密关系，也无证据表明林某某能代表林某赋从事相关行为。因此，杨某某称有足够理由相信林某赋能代理林某赋的主张不能成立。第三，按照通常惯例，在杨某某偿还借款后，应当告知林某赋或者至少应当将借条原件要回，但杨某某既未寻求一定方式告知林某赋以取得林某赋之追认，亦未要求林某赋向林某某要回借条原件，可见杨某某向林某赋还款之行为不合常理，明显存在过失。第四，杨某某本身与林某赋存在多笔借款关系，杨某某所称偿还林某赋的汇款中还包含部分款项系偿还林某赋借款，但其在还款过程中并未明确，本案中亦无林某赋之确认，因此，从还款的外观来看，无法认定杨某某确已偿还林某赋之债务，更不能认定林某赋之收款行为构成表见代理。

——中国裁判文书网。

66.法定代表人以个人名义借款用于企业生产经营的，企业应承担共同还款责任

叶某与黄某某民间借贷纠纷案［最高人民法院（2016）最高法民终645号民事判决书］

裁判要旨：企业法定代表人以个人名义与出借人建立民间借贷合同关系，且所借款项用于企业生产经营的情形，即企业系实际用款人及共同借款人，其依法应对企业法定代表人的借款本息承担共同还款责任。

最高人民法院认为：第一，关于案涉《借款合同》《不可撤销担保函》的效力问题。黄某某于2010年在《借款合同》《不可撤销担保函》上签字以及某公司在《不可撤销担保函》上签章时，出借人、借款金额、借款期限、利率等主要条款均为空白，叶某未能提供充分证据证明其事后补填的内容系与黄某某、某公司协商一致后所形成，由此不能认定本案双方当事人已经达成具

体明确的借贷及担保合意。一审判决认定《借款合同》《不可撤销担保函》未成立，对黄某某、某公司不具有法律约束力，是正确的。叶某关于《借款合同》《不可撤销担保函》已成立并生效的上诉理由不能成立，应予驳回。

第二，关于某公司支付的17436609元是否用于偿还叶某款项的问题。叶某在接受一审法院调查询问时，确认流水账往来明细清单记载的某公司支付给邱某某、周某某的四笔款项均是某公司财务人员蔡某某根据叶某指示转账的，且其中付给周某丽的三笔款项由叶某亲自操作，一审判决认定邱某峰、周某丽系受托收款人，17436609元应认定为黄某某对叶某的还款，并无不当。叶某主张该四笔款项系黄某某、某公司用于偿还其在境外的借款，而不是偿还其对叶某的欠款，但叶某并未提供充分证据证明黄某某及其企业具有境外借款境内还款的事实，也未提供证据证明黄某某及其企业与邱某峰、周某丽之间存在债权债务关系，叶某应当承担举证不足的不利法律后果。叶某该项上诉理由不能成立，本院不予支持。

第三，关于某公司的责任问题。本案中，尽管黄某某没有和叶某签订民间借贷合同，但双方之间通过借贷及还款的资金往来事实形成了民间借贷合同关系。同时，黄某某亦认可所借款项用于个人独资设立并实际控制的某公司的生产经营，故本案构成企业法定代表人以个人名义与出借人建立民间借贷合同关系，且所借款项用于企业生产经营的情形，即某公司系实际用款人及共同借款人，其依法应对黄某某的借款本息承担共同还款责任。一审判决未认定某公司的共同还款责任，适用法律欠当，本院予以纠正。叶某该项上诉理由成立，本院予以支持。

——中国裁判文书网。

在叶某诉黄某某、厦门某公司民间借贷纠纷案中，最高人民法院认为：首先，关于案涉《借款合同》《不可撤销担保函》的效力问题。黄某某于2010年在《借款合同》《不可撤销担保函》上签字以及某公司在《不可撤销担保函》上签章时，出借人、借款金额、借款期限、利率等主要条款均为空白，叶某未能提供充分证据证明其事后补填的内容系与黄某某、某公司协商一致后所形成，由此不能认定双方当事人已经达成具体明确的借贷及担保合意。一审判决认定《借款合同》《不可撤销担保函》未成立，对黄某某、某公司不具有法律约束力，是正确的。叶某关于《借款合同》《不可撤销担保函》已成立并生效的上诉理由不能成立，应予驳回。其次，关于某公司支付的17436609元是否用于偿还叶某款项的问题。叶某在接受一审法院调查询问时，确认流水账往来明细清单记载的某公司支付给邱某某、周某某的4笔款项均是某公司财务人员蔡某某根据叶某指示转账的，且其中付给周某某的3笔款项由叶某亲自操作，一审判决认定邱某某、周某某系受托收款人，17436609元应认定为黄某某对叶某的还款，并无不当。最后，关于某公司的责任问题。尽管黄某某没有与叶某签订民间借贷合同，但双方之间通过借贷及还款的资金往来事实形成了民间借贷合同关系。同时，黄某某亦认可所借款项用于个人独资设立并实际控制的某公司的生产经营，故本案构成企业法定代表人以个人名义与出借人建立民间借贷合同关系，且所借款项用于企业生产经营的情形，即某公司系实际用款人及共同借款人，其依法应对黄某某的借款本息承担共同还款责任。

——最高人民法院民法典贯彻实施工作领导小组主编：《中华人民共和国民法典合同编理解与适用》，人民法院出版社2020年版，第1227~1228页。

六、借款合同中的担保

67.“名为买卖实为借贷担保”的认定与处理

陈某某、张某茜与甲公司、乙公司民间借贷纠纷案［最高人民法院（2018）最高法民终234号民事裁定书］

裁判要旨：判断法律关系的性质应基于在案证据能够证明的双方签订的相关合同情况、约定的权利义务内容及履行等双方交易的事实并结合各自主张的法律关系特征进行综合审查判断。

最高人民法院认为：由于本案双方对签订的商品房买卖合同外观形式表现的法律关系是否与双方真实意思表示一致存在争议，故本案需基于在案证据能够证明的双方签订的相关合同情况、约定的权利义务内容及履行等双方交易的事实并结合各自主张的法律关系特征进行综合审查判断，认定双方签订商品房买卖合同的真实意思及双方之间的法律关系性质。

第一，陈某某、张某茜作为自然人，一次性购买226套商品房的行为本身并不属于通常情形下自然人为使用或投资进行商品房买卖的情形。即使如陈某某、张某茜主张其系以炒房为目的进行的大批量团购，但在案涉房屋尚没有开发完成的情形下一次性购买226套商品房并一次性全额支付购房款，且某公司在收到购房款后也没有为陈某某、张某茜开具付清购房款的发票，从该交易本身的商业风险考虑亦具有一定不符合常理之处。

第二，陈某某、张某茜与甲公司双方签订的案涉226套《商品房买卖合同》约定的房屋单价为3000元/平方米，总面积约为27775平方米，总价款83229930元。陈某某、张某茜自认实际购房单价为1800元/平方米，实际支付购房款为5000万元。陈某某、张某茜与丙公司签订《委托付款协议》约定的代付购房款亦为5000万元，某所对甲公司的审核意见载明，2011年5月17日某公司收到丙公司转款83229930元，同日通过丁公司转回丙公司33229930元，丙公司实际转给某公司5000万元。上述本案查明的事实足以证明中金某公司代陈某某、张某茜支付的款项金额为5000万元，陈某某、张某茜上诉主张某华公司转回丙公司的33229930元与本案无关，与事实不符。

陈某某、张某茜称对外宣称和合同上签订单价3000元/平方米是为了不影响某公司地产项目的市场销售价格，（2016）辽民终529号民事判决查明的事实显示，某公司以1500元/平方米的价格将某名居小区55套房屋出售给耿某，股东会决议载明为维护市场价格稳定，以2800元/平方米的价格对出售给耿某的房屋进行备案登记。

上述陈某某、张某茜的陈述及另案生效判决查明事实表明，本案陈某某、张某茜与某公司签订的商品房买卖合同约定的购房价3000元/平方米应与当时案涉项目房屋对外市场交易价格相吻合，陈某某、张某茜并无证据证明该市场销售价在当时属于虚高价。据此，陈某某、张某茜以1800元/平方米购买案涉房屋，接近当时市场出售价格的一半，并不符合商品房买卖交易中开发商通常能够让利的幅度，反而与民间借贷用于担保的房屋作价通常低于实际市场出售价格的特点吻合。而上述生效民事判决亦认定耿某与某公司签订的商品房买卖合同不具有真实性。

第三，甲公司与李某某签订的案涉《居间合同》约定某公司须向其支付525万元居间服务费。甲公司应在购房款到账当日向李某某支付三分之一的服务费，即175万元，以后每满一个月支付三分之一，直到全部支付完毕。本院查明的事实表明，甲公司也于2011年5月17日、6月17日、7月15日分别向李某某支付了175万元，共计525万元。其中两笔转款的付款用途载明为暂支利息款。甲公司主张支付李某某的525万元系利息与其财务记载相吻合。由于陈某某、张某茜系一次性全额支付购房款，甲公司收到了购房人支付的全部购房款的情形下却按月给付促成该笔交易的李某某居间费用，显然也不符合常理，而按月给付利息是民间借贷中常见的情形。

第四，陈某某、张某茜与甲公司签订商品房买卖合同后又分别签订了《商品房回购合同书》，约定甲公司在2011年8月16日以1800元/平方米的价格支付回购款后双方签订的商品房买卖合同自行解除。最晚可以迟延至2011年9月16日，但应给付迟延期间溢价款。如甲公司未能按约定时间给付回购款，则除非陈某某、张某茜同意，甲公司无权再回购。

上述回购合同显示的甲公司作为房屋出卖方，在购房人已经全额支付了购房款的情形下仍保有通过回购的方式将房屋取回的权利，与房屋买卖合同关系中买受人付清购房款后，出卖方即负有交付房屋并办理产权过户义务的通常权利义务内容不一致，而与目前实践中以尚未建成的预售商品房为借款担保时采取的由出卖方在借款到期前保有房屋回购权的常见方式相吻合。且案涉回购合同约定按原购房价回购，仅约定支付延期回购溢价款，对自该款项发生至约定的回购日前某公司占用陈某某、张某茜购房款三个月是否给付利息等并未约定，结合甲公司主张的其分三个月向李某某支付的525万元系给付的利息，则可以对此作出合理解释。

陈某某、张某茜主张由于甲公司与乙公司就案涉房屋所有权问题产生了纠纷，为减少损失而与某公司签订回购合同。但本院审理中，双方明确系于2011年7月19日签订案涉《商品房回购合同书》，而乙公司系于2011年8月29日才就案涉房屋所涉纠纷向营口仲裁委员会提交仲裁申请，陈某某、张某茜陈述的签订回购合同的原因与事实不符，也不具有合理性。

综上所述，尽管某公司并未提供证明其与陈某某、张某茜之间以案涉226套《商品房买卖合同》为借贷提供担保的直接证据，但陈某某、张某茜与甲公司签订的商品房买卖合同从所购房屋数量、实际购房单价与市场交易价的差异、支付的购房款数额以及所谓的居间费用的支付方式、甲公司在一定期限内保有回购权等事实，均与以支付购房款取得房屋所有权为目的的房屋买卖合同关系的法律特征不符，而与民间借贷中以签订商品房买卖合同并进行备案的方式为借贷提供担保的通常做法相吻合。

——法信网。

68.以签订买卖合同作为民间借贷合同的担保，借款人不能按期还款的，出借人不能请求履行买卖合同

余某与郑某、某投资咨询服务有限责任公司房屋买卖合同纠纷申请再审案［最高人民法院（2016）最高法民申1234号民事裁定书］

裁判要旨：以签订买卖合同作为民间借贷合同的担保，双方真实的法律关系是民间借贷关系。出借人向借款人支付的款项实为借款，并非买卖合同价款，出借人并未履行买卖合同的价款支付义务。故借款到期后借款人不能还款的，出借人无权请求履行买卖合同。

最高人民法院认为：本案原判决综合2006年郑某与某公司签订的《商品房买卖合同》《借款合同》、2013年郑某向某公司发出的《告知函》及某公司的《复函》等证据认定，郑某与某公司签订的《商品房买卖合同》为合法有效合同，但郑某与某公司签订的《商品房买卖合同》因郑某未支付购房款而没有实际履行。郑某主张其与某公司之间存在房屋买卖法律关系，并据此诉请某公司履行《商品房买卖合同》，由其取得讼争商铺的所有权。对此，应当甄别郑某与某公司之间真实的意思表示是为借款行为提供担保，还是通过支付对价获得房屋所有权。从双方签订的《借款合同》的约定看，郑某向某公司支付的300万元实为履行借款合同的出借义务，双方签订的《商品房买卖合同》所约定的105号商铺，只是用作借款合同的担保物。上述合同约定的内容可以证明，双方的《商品房买卖合同》并非为了实现房屋买卖，真实的意思是作为《借款合同》的担保。简言之，郑某与某公司之间真实法律关系是民间借贷，《商品房买卖合同》只是作为借贷担保的一种方式。《最高人民法院关于审理民间借贷案件适用法律若干问题的规定》第二十四条第一款规

定：当事人以签订买卖合同作为民间借贷合同的担保，借款到期后借款人不能还款，出借人请求履行买卖合同的，人民法院应当按照民间借贷法律关系审理，并向当事人释明变更诉讼请求。当事人拒绝变更的，人民法院裁定驳回起诉。虽然郑某与某公司签订《商品房买卖合同》在《借款合同》之前，某公司也在《借款合同》签订前向郑某出具过收到郑某支付某大厦商铺105号购房款300万元的《收据》，但郑某向某公司支付的300万元实为借款，并非购房款，双方在签订《商品房买卖合同》后郑某并未依照该合同约定向某公司支付购房款。故郑某关于原判决认定其未支付购房款等事实缺乏证据的主张，本院不予支持。

——中国裁判文书网。

69.出借人对拍卖买卖合同标的物价款是否享有优先受偿权应分情形认定

在人民法院按照民间借贷关系审理的判决生效后，借款人不履行生效判决确定的金钱债务，出借人可以申请拍卖买卖合同标的物，以偿还债务。就拍卖所得的价款，出借人是否享有优先受偿权？我们认为，这个问题需要区分情形进行认定。如果双方当事人仅签订了买卖合同，但是对买卖合同标的物本身并未进行抵押、质押，亦未进行所有权转移，对第三人而言，不具有公示效果，第三人无法以此为依据判断是否和借款人进行交易，这种情形下，如果认定出借人对价款享有优先受偿权，对借款人的其他债权人有失公平，也会影响交易安全。如果双方不仅签订了买卖合同，而且已经进行了权利转移的，比如动产已经交付、不动产已经办理所有权转移登记的，对第三人而言，已经具有了公示的效果，认定出借人对价款享有优先受偿权就具有合理性。《民法典》关于担保物权的规定、《最高人民法院关于适用〈中华人民共和国民法典〉有关担保制度的解释》第六十八条第二款规定亦体现了这种精神。

——最高人民法院民事审判第一庭编著：《最高人民法院新民间借贷司法解释理解与适用》，人民法院出版社2021年版，第350~351页。

第三部分　指导案例与人民法院案例库参考案例

一、指导案例

指导案例 72 号

汤龙、刘新龙、马忠太、王洪刚诉新疆鄂尔多斯彦海房地产开发有限公司商品房买卖合同纠纷案

（最高人民法院审判委员会讨论通过　2016 年 12 月 28 日发布）

关键词　民事　商品房买卖合同　借款合同　清偿债务　法律效力　审查

裁判要点

借款合同双方当事人经协商一致，终止借款合同关系，建立商品房买卖合同关系，将借款本金及利息转化为已付购房款并经对账清算的，不属于《中华人民共和国物权法》第一百八十六条规定禁止的情形，该商品房买卖合同的订立目的，亦不属于《最高人民法院关于审理民间借贷案件适用法律若干问题的规定》第二十四条规定的“作为民间借贷合同的担保”。在不存在《中华人民共和国合同法》第五十二条规定情形的情况下，该商品房买卖合同具有法律效力。但对转化为已付购房款的借款本金及利息数额，人民法院应当结合借款合同等证据予以审查，以防止当事人将超出法律规定保护限额的高额利息转化为已付购房款。

相关法条

《中华人民共和国物权法》第一百八十六条①

《中华人民共和国合同法》第五十二条②

基本案情

原告汤龙、刘新龙、马忠太、王洪刚诉称：根据双方合同约定，新疆鄂尔多斯彦海房地产开发有限公司（以下简称彦海公司）应于2014年9月30日向四人交付符合合同约定的房屋。但至今为止，彦海公司拒不履行房屋交付义务。故请求判令：一、彦海公司向汤龙、刘新龙、马忠太、王洪刚支付违约金6000万元；二、彦海公司承担汤龙、刘新龙、马忠太、王洪刚主张权利过程中的损失费用41.63万元；三、彦海公司承担本案的全部诉讼费用。

彦海公司辩称：汤龙、刘新龙、马忠太、王洪刚应分案起诉。四人与彦海公司没有购买和出售房屋的意思表示，双方之间房屋买卖合同名为买卖实为借贷，该商品房买卖合同系为借贷合同的担保，该约定违反了《中华人民共和国担保法》第四十条、《中华人民共和国物权法》第一百八十六条的规定无效。双方签订的商品房买卖合同存在显失公平、乘人之危的情况。四人要求的违约金及损失费用亦无事实依据。

法院经审理查明：汤龙、刘新龙、马忠太、王洪刚与彦海公司于2013年先后签订多份借款合同，通过实际出借并接受他人债权转让，取得对彦海公司合计2.6亿元借款的债权。为担保该借款合同履行，四人与彦海公司分别签订多份商品房预售合同，并向当地房屋产权交易管理中心办理了备案登记。该债权陆续到期后，因彦海公司未偿还借款本息，双方经对账，确认彦海公司尚欠四人借款本息361398017.78元。双方随后重新签订商品房买卖合同，约定彦海公司将其名下房屋出售给四人，上述欠款本息转为已付购房款，剩余购房款38601982.22元，待办理完毕全部标的物产权转移登记后一次性支付给彦海公司。汤龙等四人提交与彦海公司对账表显示，双方之间的借款利息系分别按照月利率3%和4%、逾期利率10%计算，并计算复利。

---

① 对应《民法典》第四百零一条。

② 对应《民法典》第一百四十四条、第一百五十三～一百五十五条。

裁判结果

新疆维吾尔自治区高级人民法院于2015年4月27日作出（2015）新民一初字第2号民事判决，判令：一、彦海公司向汤龙、马忠太、刘新龙、王洪刚支付违约金9275057.23元；二、彦海公司向汤龙、马忠太、刘新龙、王洪刚支付律师费416300元；三、驳回汤龙、马忠太、刘新龙、王洪刚的其他诉讼请求。上述款项，应于判决生效后十日内一次性付清。宣判后，彦海公司以双方之间买卖合同系借款合同的担保，并非双方真实意思表示，且欠款金额包含高利等为由，提起上诉。最高人民法院于2015年10月8日作出（2015）民一终字第180号民事判决：一、撤销新疆维吾尔自治区高级人民法院（2015）新民一初字第2号民事判决；二、驳回汤龙、刘新龙、马忠太、王洪刚的诉讼请求。

裁判理由

法院生效裁判认为：本案争议的商品房买卖合同签订前，彦海公司与汤龙等四人之间确实存在借款合同关系，且为履行借款合同，双方签订了相应的商品房预售合同，并办理了预购商品房预告登记。但双方系争商品房买卖合同是在彦海公司未偿还借款本息的情况下，经重新协商并对账，将借款合同关系转变为商品房买卖合同关系，将借款本息转为已付购房款，并对房屋交付、尾款支付、违约责任等权利义务作出了约定。民事法律关系的产生、变更、消灭，除基于法律特别规定，需要通过法律关系参与主体的意思表示一致形成。民事交易活动中，当事人意思表示发生变化并不鲜见，该意思表示的变化，除为法律特别规定所禁止外，均应予以准许。本案双方经协商一致终止借款合同关系，建立商品房买卖合同关系，并非为双方之间的借款合同履行提供担保，而是借款合同到期彦海公司难以清偿债务时，通过将彦海公司所有的商品房出售给汤龙等四位债权人的方式，实现双方权利义务平衡的一种交易安排。该交易安排并未违反法律、行政法规的强制性规定，不属于《中华人民共和国物权法》第一百八十六条规定禁止的情形，亦不适用《最高人民法院关于审理民间借贷案件适用法律若干问题的规定》第二十四条规定。尊重当事人嗣后形成的变更法律关系性质的一致意思表示，是贯彻合同自由原则的题中应有之义。彦海公司所持本案商品房买卖合同无效的主张，不予采信。

但在确认商品房买卖合同合法有效的情况下，由于双方当事人均认可该合同项下已付购房款系由原借款本息转来，且彦海公司提出该欠款数额包含高额利息。在当事人请求司法确认和保护购房者合同权利时，人民法院对基于借款合同的实际履行而形成的借款本金及利息数额应当予以审查，以避免当事人通过签订商品房买卖合同等方式，将违法高息合法化。经审查，双方之间借款利息的计算方法，已经超出法律规定的民间借贷利率保护上限。对双方当事人包含高额利息的欠款数额，依法不能予以确认。由于法律保护的借款利率明显低于当事人对账确认的借款利率，故应当认为汤龙等四人作为购房人，尚未足额支付合同约定的购房款，彦海公司未按照约定时间交付房屋，不应视为违约。汤龙等四人以彦海公司逾期交付房屋构成违约为事实依据，要求彦海公司支付违约金及律师费，缺乏事实和法律依据。一审判决判令彦海公司承担支付违约金及律师费的违约责任错误，本院对此予以纠正。

（生效裁判审判人员：辛正郁、潘杰、沈丹丹）

二、人民法院案例库参考案例

陈某诉徐某民间借贷纠纷案
——法院不得移送管辖发回重审案件

关键词：民事诉讼　民间借贷　管辖　发回重审　移送管辖

基本案情

原告陈某起诉称：其因与被告徐某存在民间借贷纠纷，遂起诉至新疆维吾尔自治区乌鲁木齐市头屯河区人民法院（以下简称头屯河区法院），请求徐某归还欠款并偿付利息。

头屯河区法院立案后作出（2009）头民一初字第601号民事调解书，确认原被告双方达成的调解协议。2013年2月5日，该院作出（2013）头民监字第1号民事裁定，决定对（2009）头民一初字第601号民事调解书进行再审，经再审，该院于2014年6月15日作出（2013）头民再字第1号民事裁定，终结再审程序。后新疆维吾尔自治区乌鲁木齐市中级人民法院作出（2017）新01号民监3号民事裁定，决定对该案提审，提审后，乌鲁木齐市中级人民法院于2018年10月26日作出（2017）新01民再64号民事裁定书，撤销头屯河区法院（2009）头民一初字第601号民事调解书，发回头屯河区法院重审。

2018年11月8日，头屯河区法院作出（2018）新0106民初3246号民事裁定，认定原被告双方签订的《借款合同》约定，本合同在履行过程中如发生争议，由原告所在地人民法院管辖。因原告陈某住所地在北京市海淀区，属于北京市海淀区人民法院（以下简称海淀法院）管辖范围，故移送至该院处理。

北京市高级人民法院经审查后认为，根据《最高人民法院关于适用〈中华人民共和国民事诉讼法〉的解释》第39条第2款规定，人民法院发回重审或者按第一审程序再审的案件，当事人提出管辖异议的，人民法院不予审查。发回重审的案件应由原审人民法院重审，不能就管辖问题进行处理。头屯河区法院将案件移送海淀法院，于法无据。经与新疆维吾尔自治区高级人民法院协商未果，报请最高人民法院指定管辖。

最高人民法院于2020年8月19日作出（2020）最高法民辖43号民事裁定：本案由新疆维吾尔自治区乌鲁木齐市头屯河区人民法院审理。

裁判理由

法院生效裁判认为：本案系民间借贷纠纷，头屯河区法院于2009年9月8日立案，并作出（2009）头民一初字第601号民事调解书。2013年2月5日，头屯河区法院作出（2013）头民监字第1号民事裁定，决定对（2009）头民一初字第601号民事调解书进行再审。后乌鲁木齐市中级人民法院作出（2017）新01号民监3号民事裁定，决定对该案提审。提审后，乌鲁木齐市中级人民法院于2018年10月26日作出（2017）新01民再64号民事裁定书，撤销头屯河区法院（2009）头民一初字第601号民事调解书，发回头屯河区法院重审。在重审期间，即使头屯河区法院认为自己没有管辖权，也不能将案件移送北京市海淀区法院，其裁定移送管辖不当。

裁判要旨

上级人民法院指令再审、发回重审的案件，由原审人民法院再审或者重审。再审或者重审期间当事人提出管辖异议的，人民法院不予审查；审理法院认为没有管辖权的，也不得依职权再自行移送管辖。

关联索引

《最高人民法院关于适用〈中华人民共和国民事诉讼法〉的解释》第35条、第38条

移送管辖：新疆维吾尔自治区乌鲁木齐市头屯河区人民法院（2018）新0106民初3246号民事裁定（2018年11月8日）

指定管辖：最高人民法院（2020）最高法民辖43号民事裁定（2020年8月19日）

诺某公司诉董某、张某借款合同纠纷案

——除违反级别管辖和专属管辖外，被告应诉答辩后人民法院不得移送管辖

关键词：民事诉讼　借款合同　管辖　应诉管辖　协议管辖

基本案情

原告诺某公司诉称，2017年10月27日，诺某公司和董某、张某签订《借款抵押合同》，约定诺某公司向董某、张某贷款人民币250万元，董某以其名下房产作为抵押。合同签订后诺某公司依约放款，借款到期后董某、张某未归还借款本息，其遂诉至法院请求董某、张某归还借款本金，支付相应利息、滞纳金和违约金，并主张对董某名下的房产行使抵押权。

安徽省芜湖市镜湖区人民法院于2019年7月16日作出（2019）皖0202民初6172号民事裁定：将该案移送上海市杨浦区人民法院审理。上海市杨浦区人民法院认为移送错误，遂层报指定管辖。上海市高级人民法院报请最高人民法院指定管辖。最高人民法院于2020年12月4日作出（2020）最高法民辖78号民事裁定：本案由安徽省芜湖市镜湖区人民法院审理。

裁判理由

法院生效裁判认为：本案属于合同纠纷。2019 年 5 月 7 日，安徽省芜湖市镜湖区人民法院受理本案，2019 年 6 月 4 日，安徽省芜湖市镜湖区人民法院公开开庭审理本案，诺某公司与董某、张某均应诉答辩，相关庭审程序已经完成。2019 年 7 月 16 日，安徽省芜湖市镜湖区人民法院裁定移送上海市杨浦区人民法院管辖。《最高人民法院关于适用〈中华人民共和国民事诉讼法〉的解释》第 35 条的规定："当事人在答辩期间届满后未应诉答辩，人民法院在一审开庭前，发现案件不属于本院管辖的，应当裁定移送有管辖权的人民法院。"《民事诉讼法》第 127 条规定："人民法院受理案件后，当事人对管辖权有异议的，应当在提交答辩状期间提出。人民法院对当事人提出的异议，应当审查。异议成立的，裁定将案件移送有管辖权的人民法院；异议不成立的，裁定驳回。当事人未提出管辖异议，并应诉答辩的，视为受诉人民法院有管辖权，但违反级别管辖和专属管辖规定的除外。"根据上述规定，人民法院发现受理的案件不属于法院管辖的，有权依据《民事诉讼法》第 36 条之规定，将案件移送有管辖权的人民法院。如果当事人提起管辖权异议，法院应该在管辖权异议期间解决相关管辖权争议，如果当事人没有提出管辖权异议，且已经应诉答辩，则视为当事人接受管辖，如果法院认为自己没有管辖权，应该在被告应诉前移送相关案件至有管辖权的人民法院。如果被告已经应诉答辩，即使法院认为自己没有管辖权，也不宜再行移送。

裁判要旨

除了违反级别管辖和专属管辖规定之外，人民法院受理案件后，当事人未提出管辖异议，并应诉答辩的，视为受诉人民法院有管辖权。此后，受诉人民法院不能以案件不属于本院管辖，予以移送。

关联索引

《中华人民共和国民事诉讼法》第 130 条（本案适用的是 2017 年 6 月 27 日修正的《中华人民共和国民事诉讼法》第 127 条）

《最高人民法院关于适用〈中华人民共和国民事诉讼法〉的解释》第 35 条

移送管辖：安徽省芜湖市镜湖区人民法院（2019）皖 0202 民初 6172 号民事裁定（2019 年 7 月 16 日）

指定管辖：最高人民法院（2020）最高法民辖78号民事裁定（2020年12月4日）

赵某某、刘某某诉韩某某等民间借贷纠纷案

——签订借款合同的名义出借人具有依据合同起诉的主体资格，但实际出借人另行起诉的除外

关键词：民事诉讼　民间借贷　借款合同　名义出借人　实际出借人　起诉主体资格

基本案情

赵某某、刘某某依据其与借款人韩某某、担保人商某某、李某某、郭某某、东营某石油技术服务公司、东营某公司签订的《借款协议》、借款借据、转款凭证以及委托办理抵押登记的相关手续等提起本案诉讼。赵某某、刘某某向山东省青岛市中级人民法院起诉请求：（1）被告韩某某偿付原告借款3600万元；（2）被告韩某某支付原告自2013年7月18日至判决确定给付之日按同期银行贷款利率四倍计算的利息及相应违约金；（3）被告商某某、李某某、郭某某、东营某石油技术服务公司、东营某公司对上述债务承担连带清偿责任；（4）六被告承担律师费、诉讼费、保全费等诉讼费用。其后将诉请第一项、第二项变更为：（1）被告韩某某立即偿还原告刘某某借款1800万元以及相应利息（自2013年7月18日起至判决生效之日止按合同约定计算），被告韩某某立即偿还原告借款1800万元以及相应利息（自2013年7月18日起至判决生效之日止按合同约定计算）；（2）原告赵某某、刘某某对被告韩某某位于青岛市市场三路××号房产1、2、3层拍卖、变卖所得享有优先受偿权。

法院经审理查明：2013年7月，商某某会同案外人谭某某、韩某某、郭某某等人到青岛某投资公司，欲将韩某某名下位于青岛市市场三路××号的房产进行抵押，以东营某石油技术服务公司的名义向青岛某投资公司借款，商某某谎称借款用于回购加油站且以民某银行贷款和加油站转售款优先归还。青岛某投资公司工作人员提出借款人应与抵押房产所有人一致，商某某隐瞒

其与青岛某投资公司约定高额借款利息的事实，谎称该借款系临时“过桥”，并将他人名下的20.13亩土地作虚假担保，诱骗韩某某作为借款人与青岛某投资公司签订了3600万元的借款协议。同年7月18日，青岛某投资公司通过刘某某、王某某、赵某某的银行账户向商某某指定账户汇款3600万元。当日，在谭某某和青岛某投资公司工作人员陪同下，商某某提现612万元作为利息交给青岛某投资公司工作人员，并应谭某某要求转入谭某某银行账户2610万元。借款到期后，商某某陆续向青岛某投资公司还款520余万元，余款无力偿还。

山东省青岛市中级人民法院于2018年10月23日作出（2014）青金初字第108号民事裁定，以生效刑事裁判认定实际借款人为商某某，出借人为青岛某投资公司，赵某某、刘某某不是本案适格主体为由，裁定驳回赵某某、刘某某的起诉。赵某某、刘某某提出上诉。山东省高级人民法院于2019年5月31日作出（2019）鲁民终937号民事裁定，驳回上诉，维持原裁定。赵某某、刘某某向最高人民法院申请再审。最高人民法院于2020年2月20日作出（2019）最高法民申5595号民事裁定，驳回赵某某、刘某某的再审申请。

裁判理由

法院生效裁判认为：案涉《借款协议》是以赵某某、刘某某的名义与借款人韩某某，担保人商某某、李某某、郭某某、东营某石油技术服务公司、东营某公司签订，并办理抵押登记的相关手续等，借款人韩某某，担保人商某某、李某某、郭某某、东营某石油技术服务公司、东营某公司出具的《借款借据》亦载明：“今借到赵某某、刘某某人民币叁仟陆佰万元整。”可见，赵某某、刘某某与本案有利害关系，具有起诉的主体资格。但经山东省高级人民法院（2019）鲁刑终48号刑事案件审理作出的生效刑事裁定认定，案涉款项的实际出借人为青岛某投资公司。现青岛某投资公司已向山东省青岛市中级人民法院提起诉讼，要求韩某某、郭某某偿还借款2988万元及利息。且赵某某、刘某某在法院审查过程中提交的情况说明亦自认借款之时因青岛某投资公司尚处于筹备阶段，而以其个人名义签订借款协议，案涉借款3600万元系青岛某投资公司所有。故此，对赵某某、刘某某申请再审要求本案继续审理的主张不予支持。

裁判要旨

1. 因实际出借人处于公司筹备阶段，而以个人名义签订借款协议，此种做法并不违反法律规定。该签约人与本案有利害关系，具有起诉的主体资格。

2. 在法院再审申请审查期间，实际出借人已就案涉借款提起诉讼，对名义签约人申请再审请求本案继续审理的主张不予支持。

关联索引

《中华人民共和国民事诉讼法》第122条（本案适用的是2017年6月27日修正的《中华人民共和国民事诉讼法》第119条）

一审：山东省青岛市中级人民法院（2014）青金初字第108号民事裁定（2018年10月23日）

二审：山东省高级人民法院（2019）鲁民终937号民事裁定（2019年5月31日）

再审：最高人民法院（2019）最高法民申5595号民事裁定（2020年2月20日）

张某某诉孙某某、赵某某民间借贷纠纷案

——夫妻一方为另一方提供担保的债务应为夫妻共同债务

关键词：民事　民间借贷　担保　夫妻共同债务　共同的意思表示

基本案情

张某某向人民法院起诉，请求孙某某、赵某某共同归还借款15000元及利息。

法院经审理查明：被告孙某某、赵某某系夫妻关系，2019年3月10日，孙某某向张某某借款15000元，立有借条一份，并约定借期内利息及违约责任，赵某某在借条上“担保人”处签字。2019年3月10日，张某某通过银行转账完成出借款交付。借款到期后，孙某某、赵某某至起诉时没有还款。

山东省临沂市河东区人民法院于2021年7月22日作出（2021）鲁1312民初3283号民事判决：一、孙某某、赵某某于判决生效之日起10日内偿还张某某借款本金15000元及利息（利息以15000元为基数，自2019年3月10

日起至2020年4月9日止，按照2020年4月全国银行间同业拆借中心发布的一年期贷款市场报价利率的四倍计算）；二、孙某某、赵某某于判决生效之日起10日内支付张某某违约金1500元；三、驳回张某某的其他诉讼请求。宣判后，双方未提出上诉，判决已发生法律效力。

裁判理由

法院生效裁判认为：赵某某在借条“担保人”处签字，该行为表明，赵某某对孙某某的借款事实知晓，并同意受该债务拘束，孙某某并未侵犯赵某某的知情权和同意权，相反，赵某某为该借款提供担保，更能说明其夫妻二人对于借款的发生及负担已然有了充分的考虑，享有了平等处理权，债权人张某某也有理由相信其二人对于债务的形成及负担有着共同的意思表示。夫妻双方以共债的共同意思表示共同签名，或者夫妻一方在婚姻关系存续期间以个人名义为家庭日常生活需要所负担的债务均构成夫妻共同债务，本案债务为夫妻共同债务，应当由孙某某、赵某某共同偿还。

裁判要旨

夫妻一方为另一方债务提供担保，本质上是担保一方对该债务形成的知情、同意和决定，是夫妻对共同财产、共同债务平等处理权的体现，说明夫妻二人对于债务的发生及负担已然有了充分的考虑，债权人也有理由相信其二人对于债务的形成及负担有着共同的意思表示。因此，夫妻一方为另一方提供担保的债务，符合“共债共签”的基本原则，应视为夫妻共同意思表示而形成的夫妻共同债务。

关联索引

《中华人民共和国民法典》第585条、第667条、第674条、第675条、第676条、第1064条

《最高人民法院关于审理民间借贷案件适用法律若干问题的规定》（2020年修正）第25条、第29条、第31条

《最高人民法院关于适用〈中华人民共和国民事诉讼法〉的解释》第90条

一审：山东省临沂市河东区人民法院（2021）鲁1312民初3283号民事判决（2021年7月22日）

平罗某工贸公司诉宁夏某房地产有限公司、吴某某、刘某某借款合同纠纷案

——如何判断法人之间是否存在民间借贷关系

关键词：民事　借款合同　民间借贷　借贷关系　法人之间

基本案情

宁夏某房地产有限公司（以下简称某和公司）于2008年10月29日由平罗某工贸公司（以下简称某龙公司）注册成立，公司类型为（私营法人独资）一人有限责任公司，注册资本为1000万元。某龙公司及某和公司的法定代表人均由王某担任。某和公司成立后聘任第三人吴某某担任该公司总经理，负责该公司的经营管理。在某和公司注册设立时，某龙公司与刘某某、吴某某签署一份《投资合作协议》，约定："一、某和公司1000万元的股权分配为某龙公司500万股，占50%股份；刘某某、吴某某各250万股，各占25%股份。二、某龙公司额外投入的1000万元属于资本公积金，所有权按照第一条中的比例分配。三、吴某某借300万元流动资金给某和公司，利息按银行同期利率计算，分季度支付利息，本金一次性归还。四、公司所有的债权债务均按照第一条中的比例承担和所有。"2008年11月20日，某龙公司向某和公司转账汇款300万元，某和公司向吴某某出具300万元借款收据一张，注明款项由某龙公司转入。2009年1月6日，某和公司注册资本由1000万元增加至2000万元。此后，某龙公司与刘某某、吴某某又签订一份《股权比例确认协议》，确认：（1）某龙公司、刘某某、吴某某三方共同投资设立某和公司，注册资本2000万元，实际三方已投入2300万元，其中某龙公司1150万元，吴某某575万元，刘某某575万元，另外吴某某借给某和公司300万元。（2）某龙公司、刘某某、吴某某持有某和公司股权比例分别为50%、25%、25%。《股权比例确认协议》约定："一、某龙公司、刘某某、吴某某三方决定增加公司注册资本金3000万元至5000万元，本次增资所需要的3000万元资本金由某龙公司一次性全部投入，工商注册后公司注册资本金为5000万元。二、三方商定某和公司5000万元资本金中某龙公司实际投入3000万元，

持有公司股权比例50%；吴某某实际投入1000万元，持有公司股权25%；刘某某实际投入1000万元，持有公司股权25%。三、按照此前三方实际投资2600万元（含吴某某原先借入公司的300万元）计算，本次某龙公司实际应追加投资为1850万元，吴某某应向某和公司追加125万元投资，刘某某应追加425万元投资。四、三方任何一方不按上述约定比例追加投资，将按照未追加的投资额计算缩减持有公司股权比例。”2009年4月9日，某和公司注册资本从2000万元增加至5000万元。2009年4月9日，某龙公司向某和公司转账汇款2200万元，银行凭证摘要一栏注明为投资款；某和公司随后于同日向某龙公司转账汇款5200万元。2009年4月15日，王某向某龙公司转账汇款1450万元。2009年9月25日，某龙公司向某和公司转账汇款150万元，银行凭证摘要一栏注明为土地款。2010年12月2日，某龙公司向某和公司转账汇款5000万元，银行凭证摘要一栏注明为投标保证金。2010年12月3日，某龙公司向某和公司转账汇款5000万元，银行凭证摘要一栏注明为投标保证金。2015年4月29日，某龙公司向某和公司转账汇款300万元，银行凭证摘要一栏注明为借款。以上七笔资金往来显示，某龙公司（含王某）向某和公司转款14100万元，某和公司向某龙公司转款5200万元。2015年5月，某龙公司法定代表人王某与某和公司总经理吴某某就某和公司经营管理发生矛盾，王某组织管理团队接管某和公司，撤销吴某某的某和公司总经理职务，某和公司由某龙公司实际控制。自此至2017年12月26日期间，某龙公司与某和公司发生多笔资金往来。某龙公司主张双方在此期间发生的101笔往来款项属于双方的借款和还款，其中某龙公司出借给某和公司的款项为88笔，共计38124564.59元，某和公司给某龙公司的偿还款项为13笔，共计8043403.20元，双方往来记账凭证中记载为借款。另查明，因刘某某、吴某某与某龙公司就某和公司股权发生纠纷，二人于2015年5月29日分别同时以某和公司为被告、某龙公司为第三人，提起股东资格确认纠纷之诉。经宁夏回族自治区贺兰县人民法院和银川市中级人民法院审理，判决确认刘某某、吴某某系某和公司股东。经二人申请强制执行，2017年3月23日，某和公司股权登记由某龙公司持股100%变更为某龙公司持有50%股权，刘某某、吴某某各持有25%股权。还查明，2018年5月18日，刘某某、吴某某作为共同原告，将某和公司列为被告、某龙公司为第三人，以某龙公司利用其派出执行董事王某实际控制某和公司财务、印章及全部运营活动，拒不召开股东会议，并通过虚假诉讼意图恶意转移某和公司资产，刘某某、吴某某已持续二年以上无法通过任何途径参与股东会和公司运营决策，股东会对于某和公司重大运营事项无法形成有效决议，导致某和公司陷入僵局和刘某某、吴某某股东权益损害为由，向宁夏回族自治区贺兰县人民法院提起解散某和公司之诉。

某龙公司向一审法院起诉请求：（1）判令某和公司向某龙公司偿还借款117295563.39元；（2）判令某和公司向某龙公司支付借款利息197795906.95元（2015年12月31日之前的借款按年利率12%计息，2016年1月1日之后的借款按年利率24%计息，利息计算至2021年6月7日，并支付至借款全部付清之日止的利息）。

宁夏回族自治区高级人民法院于2021年7月14日作出（2018）宁民初67号民事判决：驳回某龙公司的诉讼请求。某龙公司上诉请求：（1）撤销宁夏回族自治区高级人民法院（2018）宁民初67号民事判决并依法改判支持某龙公司一审诉讼请求。（2）本案一审、二审的诉讼费均由吴某某、刘某某承担。最高人民法院于2022年3月7日作出（2021）最高法民终1203号民事判决：驳回上诉，维持原判。

裁判理由

某龙公司主张第一阶段（某和公司成立至2015年4月29日）6笔借款共14100万元，第二阶段（2015年6月23日至2017年12月26日）88笔借款共38124564.59元，某和公司共偿还61829001.2元，尚欠117295563.39元。二审法院认为，对于某龙公司主张的94笔借款，与某和公司之间未就其中任何一笔签订借款合同。判断法人之间是否存在借贷关系，款项交付和借贷合意是判定二者之间借款合同关系成立与否的两项基本要件。某和公司对于某龙公司所主张的借款事实及欠付金额均表示认可，两公司就案涉借款纠纷并无实质性争议。因某龙公司系某和公司实际控制人，不能就本案诉讼原因给出合理解释，应就双方借款、还款事实根据《最高人民法院关于审理民间借贷案件适用法律若干问题的规定》（以下简称《民间借贷司法解释》）第19条之规定严格审查。

关于某龙公司主张某和公司成立至2015年4月29日前出借的6笔款项，法院认定如下：第一笔，2009年2月25日某龙公司向某和公司转账汇款150

万元，银行凭证摘要一栏注明为土地款。某龙公司主张其与某和公司之间成立借贷关系，应对其与某和公司之间就借贷法律关系达成合意承担举证责任，现无证据证明该笔借款事实成立。第二笔，2009 年 4 月 9 日，某龙公司向某和公司转账汇款 2200 万元，银行凭证摘要一栏注明为投资款。证据显示 2009 年 4 月 8 日，某龙公司向某和公司账户转入增资入股款 3000 万元，同年 4 月 9 日，某和公司又向某龙公司转账 5200 万元。某龙公司、某和公司均不能提供证据证明转账 5200 万元后又分别退回 3000 万元和 2200 万元的原因。故某龙公司主张的该笔借款事实不能成立。第三笔，2009 年 6 月 15 日，王某向某和公司转账汇款 1450 万元。据《投资合作协议》《股权比例确认协议》以及宁夏回族自治区银川市中级人民法院（2016）宁 01 民终 1877 号、（2016）宁 01 民终 1878 号、（2020）宁 01 民终 3618 号民事判决认定的事实，该笔款项为某龙公司的出资款。某龙公司主张的该笔借款事实不能成立。第四笔，2010 年 12 月 2 日，某龙公司向某和公司转账汇款 5000 万元，银行凭证摘要一栏注明为投标保证金。第五笔，2010 年 12 月 3 日，某龙公司向某和公司转账汇款 5000 万元，银行凭证摘要一栏注明为投标保证金。某龙公司主张此两笔款项并非与某和公司的合作款，亦不能提供证据证明系借贷关系，仅凭两笔资金的转款单凭证摘要一栏注明均为投标保证金，无法认定该两笔借款事实成立。第六笔，2015 年 4 月 29 日，某龙公司向某和公司转账汇款 300 万元，银行凭证摘要一栏注明为借款。某和公司的证据不足以证明其与某龙公司之间存在借款合同关系，现某和公司解散之诉正在审理过程中，某龙公司后续可另行主张权利。

关于某龙公司主张 2015 年 6 月 23 日至 2017 年 12 月 26 日期间的 88 笔借款本金 38124564.59 元款项。经查，某龙公司主张双方在此期间出借给某和公司 88 笔共计 38124564.59 元的款项，双方往来记账凭证中记载为借款，用于某和公司生产经营。但是这一期间某和公司由某龙公司实际控制。刘某某、吴某某一审提交的相关证据证明某龙公司、某和公司存在高管人员、财务人员、诉讼代理人员混同的情况。故对于这一阶段双方资金往来的真实性无法作出认定，对于资金的借贷性质亦无法作出认定。综合全案查明事实、双方诉辩意见及证据情况，某龙公司作为某和公司唯一股东时曾起诉某和公司案涉借款，因无诉的利益，被（2016）最高法民终 153 号民事裁定驳回起诉。

后吴某某、刘某某与某龙公司就某和公司股权发生纠纷，经生效裁判确认并经强制执行。2017 年 3 月 23 日，某和公司的股东变更为某龙公司持有 50% 股权，吴某某、刘某某各持有 25% 股权。某龙公司认为其已不再是某和公司唯一股东，故就被驳回起诉的相关借款以及此后发生的借款提起本案诉讼，再次起诉某和公司。但吴某某、刘某某未能介入公司管理，王某同时担任两公司法定代表人。某龙公司系某和公司实际控制人，两公司就案涉借款纠纷并无实质性争议，某和公司完全可以自行偿还相关债务，两公司不能就本案诉讼原因给出合理解释。故某龙公司主张的借款事实不能成立，二审法院不予支持。

裁判要旨

判断法人之间是否存在借贷关系，借贷合意和款项交付是判定二者之间借款合同关系成立与否的两项基本要件。借款人对于出借人主张借款事实及欠付金额均表示认可，两公司就案涉借款纠纷并无实质性争议。因出借人系借款人一人公司的唯一股东，不能就本案诉讼原因给出合理解释，法院应就双方借款、还款事实根据《民间借贷司法解释》第 19 条（2020 年修正后为第 18 条）之规定严格审查。

一人公司与其股东就案涉借款纠纷并无实质性争议，双方不能就本案诉讼原因给出合理解释的，应当认定出借人主张的借款事实不能成立。

关联索引

《最高人民法院关于审理民间借贷案件适用法律若干问题的规定》第 18 条（本案适用的是 2015 年 9 月 1 日施行的《最高人民法院关于审理民间借贷案件适用法律若干问题的规定》第 19 条）

一审：宁夏回族自治区高级人民法院（2018）宁民初 67 号民事判决（2021 年 7 月 14 日）

二审：最高人民法院（2021）最高法民终 1203 号民事判决（2022 年 3 月 7 日）

重庆某路桥工程有限公司诉王某某、安某某民间借贷纠纷案

——表见代理的理解与适用

关键词：民事　民间借贷　表见代理　注意义务　合同相对性

基本案情

X公路改建工程B标段项目由重庆某路桥工程有限公司（以下简称某公司）中标后，某公司与安某某于2014年5月3日签订了《X公路改建工程B标段工程项目施工责任合同》，合同约定："某公司与建设方县建设局于2014年4月30日签订的《X公路改建工程》施工合同中的全部工程内容为安某某的责任承包施工范围，该工程项目施工合同责任人为安某某。合同价款：某公司与建设方县建设局签订的本工程合同价款为25346650元，最终以建设方县建设局与某公司实际结算的工程款为准。安某某向某公司支付的管理费和成本税为某公司与建设方县建设局签订的《X公路改建工程》合同总价款的10%。"随后安某某以某公司的名义对外施工，代表某公司向建设方县建设局提交《工程价款支付报表》《工程变更设计申请单》等，与机械租赁方签订《机械租赁合同》《车辆租赁合同》，与劳动者签订《劳务合同书》，在上述申请表及合同中均有安某某签字并加盖了某公司X公路改建工程B标段项目经理部的印章。安某某负责施工，建设方县建设局将部分工程款支付给某公司后，某公司依据与安某某签订的合同扣除10%管理费及其他费用后支付给安某某。

2015年5月28日，安某某向王某某出具《借条》一张，内容为："今借到王某某现金142万元，此借款数额为2014年11月18日至2015年5月28日期间借款总数，原借款的借条已全部销毁，仅以此借条作为借款凭证，具体如下：2014年11月18日借款35万元现金；2015年1月5日借款30万元现金；2015年2月12日借款57万元现金；2015年5月28日借款20万元现金。总共借款合计为142万元，此钱款用途为X公路改建项目的材料款及工地费用和开支，此款定于2015年7月30日前还清。"借条落款处加盖了某公

司X公路改建工程B标段项目经理部的印章。

涉案工程由韩某某与安某某合伙承包承建，韩某某与安某某为实际施工人。韩某某证明安某某向王某某借款的事实其不知情。X公路改建工程B标段项目经理为李小峰。安某某为河南省某建筑公司青海分公司负责人。王某某与安某某、某公司就借款偿还问题产生纠纷。

青海省西宁市城东区人民法院于2017年9月20日作出（2017）青0102民初605号民事判决：安某某、某公司于判决书生效后3日内向王某某偿还借款142万元及利息112416元。

青海省西宁市中级人民法院于2017年11月24日作出（2017）青01民终1412号民事判决：变更青海省西宁市城东区人民法院（2017）青0102民初605号民事判决为：安某某于判决书送达后3日内向王某某偿还借款142万元及利息112416元；某公司对上述款项承担连带清偿责任。

青海省高级人民法院于2018年3月21日作出（2017）青民申410号民事裁定：提审本案。

青海省高级人民法院于2018年7月3日作出（2018）青民再48号民事判决：一、撤销青海省西宁市中级人民法院（2017）青01民终1412号民事判决和青海省西宁市城东区人民法院（2017）青0102民初605号民事判决；二、安某某于本判决书生效后30日内向王某某偿还借款142万元及利息112416元；三、驳回王某某对某公司的诉讼请求。

裁判理由

法院生效裁判认为：涉案工程即X公路改建工程B标段项目某公司中标后，某公司又与安某某签订了《X公路改建工程B标段工程项目施工责任合同》，某公司将涉案工程交由安某某施工，安某某以某公司名义施工，向某公司支付管理费，其与某公司实际形成转包关系。根据《合同法》第49条规定：行为人没有代理权、超越代理权或者代理权终止后以被代理人名义订立合同，相对人有理由相信行为人有代理权的，该代理行为有效。第50条规定：法人或其他组织的法定代表人、负责人超越权限订立的合同，除相对人知道或者应当知道其超越代理权限的以外，该代表行为有效。构成表见代理，相对人除符合善意、无过失的主观要件外，还需履行审查、判断、核实行为人是否具有表见代理的权利外观客观要件。同时，依据《最高人民法院关于当前形势下审理民商事合同纠纷案件若干问题的指导意见》的相关规定，主观要件的判断，需要考察形成表象的材料是否有瑕疵以及相对人自身的经验。表象材料具有重大瑕疵而相对人没有尽到合理的注意义务，不宜认定善意无过失；相对人为从事经常性商事活动的商个人，对于其注意义务的标准，一般应当高于普通的民事主体。构成代表行为，相对人知道或者应当知道行为人必须是法人的法定代表人或其他组织的负责人，并超越了法定代表人或负责人的权限订立了合同。结合本案，王某某、安某某均认可二人系多年的朋友关系，王某某向安某某给付借款时，王某某知道或者应当知道安某某并非某公司的法定代表人。安某某向王某某出具的借条落款处加盖了某公司X公路改建工程B标段项目经理部的印章，项目部印章上刻有“对外签订合同/收据无效”字样，王某某作为经常从事商事活动的商个人，应当对刻有“对外签订合同/收据无效”字样的印章有合理的注意、审查和判断义务，某公司提交的《项目部印章携外审批表》证实，项目部印章的授权范围特别规定不得借款。王某某也未尽到善意的注意、审查和判断义务。同时，在借款行为发生前，王某某未向某公司核实安某某的身份，即使王某某事先知道安某某与某公司存在转包或挂靠关系，是涉案工程的实际施工人，但对涉及公司借款尤其是巨额借款等涉及公司重大利益的事项，应有某公司明确的授权或者追认，而事后某公司并未追认安某某的借款行为。因此，就安某某向王某某出具的借条落款处虽然加盖了某公司X公路改建工程B标段项目经理部的印章，但不具有某公司授权安某某向王某某借款的授权表象，王某某也不具有善意、无过失的足以相信安某某具有某公司借款的代理权的理由，故安某某向王某某出具的借条落款处加盖了某公司X公路改建工程B标段项目经理部的印章的行为不能代表某公司。从借款的交付和用途看，借款由王某某直接交付安某某本人违背了王某某应有的注意义务。作为借款人，王某某如果善意认为安某某向其借款系安某某代表某公司为涉案项目向其借款，也应当通过转账的方式向项目部或某公司支付借款，而非将借款以现金方式向安某某个人支付；《借条》上明确载明借款用途为购买涉案工程材料款和工地开支，原因为资金周转需要，但资金流向是不确定的，且安某某并未提供该借款用于涉案工程项目的相关证据，某公司又对安某某陈述的借款用途予以否认，故无证据证实某公司是借款的实际使用人。安某某与某公司均认可某公司X公路改建工程B标段项目经理部印章由某公司工作人员专人保管，要使用项目部印章，使用人必须填写《项目印章携外审批表》，经某公司同意后方可使用。2016年2月3日，因工地发生斗殴事件，需要当地公安机关调解，安某某向某公司书写了“因需要处理斗殴事件，从某公司经理部印章保管人处拿走印章，承诺带走的印章只用于公安机关解决斗殴事件，并未用于与某公司X公路改建工程B标段项目相关或不相关的经济利益文件（如合同协议书、欠条、收据、担保等），如发生上述事实，由其本人承担”的《承诺书》。合同具有相对性，在法无明确规定及当事人约定的情况下，不能突破合同相对性。即使某公司对安某某以某公司X公路改建工程B标段项目经理部印章对外签订的《机械租赁合同》《车辆租赁合同》《劳务合同书》等无异议，也不能据此认定某公司对安某某向王某某的借款应承担连带清偿责任。安某某也承认涉案借款应由其自行偿还。综上，安某某向王某某出具借条并加盖某公司X公路改建工程B标段项目经理部的印章的行为产生的法律责任应由安某某自行承担，某公司不承担给付责任。再审申请人某公司的再审理由成立，应予支持。原一审判决认定基本事实不清，处理不当，应予纠正。原二审判决认定事实虽然清楚，但适用法律错误，处理不当，亦应纠正。

裁判要旨

表象材料具有重大瑕疵而相对人没有尽到合理的注意义务，不宜认定善意无过失；相对人为从事经常性商事活动的商个人，对于其注意义务的标准，一般应当高于普通的民事主体。构成代表行为，相对人知道或者应当知道行为人必须是法人的法定代表人或其他组织的负责人，并超越了法定代表人或负责人的权限订立了合同。作为经常从事商事活动的个人，应当对刻有“对外签订合同/收据无效”字样的印章有合理的注意、审查和判断义务，应当审查有无单位的明确授权或者事后追认，在上述实践表象不具备之情形下，不能认定相对人具有善意、无过失。

关联索引

《中华人民共和国民法典》第172条（本案适用的是1999年10月1日施行的《中华人民共和国合同法》第49条）

一审：青海省西宁市城东区人民法院（2017）青0102民初605号民事判决（2017年9月20日）

二审：青海省西宁市中级人民法院（2017）青01民终1412号民事判决（2017年11月24日）

再审：青海省高级人民法院（2018）青民再48号民事判决（2018年7月3日）

廖某生诉福建某漆业有限公司、庄某忠民间借贷纠纷案

——公司进入强制清算后，债权人应依法向清算组申报债权，在清算组未对其债权进行核定前，债权人又向人民法院起诉的，人民法院不予受理

关键词：民事　民间借贷　强制清算　债权申报　驳回起诉

基本案情

2019年1月4日，福建某漆业有限公司以公司经营资金周转需要为由向廖某生借款200万元，双方约定借款利息按照月利率2%计付，借款期限三年。庄某忠作为福建某漆业有限公司的法定代表人，自愿为该借款向廖某生承担连带保证责任，担保期限为三年。借款期内，福建某漆业有限公司计付了截至2021年7月3日的利息，后续利息未再支付，借款期满后也未向廖某生履行还款义务。廖某生为此提起诉讼请求还本付息。

福建省福州市台江区人民法院于2022年6月9日作出（2022）闽0103民初2887号民事判决，福建某漆业有限公司应于本判决生效之日起10日内，向廖某生一次性偿还借款本金200万元及其利息（该利息自2021年7月4日起按照年利率15.4%计付至实际还款之日止）；庄某忠对福建某漆业有限公司所负的上述债务承担连带清偿责任。一审判决生效后，福建某漆业有限公司以原判程序违法等为由向福州市中级人民法院申请再审。福州市中级人民法院于2023年3月29日作出（2023）闽01民申25号民事裁定，提审该案。福州市中级人民法院于2023年5月29日作出（2023）闽01民再76号民事裁定：撤销福建省福州市台江区人民法院（2022）闽0103民初2887号民事判决，驳回廖某生的起诉。

裁判理由

法院生效裁判认为:《最高人民法院关于适用〈中华人民共和国公司法〉若干问题的规定(二)》(以下简称《公司法解释二》)第12条规定:"公司清算时,债权人对清算组核定的债权有异议的,可以要求清算组重新核定。清算组不予重新核定,或者债权人对重新核定的债权仍有异议,债权人以公司为被告向人民法院提起诉讼请求确认的,人民法院应予受理。"廖某生已向福建某漆业有限公司清算组申报债权,现提起诉讼不符合法律规定,应驳回起诉。

裁判要旨

1. 公司进入清算程序,债权人在向清算组申报债权后,是否仍有权以该债权向人民法院提起诉讼。《公司法解释二》第11条规定:"公司清算时,清算组应当按照公司法第一百八十六条的规定,将公司解散清算事宜书面通知全体已知债权人,并根据公司规模和营业地域范围在全国或者公司注册登记地省级有影响的报纸上进行公告。清算组未按照前款规定履行通知和公告义务,导致债权人未及时申报债权而未获清偿,债权人主张清算组成员对因此造成的损失承担赔偿责任的,人民法院应依法予以支持。"该规定是对《公司法》第186条关于清算组对债权人清算通知和公告的局限性的补充规定,最大程度上对已知债权人和未知债权人的权益作出保护规定。债权人申报债权后,如清算组对其债权进行核定确认,则该债权无须导入诉讼程序。《最高人民法院关于审理公司强制清算案件工作座谈会纪要》第31条规定,"人民法院受理强制清算申请后,就强制清算公司的权利义务产生争议的,应当向受理强制清算申请的人民法院提起诉讼,并由清算组负责人代表清算中公司参加诉讼活动。受理强制清算申请的人民法院对此类案件,可以适用民事诉讼法第三十七条和第三十九条的规定确定审理法院。"该纪要确定了向受理强制清算申请的人民法院提起诉讼的基本原则,并对相关管辖权问题作出指引。值得注意的是,上述规定关于管辖权的安排,仍应以《公司法解释二》第12条规定的债权申报为前提,不能理解为排除债权申报前置程序的安排。因此在实践中,发现债权人利用信息差等规避上述管辖权的情况,受理法院应决定不予受理,已经受理的应裁定驳回起诉。

2. 实践中,在公司强制清算前,也可能已存在部分债权人提起民事诉讼的情况。《最高人民法院关于审理公司强制清算案件工作座谈会纪要》第30条对人民法院受理强制清算申请前已经开始，人民法院受理强制清算申请时尚未审结的有关被强制清算公司的民事诉讼，由原受理法院继续审理，但应依法将原法定代表人变更为清算组负责人。按照上述纪要规定，继续审理，这既是债权申报前置程序的除外情形，也是管辖权的例外安排，符合利益均衡保护原则。

关联索引

《最高人民法院关于适用〈中华人民共和国公司法〉若干问题的规定（二）》第12条

《最高人民法院关于审理公司强制清算案件工作座谈会纪要》第31条

一审：福建省福州市台江区人民法院（2022）闽0103民初2887号民事判决（2022年6月9日）

再审：福建省福州市中级人民法院（2023）闽01民再76号民事裁定（2023年5月29日）

许某某诉谢某某民间借贷纠纷案

——本证证据应达到使法官内心确信达到高度可能性的程度才能被视为完成证明责任，而反证证据只需动摇法官对于本证所形成的内心确信，使待证事实处于真伪不明状态即可

关键词：民事诉讼　民间借贷　本证　反证　证明标准　内心确信

基本案情

许某某起诉至浙江省湖州市吴兴区人民法院称：2010年1月15日，谢某某确认结欠案外人吴某某本息共计130万元。2012年4月16日，吴某某因不能归还许某某的借款而将上述债权转让给许某某。请求判令谢某某：（1）立即归还欠款130万元，并支付自2010年1月16日起至实际清偿日止的逾期付款利息（其中计算至2012年4月20日为193830元）；（2）承担本案诉讼费用。

法院经审理查明：2007年4月16日，谢某某向吴某某借款20万元；2007

年7月29日，谢某某向吴某某借款50万元；2007年10月19日，谢某某再次向吴某某借款30万元。其间，谢某某于2007年8月17日向吴某某返还借款50万元，并支付利息2万元；于2007年10月26日向吴某某返还借款15万元，2007年10月28日向吴某某返还借款5万元。2007年11月1日，吴某某与谢某某进行结算，吴某某在印有湖州美某建筑装潢有限公司字样的纸张上书写一份结算清单（以下简称《结算清单》）交给谢某某。《结算清单》除记明每笔借款的时间外，还记明2007年7月29日所借的50万元已于同年8月17日全额返还，并收取了利息2万元；2007年10月19日所借的30万元，已于同年10月26日返还15万元、10月29日（实为10月28日）返还5万元，同时记明三笔借款所欠利息为：第一笔借款所欠利息158400元、第二笔借款所欠利息2万元、第三笔借款所欠利息12600元，合计191000元，连同所欠借款30万元，总计借款491000元。《结算清单》所载谢某某返还吴某某的借款15万元和5万元，结合谢某某提供的还款凭证，均可认定系通过银行转账的方式转入卡号为622202120500021××××的韩某的银行卡内。根据《结算清单》载明的谢某某结欠吴某某的借款利息191000元，经核算，吴某某向谢某某出借的借款月利率达12%，且吴某某将上述利息计入所欠借款本金。

2009年9月1日，谢某某按前两次还款的方式，返还吴某某借款20万元，该款转入卡号为622202120500021××××的韩某的银行卡内。2009年10月16日，谢某某再次通过银行转账方式返还吴某某20万元，该款同样转入卡号为622202120500021××××的韩某的银行卡内。

2010年1月15日，在吴某某和韩某的催讨下，谢某某与吴某某签订《协议书》一份，载明："谢某某向吴某某在2007年4月至9月间发生借款叁拾万元，协议借款利息按月息6分计息。2010年元月15日双方结算，谢某某结欠吴某某利息壹佰万元。此款自2010年元月15日起不再计息。并且双方商定谢某某在2010年4月30日前反借吴某某伍拾万元（不少于叁拾万元）也按月息6分计息。用所累计的利息抵充偿还原结欠的利息款。直到抵充完毕后，吴某某将本金返还谢某某。"协议签订后，谢某某未向吴某某出借款项。

谢某某于2010年4月9日存入卡号为622301112010055××××的韩某银行卡内10万元、于2011年2月2日转入卡号为622208120500002××××

的韩某银行卡内15000元。

韩某认可其未直接借款给谢某某，谢某某通过银行转账方式转入其银行卡内的款项均属于归还吴某某的欠款。

2012年4月16日，吴某某与许某某签订《债权转让协议》，将2010年1月15日《协议书》所涉的，对谢某某的130万元债权转让给许某某。《债权转让协议》邮寄至谢某某。

浙江省湖州市吴兴区人民法院于2012年10月17日作出（2012）湖吴商初字第318号民事判决：驳回许某某的诉讼请求。一审案件受理费18244元，由许某某负担。

浙江省湖州市中级人民法院于2013年1月24日作出（2012）浙湖商终字第419号民事判决：一、撤销吴兴区人民法院（2012）湖吴商初字第318号民事判决；二、谢某某于判决生效之日起10日内给付许某某款项本金30万元、利息174761.75元，合计474761.75元；三、驳回许某某其余诉讼请求。一审案件受理费18244元，由许某某负担12446元、谢某某负担5798元；二审案件受理费18244元，由许某某负担12446元、谢某某负担5798元。

浙江省人民检察院抗诉认为：（1）二审法院认为谢某某应提供证据证明其已归还吴某某借款本金30万元，举证责任分配错误。（2）《结算清单》所涉借款是谢某某向吴某某和韩某二人的共同借款，其中结欠的借款本金30万元及合法利息，谢某某已经归还。（三）《结算清单》所载结欠的借款本金30万元即为《协议书》记载的借款30万元。

浙江省高级人民法院于2015年7月21日作出（2015）浙民再字第16号民事判决：一、撤销湖州市中级人民法院（2012）浙湖商终字第419号民事判决；二、维持吴兴区人民法院（2012）湖吴商初字第318号民事判决；本案二审案件受理费18244元，由许某某负担。

裁判理由

法院生效裁判认为：根据双方当事人的诉辩以及抗诉机关的抗诉意见，本案双方争议为谢某某是否尚欠许某某30万元借款的本金及利息，主要涉及《协议书》所载借款30万元与《结算清单》所涉结欠的借款本金30万元的关系、谢某某是否已经清偿《结算清单》所涉借款及该借款的出借人等问题。

1. 关于《协议书》所载借款30万元与《结算清单》所涉结欠的借款本金30万元的关系问题。许某某主张《协议书》所载30万元系谢某某向吴某某的借款，为现金交付，相应借条已因《协议书》对借款重新确认而销毁，并非《结算清单》所涉结欠的借款本金30万元；谢某某则抗辩《协议书》所载的借款30万元与《结算清单》所涉结欠的借款本金30万元为同一笔款项。综合在案证据和事实，本案应认定许某某主张的事实不存在，具体理由如下：

首先，韩某关于该两笔款项关系的陈述与谢某某的事实主张一致。韩某在湖州市公安局吴兴区分局2012年5月29日对其的询问、一审法院2012年9月27日对其的调查中陈述，谢某某2010年1月15日向其出具的40万元的《借条》，以及谢某某与吴某某该日签订的《协议书》均源自《结算清单》所涉借款或欠款。在2014年3月19日湖州市人民检察院所作询问笔录及法院再审所作调查笔录中，韩某则更进一步证实，《协议书》所载30万元借款即为《结算清单》所载结欠的30万元借款本金，二者实为同一笔款项。此外，考虑到韩某一直主张其与吴某某存在资金上的合作关系，且在是否借款给谢某某的问题上与吴某某意见不一，韩某在一审法院2012年9月27日对其调查中有关"《结算清单》所涉借款是吴某某与谢某某之间的借款且与其无关"的陈述，更多的是针对其与吴某某二人内部的结算而言，其之后调查中所称谢某某系向韩某、吴某某二人共同借款则更多的是立足于二人对外关系的角度而言，二者看似矛盾，但不存在根本性的冲突。

韩某既是案涉款项出借、结算的亲历者，又与双方当事人有直接或间接的利害关系，其相关陈述具有两面性，客观性、真实性应当予以辩证地分析。根据相关刑事判决认定事实，韩某系2011年9月6日到公安机关投案自首归案，并非许某某所称的由于吴某某报案而归案。且在案相关调查均在韩某2011年9月6日被刑事拘留之后，韩某客观上与谢某某串通而作虚假陈述的可能性极小。加之，韩某历次调查中陈述的事实基本一致，且能够与在案其他相关事实和证据相互印证，故韩某陈述的证明力相对较高。

其次，两笔款项在形式上具有为同一笔款项的高度可能性。《协议书》记载谢某某向吴某某借款的发生期间为2007年4月至9月，与《结算清单》所载的三笔借款发生期间2007年4月至10月高度吻合；所涉借款金额30万元与《结算清单》记载的结欠借款本金金额相同。虽然《结算清单》所涉30万元是结算之后的结欠借款本金金额，《协议书》记载的30万元为借款发生金额，二者款项性质看似不完全相符，但结合《结算清单》本身即将结欠借款本金30万元与利息191000元一并计为谢某某借款491000元的事实，《协议书》将该30万元结欠借款本金表述为30万元借款，并不明显违背常理。

再次，许某某提供的证据尚不足以充分证明其事实主张。许某某就其主张提供了《协议书》、吴某某的陈述等证据。但其一，许某某有关吴某某出借谢某某的30万元系现金交付、原借条因《协议书》对借款重新确认而销毁的事实主张，仅有吴某某的相关陈述，未提供其他证据证明，而抗诉机关再审出示证据证明的事实又进一步削弱了该陈述的证明力。其二，《协议书》约定吴某某在抵充谢某某欠其的利息后，仍需返还向谢某某反借的50万元借款本金，这与许某某主张谢某某尚欠吴某某30万元借款本金的事实，亦不相互协调。其三，吴某某原审中对于《协议书》所载谢某某向其借款30万元的期间2007年4月至9月并未提出异议，但再审中却主张在《结算清单》所涉借款期间2007年4月至10月之间；而就《协议书》所涉100万元利息的由来，吴某某原审中主张系谢某某向其借款30万元所产生的利息，但在湖州市公安局吴兴区分局2012年5月15日的询问笔录及法院再审调查中又均称系《结算清单》所涉谢某某结欠韩某款项产生的利息，吴某某上述陈述反复不一，且未有合理解释，证明力较低。其四，吴某某再审主张其垫付谢某某所欠韩某100万元利息后取得对谢某某100万元利息的债权，同时考虑到谢某某的偿付能力，主动放弃了自己出借谢某某30万元款项截至2010年年初利滚利计算高达二三百万元的利息，不仅没有证据佐证，也有悖常理。其五，谢某2010年1月15日重新向韩某出具的《借条》只载明借款40万元，未约定结欠利息，而同日与吴某某签订的《协议书》只约定结欠100万元利息，未约定归还30万元借款本金，基于此，谢某某主张上述《借条》记载的40万元和《协议书》所涉的100万元，分别为《结算清单》所涉欠款（含部分利息）与高额利息，符合情理，可信度更高。

最后，退一步讲，即使考虑韩某与吴某某的利害关系、《协议书》与《结算清单》各自记载的30万元款项性质不相符等因素，本案不能认定谢某某主张的事实存在，依据举证证明责任的分配规则，也应当认定许某某主张的事实不存在。根据《最高人民法院关于适用（中华人民共和国民事诉讼法）的解释》第91条第1项的规定，本案许某某主张吴某某与谢某某之间存在30万元的借款关系，应当对产生该法律关系的基本事实承担举证证明责任，谢某某对此不负举证证明责任。法律对本证与反证的证明程度要求不同。对上述待证事实负有举证责任的许某某提供的本证证据应达到使法官内心确信达到高度可能性的程度才能被视为完成证明责任，而谢某某为反驳许某某的事实主张提供的反证证据只需动摇法官对于本证所形成的内心确信，使待证事实处于真伪不明状态即可。谢某某提供的《结算清单》、韩某的陈述等相反证据，与《协议书》等在案证据能够相互印证，相关事实主张解释合理，足以动摇许某某提供的《协议书》等本证所形成的内心确信，至少使得许某某主张的借款事实处于真伪不明的状态。根据《最高人民法院关于适用〈中华人民共和国民事诉讼法〉的解释》第108条第2款的规定，对一方当事人为反驳负有举证证明责任的当事人所主张事实而提供的证据，人民法院经审查并结合相关事实，认为待证事实真伪不明的，应当认定该事实不存在，故本案应认定许某某主张的借款事实不存在。

2.谢某某是否已经清偿《结算清单》所涉借款问题。首先，许某某二审提交的谢某某2010年1月15日向韩某出具的《借条》所涉40万元借款、2012年韩某向谢某某寄送的《债权转让通知》所涉40万元债权，均源自《结算清单》所涉借款，而谢某某与韩某也一致陈述，双方之间除《结算清单》所涉借款外无其他借款，故现有证据不能证明谢某某与韩某之间除《结算清单》所涉借款外，还存在其他借款。因此，谢某某转入韩某银行卡内的款项均应认定系归还《结算清单》所涉借款。

其次，本案双方当事人虽然对《协议书》所载30万元借款的来源及是否归还存有争议，但均主张其中的100万元系《结算清单》所涉借款产生的利息。根据《结算清单》记载，谢某某2007年4月16日、7月29日、10月19日分别借款20万元、50万元、30万元，共计100万元，截至2007年11月1日，谢某某尚欠借款本金30万元，尚欠利息按每天40元，即月息12%计为191000元。显然，双方结算的利率超出了银行同期同档贷款基准利率的4倍。根据相关法律规定，上述借款中2007年11月1日之前已经归还的利息，视为谢某某自愿给付，不予干预，对结欠的30万元借款本金及银行同期同档贷款基准利率四倍的利息予以支持，超出部分的利息不予保护。

最后，经查，2007年11月1日后，谢某某共计存入或转入韩某银行卡内的款项为：2009年9月1日20万元、2009年10月16日20万元、2010年4月9日10万元、2011年2月2日15000元，共计515000元。经核算，即使不考虑谢某某每次归还款项对利息计算基数的影响及《协议书》关于借款利息计算至2010年1月15日的约定，谢某某上述已归还的款项金额515000元，与30万元借款本金和自2007年11月1日起至2011年2月2日止，以30万元借款本金为基数，按照银行短期贷款基准利率四倍计算的利息的本息合计金额也基本相当，据此，谢某某主张已经归还《结算清单》所涉借款及合法利息，予以支持。

至于《结算清单》所涉借款的出借人，双方当事人主张不一。许某某主张系谢某某与韩某之间的借款，与吴某某无关，自然无权对该借款主张权利，而即便吴某某系该借款的出借人或出借人之一，因谢某某已经还清该借款及合法利息，许某某就该借款主张谢某某承担还款责任，也无法予以支持。

裁判要旨

法律对本证与反证的证明程度要求不同，本证证据应达到使法官内心确信达到高度可能性的程度才能被视为完成证明责任，而反证证据只需动摇法官对于本证所形成的内心确信，使待证事实处于真伪不明状态即可。

关联索引

《中华人民共和国民法典》第674条、第675条、第680条（本案适用的是2007年10月1日施行的《中华人民共和国合同法》第205条、第206条、第211条）

《最高人民法院关于适用〈中华人民共和国民事诉讼法〉的解释》第108条

一审：浙江省湖州市吴兴区人民法院（2012）湖吴商初字第318号民事判决（2012年10月17日）

二审：浙江省湖州市中级人民法院（2012）浙湖商终字第419号民事判决（2013年1月24日）

再审：浙江省高级人民法院（2015）浙民再字第16号民事判决（2015年7月21日）

马某诉北京某投资中心、北京某管理公司民间借贷纠纷案

——合同约定的仲裁条款对合同之外的当事人不具有约束力

关键词：民事　民间借贷　仲裁条款　连带责任　约束力

基本案情

原告马某以借款未还为由起诉请求：(1)判令北京某投资中心(有限合伙)归还借款70万元；(2)判令北京某投资中心(有限合伙)支付利息282333.33元(自2016年2月4日起至2019年11月4日)，并继续支付利息直至实际偿付完毕之日止(以70万元为基数，按年利率11%计算)；(3)判令北京某管理公司对上述全部债务承担连带责任；(4)本案诉讼费由被告承担。

被告北京某投资中心(有限合伙)、北京某管理公司辩称：第一，本案的法律关系为合伙关系而非民间借贷关系，马某主张退还借款不成立。第二，本案应当是合伙纠纷，在合伙纠纷之中，马某与北京某管理公司和北京某投资中心分别是两个法律事实和两个法律关系，马某对北京某管理公司和北京某投资中心的起诉不构成共同诉讼，所以不符合合并审理的条件。马某与北京某管理公司在合伙协议中争议解决方式为仲裁约定的情况下，本案不应由人民法院管辖。

法院经审理查明：2014年2月22日，马某与北京某管理公司签订《北京某投资中心(有限合伙)入伙协议》，约定马某出资70万元入伙北京某投资中心成为有限合伙人。同日，马某通过账户汇入北京某投资中心账户70万元。2014年3月7日，北京某管理公司向马某出具《君富·绩优虹基保定东湖天地城中村改造投资基金成立通知书》，约定马某认购该公司推出的君富·绩优虹基保定东湖天地城中村改造投资基金，基金于2014年3月7日成立，认购金额70万元，预期年化收益率11%，投资期限18个月。自2014年9月9日起至2016年2月3日止，北京某投资中心通过北京中恒华物投资中心(被告称该中心系北京某管理公司旗下合伙企业)银行账户分3笔向马某

转款合计 142622.98 元。对上述款项，马某称系北京某投资中心支付的利息。现马某诉至法院，要求北京某管理公司、北京某投资中心偿还上述款项并支付利息。另，本案审理过程中，马某于 2020 年 4 月 3 日向北京仲裁委员会递交仲裁申请书，同日该委出具《仲裁通知》，述："经审查，……你方并未提交与北京某投资中心（有限合伙）签署的任何仲裁协议。故，本会不接收你方对北京某投资中心（有限合伙）提出的仲裁申请材料……"马某称，北京某投资中心（有限合伙）应对本案借款承担偿还责任，但仲裁机构对此不予受理，因此提起诉讼。

河北省石家庄市桥西区人民法院于 2020 年 5 月 27 日作出（2020）冀 0104 民初 1632 号民事判决：一、北京某管理公司于本判决生效之日 10 日内偿还马某借款本金 70 万元及利息（自 2016 年 2 月 4 日起至付清之日止，按年利率 11% 计算）；二、北京某投资中心（有限合伙）对上述借款及利息承担连带责任。宣判后，北京某管理公司不服，提出上诉。河北省石家庄市中级人民法院于 2020 年 9 月 28 日作出（2020）冀 01 民终 7621 号民事裁定：一、撤销河北省石家庄市桥西区人民法院（2020）冀 0104 民初 1632 号民事判决；二、驳回马某的起诉。马某不服申请再审。河北省高级人民法院指令河北省石家庄市中级人民法院再审本案。河北省石家庄市中级人民法院于 2022 年 6 月 23 日作出（2022）冀 01 民再 70 号民事判决：一、撤销该院（2020）冀 01 民终 7621 号民事裁定及河北省石家庄市桥西区人民法院（2020）冀 0104 民初 1632 号民事判决；二、北京某投资中心（有限合伙）于本判决生效之日起 10 日内偿还马某借款本金 70 万元及利息（自 2016 年 2 月 4 日起至付清之日止，按年利率 11% 计算）。三、北京某管理公司对上述第二项借款及利息承担连带责任。

裁判理由

法院生效裁判认为：

1. 本案法院有无管辖权。根据法律规定，有限合伙企业由普通合伙人和有限合伙人组成，普通合伙人对合伙企业债务承担无限连带责任，有限合伙人以其认缴的出资额为限对合伙企业债务承担责任。马某起诉主张北京某管理公司作为北京某投资中心的普通合伙人，对本案债务承担连带责任，由于北京某投资中心与马某没有对管辖约定仲裁条款，马某要求北京某投资中心归还款项的诉讼请求应当由人民法院管辖。虽然马某与北京某管理公司对管辖约定了仲裁条款，但由于马某起诉主张的连带性，以及马某以北京某投资中心作为第一被告、第一还款人，北京某管理公司作为普通合伙人依照《合伙企业法》承担连带责任，故一审法院在没有仲裁条款约定的北京某投资中心作为共同被告之一的情形下，对本案进行审理并无不妥。

2. 本案法律关系的性质。根据《合伙企业法》第 9 条“申请设立合伙企业，应当向企业登记机关提交登记申请书、合伙协议书、合伙人身份证明等文件”、第 13 条“合伙企业登记事项发生变更的，执行合伙事务的合伙人应当自作出变更决定或者发生变更事由之日起十五日内，向企业登记机关申请办理变更登记”的规定，合伙人身份信息作为合伙企业登记的重要事项，应当在发生变更事由之日起 15 日内办理变更登记，而被申请人认为双方系合伙关系，但未对其认为的合伙人马某进行工商登记，也未提交有马某参加的合伙人会议记录等马某作为合伙人应有的相关权利行使的证据，反而在 2014 年 3 月 7 日《成立通知书》上载明的预期年化收益率为 11%，系固定利率。故本案被申请人系以入伙为名，实际成立借贷法律关系。

3. 本案民事责任如何承担。北京某投资中心、北京某管理公司在再审庭审中均认可北京某管理公司为北京某投资中心的普通合伙人，普通合伙人对合伙企业债务应承担无限连带责任。再审申请人与北京某投资中心签订的《有限合伙协议》第 10.1.2 条约定“全体有限合伙人在此不可撤销地同意授权普通合伙人，在新有限合伙人入伙时，代表全体合伙人与新有限合伙人签署入伙协议”。北京某管理公司作为北京某投资中心的普通合伙人和执行事务合伙人，其向马某签发《成立通知书》和签署《入伙协议》的法律后果均由北京某投资中心承担。本案借款汇入北京某投资中心账户，北京某投资中心作为合伙企业应当承担返还本息的义务，一审认定本金数额及利息、利率事实清楚。北京某管理公司作为北京某投资中心的普通合伙人，依法对北京某投资中心的前述债务承担连带责任。一审判决列还款责任主体不当，适用法律存在瑕疵，予以纠正。

裁判要旨

合同约定的仲裁条款对合同之外的当事人不具有约束力。债权人起诉合伙企业偿还借款，并诉请普通合伙人承担连带责任的，普通合伙人以其与债权人之间约定了仲裁条款为由，主张案件不属于人民法院受理案件范围的，人民法院不予支持。

关联索引

《中华人民共和国仲裁法》第5条

《中华人民共和国合伙企业法》第2条、第9条、第13条

一审：河北省石家庄市桥西区人民法院（2020）冀0104民初1632号民事判决（2020年5月27日）

二审：河北省石家庄市中级人民法院（2020）冀01民终7621号民事裁定（2020年9月28日）

再审：河北省石家庄市中级人民法院（2022）冀01民再70号民事判决（2022年6月23日）

刘某某诉蒋某甲、常州某公司等民间借贷纠纷案

——一人公司股东责任的认定

关键词：民事　民间借贷　一人公司　举证责任倒置　连带偿还责任

基本案情

原告刘某某以蒋某甲、罗某某、蒋某乙、蒋某丙、常州某公司、江苏某公司欠款不还为由起诉请求：（1）判令上述六被告立即偿还所欠刘某某的本金80万元及利息19万元（截至2016年5月7日，含2015年利息10万元），合计本息99万元，并支付2016年5月8日起至全部欠款实际付清之日止的利息（按年利率12.5%计算）；（2）判令六被告支付违约金10万元；（3）判令六被告共同承担债务连带偿还责任；（4）判令六被告承担本案诉讼费14790元、公告费820元。

蒋某甲、罗某某、蒋某乙、蒋某丙、常州某公司、江苏某公司未到庭参加诉讼，亦未提交书面意见。

法院经审理查明：2011年8月5日，江苏某公司（甲方）与刘某某（乙方）签署借款协议，约定内容为："第一条乙方将自有资金100万元借给甲

方。第二条借款金额和期限：1. 借款金额：人民币 100 万元整。2. 借款期限：自 2011 年 8 月 5 日至 2016 年 8 月 6 日。第三条双方权利及义务：1. 乙方需在 2011 年 8 月 8 日前将资金打入甲方指定账户。2. 利息约定：甲方收到乙方资金的当日开始计算利息。年息 10%。3. 利息支付方式：甲方在借款 1 年到期日的当日一次性将利息打入乙方指定账户。第四条其他：1. 本合同如有未尽事宜，须经合同各方当事人协商，作出补充规定，补充规定与本合同具有同等效力。2. 本合同一式两份，甲方、乙方各执一份，具有同等法律效力。”该协议尾部甲方（签字）处有常州某公司印鉴签章与蒋某甲签字，乙方（签字）处有刘某某签字。

2011 年 8 月 6 日，刘某某向罗某某银行账户汇款 100 万元。2011 年 8 月 8 日，常州某公司出具收据，内容为：“交款单位刘某某，收款方式转账，人民币（大写）壹佰万元整，收款事由借款。”

另查明，蒋某甲与罗某某系夫妻关系，蒋某乙和蒋某丙系二人之子女。在借款协议（证据一）签订时，蒋某乙为常州某公司法定代表人，该公司类型为有限责任公司（自然人独资）。2014 年 7 月 3 日，该公司法定代表人由蒋某乙变更为蒋某丙。蒋某甲现为江苏某公司法定代表人，江苏某公司企业类型为有限责任公司（自然人独资），股东为蒋某甲。

庭审中，刘某某自认，借款已经偿还 20 万元，现尚欠本金 80 万元未偿还。2014 年 8 月 14 日，罗某某向刘某某转账偿还 10 万元借款利息。

北京市西城区人民法院于 2016 年 9 月 27 日作出（2016）京 0102 民初 5078 号民事判决：一、常州某公司于本判决生效后 7 日内偿还刘某某借款本金 80 万元；二、常州某公司于本判决生效后 7 日内向刘某某支付 2014 年 8 月 8 日至 2016 年 5 月 7 日的利息 139835.62 元；三、驳回刘某某其他诉讼请求。宣判后，刘某某未提起上诉。后刘某某向北京市第二中级人民法院申请再审。北京市第二中级人民法院裁定提审本案并于 2018 年 5 月 4 日作出（2018）京 02 民再 81 号民事裁定：撤销（2016）京 0102 民初 5078 号民事判决，将本案发回重审。北京市西城区人民法院经重审后，于 2020 年 7 月 10 日作出（2018）京 0102 民初 46980 号民事判决：一、常州某公司、蒋某甲、罗某某、蒋某乙、蒋某丙于本判决生效后 7 日内偿还刘某某借款本金 80 万元；二、常州某公司、蒋某甲、罗某某、蒋某乙、蒋某丙于本判决生效后 7

日内向刘某某支付2014年8月8日至实际给付之日止的利息（按本金80万元、年利率10%计算）；三、驳回刘某某其他诉讼请求。刘某某不服提起上诉，北京市第二中级人民法院于2020年12月23日作出（2020）京02民再151号民事判决：驳回上诉，维持原判。

裁判理由

法院生效裁判认为：本案争议焦点有：被告及责任认定、借款本金和利息认定、违约金应否支持等问题。

1.关于被告主体及其责任认定。本案中，虽然2011年8月5日的借款协议首部写明甲方为“江苏某公司”，但该协议尾部却仅盖有常州某公司公章，且根据已经查明的工商登记资料，刘某某所诉的江苏某公司从未注册登记过“江苏某公司”的企业名称。因此，不能仅凭借款协议内容确定江苏某公司为实际借款人。刘某某以江苏某公司为共同借款人，并要求其承担还款责任，缺乏依据，不予认定。

从借款协议的形式要件上看，常州某公司在借款协议上加盖了公章，蒋某甲在借款协议上签字，其后，刘某某按照蒋某甲的指示将借款转入蒋某甲之妻罗某某的个人账户并由常州某公司出具了收据。虽然蒋某甲在借款协议签订之时并非常州某公司的法定代表人，但蒋某甲在借款合同甲方一栏签字，且本案所涉借款根据其指示汇入其妻罗某某的个人账户，故法院认定，常州某公司和蒋某甲应为合同借款人，刘某某与常州某公司、蒋某甲已形成民间借贷关系。现刘某某诉请常州某公司、蒋某甲承担共同还款责任，符合相关法律规定，应予支持。

刘某某要求罗某某承担共同还款责任，虽未提供直接证据证明其与罗某某存在借款合意，但所涉借款实际转入罗某某个人账户，而罗某某与蒋某甲系夫妻关系。根据相关法律规定，债权人就婚姻关系存续期间夫妻一方以个人名义所负债务主张权利的，应当按夫妻共同债务处理。刘某某作为债权人向蒋某甲主张清偿的债务发生于蒋某甲和罗某某夫妻关系存续期间，罗某某未到庭参与诉讼，亦未向该院提交证据证明刘某某与蒋某甲明确约定该笔借款为个人债务或属于《婚姻法》第19条第3款规定的情形，且结合2014年8月14日罗某某向刘某某账户转入10万元利息款的事实，可以认定罗某某知晓蒋某甲所负本案债务的事实，并同意偿还。因此，蒋某甲在本案中所负债务应当视为罗某某与蒋某甲的共同债务。综上，罗某某为本案适格的被告主体，该院对刘某某要求罗某某承担连带还款责任的诉讼请求予以支持。

刘某某诉请蒋某乙和蒋某丙承担共同还款责任，虽未能证明其与蒋某乙和蒋某丙个人存在借款合意，提供的包括有蒋某甲、罗某某、蒋某乙和常州某公司一方的借款补充协议（证据五）上亦无蒋某乙个人签字。但根据工商档案材料，常州某公司为自然人独资企业，属于一人有限责任公司。在借款协议签订时，蒋某乙系常州某公司的法定代表人，2014 年 7 月 3 日，该公司法定代表人由蒋某乙变更为蒋某丙。在蒋某丙经营常州某公司期间，刘某某收取罗某某支付的借款利息 10 万元。按照我国《公司法》的相关规定，一人有限责任公司的股东不能证明公司财产独立于股东自己的财产的，应当对公司债务承担连带责任。本案审理中，蒋某乙和蒋某丙经合法传唤均未到庭应诉答辩。现刘某某依据相关法律规定，要求蒋某乙和蒋某丙承担共同还款责任，符合相关法律规定，应予支持。

2. 关于借款本金和利息的认定。庭审中，刘某某陈述，其与蒋某甲口头约定在 2013 年 8 月 8 日前终止原借款协议。其后蒋某甲偿还借款 20 万元，罗某某于 2014 年 8 月 14 日给付 2013 年 8 月 8 日至 2014 年 8 月 7 日期间的利息 10 万元（按年利率 12.5% 计算），至今仍有 80 万元本金未还。对于刘某某所述的被告欠款本金 80 万元之事实，该院予以确认。

对于刘某某要求支付复利的诉讼请求，因双方签订的借款协议未约定复利的问题，双方亦未重新出具新的债权凭证将已经产生但未支付的利息确定为本金，故对于刘某某要求支付复利的诉讼请求不予支持。在借款协议中，载明的利息为“10%”，刘某某要求按照 2014 年 2 月 19 日借款补充协议约定的年利率 12.5% 支付利息，但该份借款补充协议的真实性不能予以认定。对于刘某某已收取的 10 万元利息可视为 2014 年 8 月 8 日前双方约定的利息。刘某某要求支付 80 万元本金在 2014 年 8 月 8 日至 2015 年 8 月 7 日期间产生的利息以及 2015 年 8 月 8 日至实际给付之日止的利息均应按照 10% 年利率标准计算。

3. 关于违约金应否支持的问题。刘某某依据借款补充协议（证据四）中第 4 条的约定要求常州某公司、蒋某甲等被告支付违约金 10 万元。鉴于该份借款补充协议不符合法律规定的证据形式，且协议内容不能被其他真实合法的证据予以印证，故该补充协议不能认定为有效证据。对于刘某某该项诉讼请求，依据不足，不予支持。

裁判要旨

一人公司股东如不能证明公司财产独立于股东自己的财产的，需对公司债务承担连带责任。债权人以一人公司的股东与公司存在财产混同为由起诉要求股东对公司债务承担连带责任，应实行举证责任倒置，由被告股东对个人财产与公司财产之间不存在混同承担举证责任。股东经合法传唤未到庭应诉应承担不利后果。

关联索引

《中华人民共和国民法典》第465条、第667条、第675条、第676条（本案适用是的1999年10月1日施行《中华人民共和国合同法》第8条、第196条、第206条、第207条）

《中华人民共和国公司法》第63条

《最高人民法院关于审理民间借贷案件适用法律若干问题的规定》第26条

一审：北京市西城区人民法院（2016）京0102民初5078号民事判决（2016年9月27日）

再审一审：北京市西城区人民法院（2018）京0102民初46980号民事判决（2020年7月10日）

再审二审：北京市第二中级人民法院（2020）京02民再151号民事判决（2020年12月23日）

汤某某诉王某甲等民间借贷纠纷案

——因诉讼发生的合理律师费不属于民间借贷法定利率保护上限中的其他费用

关键词：民事　民间借贷　律师费　法定利率保护上限　实现债权的费用

基本案情

出借人汤某某与借款人王某甲在案涉借款合同中均明确约定借款人自逾期之日起至借款全部清偿前止，应承担借款本金、所欠利息、诉讼费、执行费、公证费、律师费等实现债权的一切费用。双方在借款过程中，将多份借款合同和还款协议进行公证。汤某某向王某甲给付借款后，王某甲未如约偿付全部本息。汤某某因此委托律师诉至法院，提出王某甲应给付案涉本息及律师费等多项诉请。王某甲认为律师费已超过法定保护利率上限，不应予以支持。

新疆维吾尔自治区乌鲁木齐市中级人民法院于2019年9月23日作出（2019）新01民初123号民事判决：一、被告王某甲于本判决生效之日起10日内向原告汤某某偿还借款本金20450079元及支付借款利息5649425元；二、被告王某甲向原告汤某某支付以借款本金17556658元，按月利率2%计算，自2019年3月30日起至债务全部清偿完毕之日止期间的利息；三、被告王某甲于本判决生效之日起10日内向原告汤某某支付律师费53万元；四、被告新疆某房地产开发有限公司对上述第一项、第二项、第三项被告王某甲所负债务向原告汤某某承担连带清偿责任；五、被告王某丙就被告王某甲对原告汤某某所负债务350万元及利息承担连带清偿责任；六、驳回原告汤某某的其他诉讼请求。王某甲不服，提起上诉。新疆维吾尔自治区高级人民法院于2020年5月30日作出（2020）新民终75号民事判决：驳回上诉，维持原判。王某甲不服，向最高人民法院申请再审。最高人民法院于2021年4月21日作出（2021）最高法民申1140号民事裁定：驳回王某甲的再审申请。

裁判理由

法院生效裁判认为：本案系再审审查案件，应当依据再审申请人的申请再审事由及《民事诉讼法》第200条的规定进行审查。经审查，王某甲的再审事由均不成立，理由如下：

1. 关于王某甲在申请再审程序中提交的新证据是否足以推翻原审判决的问题。经审查，王某甲提交的5份证据均系在原审庭审结束前已经存在，其逾期提交的理由为“因误作其他用途遗漏提供”，不属于因客观原因无法取得或者在规定的期限内不能提供的证据。此外，王某甲提交的证据均为复印件，证明力较低，无法证明案件基本事实，无法推翻原审判决依据各方当事人在原审诉讼中的举证质证情况认定的事实，且上述证据不符合《最高人民法院关于适用〈中华人民共和国民事诉讼法〉的解释》第388条规定的新证据情形。故王某甲的该项再审请求不符合《民事诉讼法》第200条第1项规定的再审情形，法院不予支持。

2. 关于王某甲2014年6月5日转账给汤某某的270万元是否属于归还的借款本息的问题。在原审中，王某甲主张与汤某某2014年6月5日至6月7日之间的汇款是为了形成借款合同而制造的虚假流水，与王某甲申请再审中主张6月5日转账给汤某某的270万元是归还本案所涉借款的理由前后矛盾。王某甲未能提供新的证据推翻其在原审中的陈述。根据《最高人民法院关于适用〈中华人民共和国民事诉讼法〉的解释》第108条第2款关于“对一方当事人为反驳负有举证证明责任的当事人所主张事实而提供的证据，人民法院经审查并结合相关事实，认为待证事实真伪不明的，应当认定该事实不存在”的规定，王某甲2014年6月5日是否偿还案涉本息270万元的待证事实真伪不明，王某甲应承担举证不能的不利后果。故对王某甲关于2014年6月5日转账给汤某某的270万元是案涉借款本息的请求，法院不予支持。

3. 关于王某甲转给王某乙的款项是否属于归还的借款本息的问题。在原审中，王某甲主张转账给王某乙的款项是偿还汤某某的借款本息，汤某某对此不认可，王某乙在原审中出庭作证称王某甲给付的款项不是偿还汤某某的借款。根据《民事诉讼法》第64条第1款和《最高人民法院关于适用〈中华人民共和国民事诉讼法〉的解释》第90条的规定，王某甲未能提供证据证实给付王某乙款项与偿还汤某某借款本息的关联性，无法证实其主张成立，应承担举证不能的不利后果。故对王某甲关于转给王某乙的款项是归还借款本息并应抵扣本金的请求，法院不予支持。

4. 关于律师费 53 万元是否应由王某甲承担的问题。王某甲未提交足以证明汤某某是职业放贷人的证据，故对王某甲据此认为借款合同无效的主张，法院不予支持。依据《最高人民法院关于审理民间借贷案件适用法律若干问题的规定》第 30 条关于“出借人与借款人既约定了逾期利率，又约定了违约金或者其他费用，出借人可以选择主张逾期利息、违约金或者其他费用，也可以一并主张，但总计超过年利率 24% 的部分，人民法院不予支持”的规定，其他费用在性质上属于借款人为获得借款支付的成本或支出。而律师费等实现债权的费用系因借款人未按照约定偿还借款，导致债权人产生的费用支出和损失，非债权人基于借款合同所直接获得的金钱利益，不属于其他费用的范围。故原判决依据借款合同约定认为王某甲应承担律师费 53 万元，不存在适用法律错误的情形。

裁判要旨

在民间借贷纠纷中，出借人和借款人在借款合同中约定借款人应支付的服务费、咨询费、管理费等其他费用，实质是借款人为获得借款支付的成本，性质上与利率无异，故应将其和逾期利息、违约金一并审查，防止当事人变相规避利率保护上限的规定，非法获取高息。而合同约定，如律师费、诉讼费用等，是出借人因借款人未按照约定偿还借款，为维护自身合法权益进行诉讼而产生的支出和损失，不属于出借人因此获得的金钱利益，如借款人如约履行还款义务，并非必然发生，也不属于借款人为获得借款而支付的成本。因此，不应将律师费等因诉讼产生的必要合理支出归入其他费用范畴。当事人在本案中未对律师费金额是否合理提出主张，实践中应结合律师收费标准和当地实际，以及出借人因委托律师获得的利益等因素，综合确定合理的律师费数额。

关联索引

《最高人民法院关于审理民间借贷案件适用法律若干问题的规定》第 29 条（本案适用的是 2015 年 9 月 1 日施行的《最高人民法院关于审理民间借贷案件适用法律若干问题的规定》第 30 条）

《中华人民共和国民事诉讼法》第 67 条、第 211 条第 1 项、第 2 项、第 6

项（本案适用的是2017年7月1日施行的《中华人民共和国民事诉讼法》第64条，第200条第1项、第2项、第6项）

《最高人民法院关于适用〈中华人民共和国民事诉讼法〉的解释》第90条、第108条第2款、第386条、第393条第2款（本案适用的是2021年1月1日施行的《最高人民法院关于适用〈中华人民共和国民事诉讼法〉的解释》第90条、第108条第2款、第388条、第395条第2款）

一审：新疆维吾尔自治区乌鲁木齐市中级人民法院（2019）新01民初123号民事判决（2019年9月23日）

二审：新疆维吾尔自治区高级人民法院（2020）新民终75号民事判决（2020年5月30日）

再审：最高人民法院（2021）最高法民申1140号民事裁定（2021年4月21日）

林某能诉林某川、刘某芳民间借贷纠纷案

——在民间借贷案件审理中，借款人对借贷的真实性有异议的，不能仅凭借据、收据等，简单认定借贷关系及其内容

关键词：民事　民间借贷　借贷真实性　借据　收据　出借人　借款人

基本案情

林某能诉称林某川与刘某芳在夫妻关系存续期间，林某川以经营需要为由，于2014年8月20日以现金形式向林某能借款350万元，约定月利率3%，没有约定还款期限，并立下借据1份。后经林某能多次催讨，至今未还分文，请求判令林某川、刘某芳偿还350万元借款本息及其利息。

林某川与刘某芳原系夫妻关系，2015年4月15日，两人经人民法院调解离婚。林某川曾于2014年8月20日出具《借据》1份，载明：本人林某川，因经营需要，兹向出借人林某能借款并收到现金人民币叁佰伍拾万元（小写￥3500000元），月利息3分，利息计算至还清所有借款为止。保证人泉州富某特石业有限公司（以下简称富某特公司）（盖章）自愿为借款人的债务偿还提供保证担保，承担债务偿还的连带责任。双方约定，借款人未能偿还借款

本息，出借人可向出借人户籍所在地法院提起诉讼，特立此据。借款人：林某川（签字捺指印）。法人代表：林某川（签字捺指印）2014 年 8 月 20 日。保证人：富某特公司（盖章）2014 年 8 月 20 日。

福建省惠安县人民法院于 2016 年 4 月 10 日作出（2015）惠民初字第 8688 号民事判决：林某川、刘某芳应偿还林某能借款 350 万元，并按月利率 2% 计付自 2014 年 8 月 20 日起至还款之日止的利息。林某川、刘某芳不服，提起上诉。福建省泉州市中级人民法院于 2016 年 11 月 11 日作出（2016）闽 05 民终 3884 号民事判决：驳回上诉，维持原判。刘某芳不服该判决，向检察机关申诉，福建省高级人民法院于 2022 年 10 月 28 日作出（2022）闽民抗 42 号民事裁定，提审本案，并于 2023 年 3 月 22 日作出（2023）闽民再 102 民事判决：撤销一、二审判决，驳回林某能诉讼请求。

裁判理由

法院生效裁判认为：虽然借贷双方对案涉借据形式上的真实性并无异议，但根据人民检察院分别对林某能、张某某所作的询问笔录以及公安机关的起诉意见书中关于林某能并未向林某川支付讼争借款，原审证人张某某系受李某某指使作虚假证言的内容，并结合林某能的答辩意见内容，足以证明林某能并未根据案涉借据的约定向林某川支付讼争借款，原审证人李某某、张某某关于林某能以现金形式向林某川支付 350 万元借款的证言与事实不符，故原审认定林某川收到讼争借款 350 万元并判决林某川、刘某芳共同予以偿还不当，应予纠正。据此，裁定撤销一、二审判决，驳回林某能诉讼请求。

裁判要旨

在民间借贷案件审理中，对于存在借贷关系及借贷内容等事实，出借人应承担举证责任；对已经归还借款的事实，借款人应承担举证责任。对形式有瑕疵的“欠条”或“收条”等，应结合其他证据认定是否存在借贷关系。借款人对借贷的真实性有异议的，不能仅凭借据、收据、欠条等，认定借贷关系的发生以及借贷关系的内容，应从各证据与案件事实的关联程度、各证据之间的联系等方面进行综合审查，结合借款债务形成的具体经过、交付凭证、交易习惯、资金流向以及当事人陈述等因素综合判断是否存在真实的借贷关系。

关联索引

《最高人民法院关于审理民间借贷案件适用法律若干问题的规定》第15条

一审：福建省惠安县人民法院（2015）惠民初字第8688号民事判决（2016年4月10日）

二审：福建省泉州市中级人民法院（2016）闽05民终3884号民事判决（2016年11月11日）

再审：福建省高级人民法院（2023）闽民再102号民事判决（2023年3月22日）

李某某诉孙某某、彭某、北京某科技公司民间借贷纠纷案

——第三人未经披露时委托人行使介入权的条件

关键词：民事　民间借贷　委托合同　委托人　第三人　介入权

基本案情

李某某诉至法院请求判令：（1）孙某某偿还李某某借款本金200万元；（2）孙某某偿还李某某借款利息（以200万元为基数，自2018年5月29日起至2018年12月31日止，按照年利率12.5%计算；自2019年1月1日起至实际还款之日止，按照年利率15%计算）；（3）孙某某支付李某某逾期还款的滞纳金（以200万元为基数，自2019年1月1日起至实际还款之日止，按照年利率21%计算）；（4）判令彭某对上述债务承担连带责任；（5）判令北京某科技公司对上述债务承担连带担保责任。

法院经审理查明：2018年，李某某委托彭某向孙某某出借款项。后彭某以自己的名义与孙某某签订《民间借款合同》，约定：孙某某向彭某借款200万元，借款期限自2018年5月29日起至2018年12月31日止，借款期限内的年利率为12.5%，孙某某用F房屋抵押给彭某，超出规定还款时间滞纳金每日按到期总额的万分之八计算，并约定北京某科技公司对孙某某关于本合同的借款承担不可撤销连带担保责任。李某某于2018年5月30日、2018年

7月11日通过其账户向彭某账户分别汇款150万元及50万元，同日，彭某将上述款项转给孙某某。2019年3月起，李某某多次向孙某某发送短信催款，孙某某一直接受李某某的催款，但未能按期履行还款义务。李某某于2019年9月提起本案诉讼，要求彭某、孙某某偿还本案借款本金及利息，孙某某于2020年1月收到案件材料。

2020年4月，在诉讼过程中，彭某与孙某某另签订《借款和抵押续期协议》，对本案借款数额重新确认，并延长了还款期限。2020年10月16日，彭某与孙某某签订《借款偿还协议书》，约定了偿还计划。此后孙某某在诉讼期间分多笔向彭某指定账户汇款，并将上述200万元本息全额履行。彭某与孙某某签署上述协议未告知李某某，亦未将款项偿还李某某。

北京市朝阳区人民法院于2021年9月24日作出（2020）京0105民初64166号民事判决：一、孙某某于判决生效后7日内返还李某某借款本金200万元；二、孙某某于判决生效后7日内支付李某某借款利息；三、北京某科技公司对上述第一项、二项孙某某应偿还的债务向李某某承担连带保证责任；北京某科技公司承担连带保证责任后，有权向孙某某追偿；四、驳回李某某的其他诉讼请求。宣判后，孙某某不服，提出上诉。北京市第三中级人民法院于2022年2月22日作出（2021）京03民终18904号民事判决：一、撤销北京市朝阳区人民法院（2020）京0105民初64166号民事判决；二、驳回李某某的全部诉讼请求。

李某某不服，向北京市高级人民法院申请再审，北京市高级人民法院于2023年3月29日作出（2022）京民申2273号民事裁定，指令北京市第三中级人民法院再审本案。北京市第三中级人民法院于2023年7月12日作出（2023）京03民再57号民事判决：撤销（2021）京03民终18904号民事判决，维持（2020）京0105民初64166号民事判决。

裁判理由

法院生效裁判认为：本案的争议焦点如下：

1.李某某与彭某之间是否存在委托关系。通过在案当事人陈述、证人证言、录音、短信、转账记录等证据，可以证明涉案款项借款时，孙某某系联系李某某商谈借款事宜，彭某接受李某某指示办理出借事宜，案涉款项最初源自李某某账户，实际出借人是李某某。彭某主张其与李某某间系借款关系，就此未签订借款协议，未约定借款期限及利息。但如此大额款项却不签订借款协议、不约定借款期限及利息，与常理不符，李某某此后亦向彭某出借款项，彭某即向李某某出具借据，彭某前后行为与其所述相矛盾；相关借款合同原件由李某某持有，彭某称其销毁，如彭某系相关款项的出借人，其将协议等交付他人自己并不持有，显然不合常理。彭某在原一审中称其与李某某间系借款关系，在原二审中称对于650万元合同中的500万元与李某某系委托关系，在再审中又称与李某某间系借款关系，其前后陈述相矛盾，综上，对其主张不予采信。故综合认定李某某与彭某之间就本案借款存在委托关系。

2. 在委托人李某某起诉要求还款的情况下，孙某某向彭某还款是否具有正当性和合理性。孙某某与彭某签订借款合同时明知李某某与彭某间存在委托关系，故借款合同约束李某某与孙某某。《合同法》第402条[①]规定，"受托人以自己的名义，在委托人的授权范围内与第三人订立的合同，第三人在订立合同时知道受托人与委托人之间的代理关系的，该合同直接约束委托人和第三人，但有确切证据证明该合同只约束受托人和第三人的除外。"本案中，第一，通过录音、短信、微信聊天记录、证人证言、庭审笔录等证据，可以证明：涉案借款系孙某某通过肖某福联系李某某，共同商量向李某某借款事宜，借款时孙某某知道所借款项来源于李某某。结合孙某某认可的肖某福证人证言中称"孙某某称彭某替李某某签订借款协议"，以及借款后李某某向孙某某催要款项，孙某某亦接受李某某的催款等，上述形成一个完整的证据链，能够证明孙某某在借款时知晓李某某与彭某间的委托关系。第二，孙某某在原一、二审称在两份合同签订时均不知道李某某与彭某间的委托关系，而再审中又称对650万元借款合同在签订时认为李某某与彭某间存在委托关系、对300万元借款合同在签订时不知道存在委托关系，其前后陈述具有不一致性，其在主观上有故意隐瞒事实之嫌。第三，从三方主体多次转账借款、整体对账、催促还款、转账还款等交易习惯来看，650万元借款合同与300万元借款合同的交易具有高度的一致性，因此，孙某某关于本案借款合同签订时不知道委托关系的陈述，不予采信。故本案借款合同直接约束委托人李某某和第三人孙某某。在李某某起诉要求孙某某履行合同义务时，孙某某应当向

① 对应《民法典》第九百二十五条。

李某某还款。

即便孙某某在签订本案合同时，不知道李某某与彭某间的委托关系，在李某某起诉要求还款时，其仍应向李某某还款。《合同法》第 403 条[①]明确规定了在委托人权益无法保障时委托人的主动介入权。根据该条文意，当受托人因第三人原因对委托人不履行义务时，若委托人原本就知道第三人，便无需受托人告知，更可以直接向第三人主张权利。本案中，即便孙某某在签订合同时不知道委托关系，但至李某某起诉时，孙某某确实未能按时履行还款义务，故李某某有权直接向孙某某主张权利。2019 年李某某起诉孙某某、彭某要求其还款时，李某某已经履行了通知义务。2020 年 1 月孙某某收到诉讼材料时，此时孙某某已收到通知，则委托人李某某取代了受托人彭某的地位，涉案借款合同对委托人李某某与第三人孙某某具有约束力，孙某某应按合同约定向李某某履行义务。

在 2020 年 1 月孙某某收到李某某起诉其与彭某还款的诉讼材料后，孙某某已明知李某某要求其将借款偿还给李某某本人，而孙某某在诉讼期间仍与彭某签署《借款和抵押续期协议》等协议，并将款项付至相关人员账户，损害李某某的合法权益。故孙某某向彭某的相关付款行为不能约束李某某，即不能视为对李某某的还款，其可就相关款项与彭某另行解决。

3. 关于李某某主张的借款本金及利息。合法的债务应当清偿。李某某实际提供借款本金 200 万元，故孙某某应按该金额予以偿还。借款合同约定借款期限内的年利率为 12.5%，未超过法律规定的限度范围，故孙某某应按照年利率 12.5% 的标准支付借款期限内的利息。因李某某分别于 2018 年 5 月 30 日转款 50 万元、2018 年 7 月 11 日转款 150 万元，故孙某某应分别以该两笔款项为基数，自转款之日起至 2018 年 12 月 31 日借款期限届满之日止按照前述利率支付标准支付借款期限内的利息。就该项请求李某某借款起算时间有误，予以调整。借款合同中关于逾期还款的利息、滞纳金作出了约定，李某某主张的标准超过了法律规定的限度，在年利率 24% 的范围内予以支持。

4. 某科技公司是否应承担担保责任。借款合同中约定某科技公司对孙某某关于该合同的借款本金、利息、逾期利息、违约金承担连带担保责任，某

① 对应《民法典》第九百二十六条。

科技公司加盖公章予以确认，某科技公司按照法律规定应当承担相应的担保责任。对于某科技公司认可彭某与孙某某签订的《借款和抵押续期协议》，其以未在该协议中盖章为由主张不应承担担保责任的抗辩，无事实及法律依据，不予支持。根据《担保法》第26条[①]之规定，连带责任保证的保证人与债权人未约定保证期间的，债权人有权自主债务履行期届满之日起6个月内要求保证人承担保证责任。某科技公司虽称李某某未在法律规定的期限内主张权利，但根据李某某与某科技公司法定代表人孙某某的短信可以证明李某某在保证期间内向某科技公司主张过权利，故某科技公司作为连带责任保证人，对于借款合同中的相关债务，其应当承担相应的连带责任。某科技公司承担保证责任后，可向孙某某追偿。

裁判要旨

即使没有证据证明第三人在订立合同时对受托人与委托人之间的委托关系知情，但在合同订立后，委托人与第三人互相知道对方身份的，在第三人不履行合同义务时，委托人可无须受托人向委托人披露第三人而直接向第三人主张权利。

关联索引

《中华人民共和国民法典》第925条（本案适用的是1999年10月1日施行的《中华人民共和国合同法》第402条）

一审：北京市朝阳区人民法院（2020）京0105民初64166号民事判决（2021年9月24日）

二审：北京市第三中级人民法院（2021）京03民终18904号民事判决（2022年2月22日）

再审：北京市第三中级人民法院（2023）京03民再57号民事判决（2023年7月12日）

---

① 对应《民法典》第六百九十二条、第六百九十三条。

曲某诉靳某等民间借贷纠纷案
——关于自然人经常居住地的认定标准

关键词：民事诉讼　民间借贷纠纷　管辖　经常居住地

基本案情

原告曲某诉称，2019 年 4 月至 12 月，因靳某资金周转需要，曲某累计向其出借 1121000 元。后经原告多次催要，靳某以各种理由拖延未偿还。2020 年 11 月，被告靳某之父靳某春同意为靳某还款并出具《自愿还款承诺函》，承诺将于 2021 年 1 月前偿还全部借款。现前述期限届满，靳某春亦未履行还款承诺。曲某遂诉至山东省烟台市中级人民法院，要求靳某偿还借款本金及逾期付款利息等，靳某春承担共同还款责任。审理过程中，因靳某春已去世，曲某申请追加靳某春配偶贾某及女儿靳某琪参加诉讼，在继承遗产范围内与靳某承担连带清偿责任。

被告贾某在提交答辩状期间提出管辖权异议，认为原告曲某不是中国公民，在中国无居住地。被告靳某户籍地位于河北省石家庄市正定县，根据 2023 年 1 月 1 日施行的《最高人民法院关于涉外民商事案件管辖若干问题的规定》，本案应由河北省石家庄市正定县人民法院管辖。

2023 年 8 月 29 日，山东省烟台市中级人民法院作出（2023）鲁 06 民初 62 号民事裁定，认为本案系民间借贷纠纷，双方未约定合同履行地，曲某诉请被告靳某等偿还借款，根据《最高人民法院关于适用〈中华人民共和国民事诉讼法〉的解释》第 18 条第 2 款的规定，曲某作为接收货币一方，其住所地应当认定为本案合同履行地。根据原告曲某提供的护照信息、微信消费记录、健康码信息、水电缴费信息等，可以认定曲某的经常居住地为山东省烟台市，属于该院管辖范围，遂驳回贾某的管辖权异议。贾某不服，提起上诉。山东省高级人民法院于 2023 年 10 月 25 日作出（2023）鲁民辖终 98 号民事裁定：驳回上诉，维持原裁定。

裁判理由

法院生效裁判认为：曲某为美利坚合众国公民，本案系具有涉外因素的民间借贷纠纷。《民事诉讼法》第24条规定："因合同纠纷提起的诉讼，由被告住所地或者合同履行地人民法院管辖。"根据《最高人民法院关于适用〈中华人民共和国民事诉讼法〉的解释》第18条第2款的规定，合同对履行地点没有约定或者约定不明确，争议标的为给付货币的，接收货币一方所在地为合同履行地；交付不动产的，不动产所在地为合同履行地；其他标的，履行义务一方所在地为合同履行地。本案中，双方既未约定管辖法院，又未约定合同履行地，曲某起诉要求偿还借款及利息，故本案的争议标的为给付货币，曲某作为接收货币一方，其所在地为合同履行地。曲某提交的护照、微信消费记录、健康码信息、水电缴费单等证据，能够认定曲某经常居住地为山东省烟台市。山东省烟台市中级人民法院对本案具有管辖权。

裁判要旨

公民的经常居住地是指公民离开住所地至起诉时已连续居住一年以上的地方，但公民住院就医的地方除外。在起诉与受理阶段认定经常居住地时，当事人提供的物业、村（居）委会、单位出具的证明，生产生活产生的消费、缴费记录等可以作为人民法院认定经常居住地的证据。上述证据能够反映当事人在起诉时已连续在某地居住一年以上，且非因住院就医的，可以认定该地为其经常居住地。

关联索引

《中华人民共和国民事诉讼法》第24条

《最高人民法院关于适用〈中华人民共和国民事诉讼法〉的解释》第4条

一审：山东省烟台市中级人民法院（2023）鲁06民初62号民事裁定（2023年8月29日）

二审：山东省高级人民法院（2023）鲁民辖终98号民事裁定（2023年10月25日）

唐某诉李某、上海某金融信息服务有限公司民间借贷纠纷案

——P2P 网络借贷平台的法律属性及责任探析

关键词：民事　民间借贷　P2P 网络借贷　逾期还款　违约责任　平台责任

基本案情

原告唐某诉称：因被告李某经营的宾馆未进行 2012 年度工商年检，且已于 2012 年 12 月 31 日终止经营，被告上海某金融信息服务有限公司（以下简称某金融信息公司）未尽职审核，且在出借投标时不直接向出借人提供借款人的材料，造成唐某进行错误的借出选择。现唐某起诉，要求：（1）被告李某归还唐某借款本金 6774.39 元、利息 636.31 元、逾期利息 2595.90 元（以每期应还款为本金自每期应还款日计算至 2014 年 2 月 28 日按照中国人民银行同期同类贷款利率的四倍计算），共计 10006.60 元；（2）被告某金融信息公司承担连带还款责任。

被告李某未作答辩。

被告金融信息公司辩称：（1）关于借款事实，唐某陈述的其与李某之间的借款协议属实，李某确实是仅归还了两期本息到某金融信息公司处，某金融信息公司已按照出借人的借款比例分配还款。（2）关于审核信息，某金融信息公司的审核是通过借款人上传的书面材料包括照片等进行书面审核，并要求借款人提供电话和视频进行验证。唐某与某金融信息公司的合同上没有注明某金融信息公司有审核义务，但是某金融信息公司为了出借人考虑，也会审核借款人的资信、家庭关系以及其他资产状况，但这种审核并不是某金融信息公司的义务。（3）关于还款责任。某金融信息公司在协议中均提到对借贷双方的债务不承担担保责任。唐某确实向某金融信息公司反映了李某归还了两期还款后再无归还的情况，某金融信息公司不是借款协议的当事人，故不向任何人主张归还借款，某金融信息公司是为借款人提供了借款机会。此外，李某的借款有很多出借人，大多数人都是出借了几百元，因为年利率

是 20%，所以风险也较大。某金融信息公司作为平台的提供方，并不是借贷关系的当事人，也不承担保证义务，故唐某要求某金融信息公司承担连带还款责任无事实和法律依据。某金融信息公司在提供服务中，也没有过错，故也不应当承担赔偿责任。

法院经审理查明：P2P 网站是某金融信息公司运营的网络借贷平台，唐某、李某系该平台上的注册用户。2012 年 12 月 31 日，李某通过平台发布“慧聪优质商家信用贷潍坊 ×××××× 宾馆经营借款”，金额 10 万元，年利率 20%，期限 12 个月的借款需求。唐某通过网上投标向李某出借 8000 元。李某的 10 万元借款由众多网上出借人投标满额后，由某金融信息公司对借款人即李某提供的材料进行审核评估、收取平台服务费用并将出借人的借款转入李某的银行账户。2013 年 1 月 1 日，李某与包括唐某在内的众多出借人在平台上达成编号为 243816 的电子借款协议，并言明该协议是使用了 P2P 网站的居间服务，并根据 P2P 网站的《服务协议》《出借人协议》《借款人协议》自愿达成并签订的。上述借款协议明确，唐某与李某的借款金额为 8000 元，借款期限 12 个月，年利率 20%，分 12 期还清，每期还款额（含本金、利息）均为 741.07 元，月截止还款日为每月 1 日，若逾期未还款，则借款人应向出借人支付逾期利息，逾期利率为银行同期贷款利率的四倍。截至 2014 年 2 月 28 日，李某已归还分别于 2013 年 2 月 1 日、2013 年 3 月 1 日到期的两期债务共计 1482.14 元，尚有十期未归还的借款本金共计 6774.39 元、利息共计 636.31 元、逾期利息 2595.90 元，故唐某诉至法院。

上海市浦东新区人民法院于 2014 年 11 月 4 日作出（2014）浦民一（民）初字第 14813 号民事判决：一、被告李某应归还原告唐某借款本金 6774.39 元；二、被告李某应支付原告唐某以借款 628.17 元为基数自 2013 年 4 月 1 日起至 2014 年 2 月 28 日止按中国人民银行同类贷款利率四倍计算的利息；三、被告李某应支付原告唐某以借款 638.64 元为基数自 2013 年 5 月 1 日起至 2014 年 2 月 28 日止按中国人民银行同类贷款利率四倍计算的利息；四、被告李某应支付原告唐某以借款 649.28 元为基数自 2013 年 6 月 1 日起至 2014 年 2 月 28 日止按中国人民银行同类贷款利率四倍计算的利息；五、被告李某应支付原告唐某以借款 660.10 元为基数自 2013 年 7 月 1 日起至 2014 年 2 月 28 日止按中国人民银行同类贷款利率四倍计算的利息；六、被告李某应支付原告唐某以借款671.11元为基数自2013年8月1日起至2014年2月28日止按中国人民银行同类贷款利率四倍计算的利息；七、被告李某应支付原告唐某以借款682.29元为基数自2013年9月1日起至2014年2月28日止按中国人民银行同类贷款利率四倍计算的利息；八、被告李某应支付原告唐某以借款693.66元为基数自2013年10月1日起至2014年2月28日止按中国人民银行同类贷款利率四倍计算的利息；九、被告李某应支付原告唐某以借款705.22元为基数自2013年11月1日起至2014年2月28日止按中国人民银行同类贷款利率四倍计算的利息；十、被告李某应支付原告唐某以借款716.98元为基数自2013年12月1日起至2014年2月28日止按中国人民银行同类贷款利率四倍计算的利息；十一、被告李某应支付原告唐某以借款728.94元为基数自2014年1月1日起至2014年2月28日止按中国人民银行同类贷款利率四倍计算的利息；十二、驳回原告唐某的其余诉讼请求。判决后，唐某、李某、某金融信息公司均未上诉，该案判决已生效。

裁判理由

法院生效裁判认为：唐某与李某之间的民间借贷合同关系有网上借款协议为证，该民间借贷合同关系明确、合法，应受法律保护。本案的争议焦点主要在于某金融信息公司是否是该笔借款的还款主体。依据借款协议及唐某以及某金融信息公司在庭审中的陈述，某金融信息公司在本起借款关系中主要行为是提供平台、审核信息，其地位应为居间人，而非借款方或保证人，唐某关于某金融信息公司应承担连带还款责任的请求无依据，法院不予支持。依据《借出人注册协议》，唐某在借出钱款时，对不能知晓借款人的真实姓名和地址的情况应属明知，相应风险由其自行负担。剩余借款本金共计6774.39元、利息共计636.31元，应由李某予以偿付。关于逾期利息，唐某所主张的每期债务的相应逾期利息，加上借期内的利息，已超出法律规定，相应利息由法院依法予以调整。李某不到庭应诉的行为，既是放弃了对唐某所主张之事实和证据进行辩驳的权利，也是对自己不负责任的表现，由此所产生的法律后果，应由其自行承担。

裁判要旨

借贷双方通过P2P网络借贷平台达成借贷合意并交付借款，借款人、出借人和网络借贷平台三者共同构成了网络借贷法律关系，其中包含了借款人与出借人之间的借贷合同关系、借贷双方与网贷平台之间居间合同关系、通过平台钱款流转而形成的网络服务合同关系等多种法律关系，如因逾期还款产生纠纷，在不同经营模式下，网络借贷平台的法律属性和权利义务不尽相同。如网贷平台在其撮合的平台用户借款关系中仅参与提供平台、审核信息，其地位应为居间人，而非借款方或保证人，对于借款逾期的还款责任应由实际借款人承担，出借人请求网贷平台承担连带还款责任的，不予支持。

关联索引

《中华人民共和国民法典》第 667 条、第 675 条、第 676 条（本案适用的是 1999 年 10 月 1 日施行的《中华人民共和国合同法》第 196 条、第 206 条、第 207 条）

一审：上海市浦东新区人民法院（2014）浦民一（民）初字第 14813 号民事判决（2014 年 11 月 4 日）

张某诉某物流公司等借款合同纠纷案

——借款人在放款前（或当日）支付的利息是否应当认定为砍头息

关键词：民事　借款合同　先行支付利息　砍头息

基本案情

原告张某诉称：2014 年 3 月 11 日，原告与被告某物流公司签订《抵押借款合同》。该合同约定，被告将位于上海市浦东新区浦明路 258 弄 6 号 ×××× 室、258 弄地下车库地下一层车位 ×× 作为担保物，向原告进行抵押借款，借款本金为 1200 万元，月息为 1.866%，借款期限为六个月。合同对抵押担保的范围以及违约责任均作了约定。同时，原告与被告王某签订《保证合同》，约定被告王某对被告某物流公司的全部债务向原告承担连带保证责任。上述两份合同均经公证处公证。此后，原告按被告某物流公司的要求于 2014 年 3 月 14 日、2014 年 3 月 17 日共向被告某物流公司交付了借款 650 万元。但自 2014 年 4 月 28 日，被告某物流公司一直未向原告归还本金和支付利息，已构成严重违约，遂诉至法院请求判令：（1）被告某物流公司归还原告借款本金 650 万元，支付利息（以 650 万元为基数，按月利率 1.866%

计算，自2014年5月2日起至付清借款本金之日止，暂算至2014年7月26日的应付利息266838元），支付逾期违约金（以650万元为基数，按每日0.1%计算，自2014年5月2日起至付清借款本金之日止），赔偿律师费20万元；（2）抵押担保物上海市浦明路258弄6号××××室及258弄地下车库地下一层车位××，原告从抵押房产的处置价款中优先受偿；（3）被告王某对被告某物流公司上述全部债务向原告承担连带保证责任；（4）本案诉讼费由两被告共同承担。

被告某物流公司、王某共同辩称：涉讼借款尚有本金6324500元未归还，而非原告主张的650万元，差额部分被告某物流公司在原告要求下，已以预先支付利息的方式返还原告（包括于2014年3月13日、2014年3月14日打入原告账户的两笔共计121290元，以及于2014年3月13日、2014年3月14日打入案外人冯某账户的两笔共计54210元）。另利息计算基数应以6324500元为准，对合同约定的利息计算标准无异议。

法院经审理查明：2014年3月11日，原告张某与被告某物流公司签订《抵押借款合同》。该合同约定，被告某物流公司向原告张某借款并愿以其合法拥有的房屋所有权抵押给原告张某，作为借款及合同约定利息、违约金及相关费用的担保；借款金额为1200万元，利息为年利率22.40%（月利息18.66‰），月利息支付方式为每月提前1日内支付当月利息（本合同所述的月，为自原告张某向被告某物流公司发放借款日至下一个月日历对应日的前一天），利息按月计算，不足一月，按一个月计算；借款期限自2014年3月11日起至2014年9月10日止，借款发放的具体时间、金额以借款收据或银行转账记录记载为准，且借款应在本合同约定的房地产抵押登记办妥后发放，如实际借款放款日与上述借款起始日不一致的，以实际放款日为借款期限起算日，则借款到期日相应顺延；被告某物流公司提供其名下所有的位于上海市浦东新区浦明路258弄6号××××室、258弄地下车库地下一层车位××作为抵押物，抵押担保范围包括但不限于借款本金、利息、违约金、诉讼费、财产保全费、律师费、公证费等费用；抵押期限自2014年3月11日起至2014年9月10日止；本合同签订之日起5个工作日内，原告张某与被告某物流公司按照抵押房地产登记管理权限至相应的房地产登记部门申请办理房地产抵押登记，并申领相应的抵押登记凭证；借款到期2日内，被告某物流公司不履行债务或不能完全履行债务的，房地产抵押权即实现，原告张某有权行使抵押权，处分抵押房地产；如被告某物流公司未能按约支付利息的，则原告张某有权宣布全部借款立即到期清偿，并提前终止本合同，要求被告某物流公司立即归还到期的全部借款本金和支付借款利息；被告某物流公司应在收到原告张某宣布全部借款立即到期或提前解除本合同的通知后的1日内向原告张某归还全部借款本金和支付利息；被告某物流公司逾期还款超过5日，除应向原告张某归还本金外，还应按月支付利息（按月利率18.66‰计算）、按未还款总额的每日3‰支付违约金、原告张某在催讨本金期间发生的包括但不限于律师费等；所有通知的事项应寄往本合同首页所列的联系地址，自通知以上述方式发出的10日后，视为收件方已收悉（合同首页被告某物流公司联系地址为上海市浦明路258弄6号××××室）。该日，由上海市普陀公证处出具了（2014）沪普证经字第885号《具有强制执行效力的债权文书公证书》，对上述《抵押借款合同》进行公证并赋予该合同强制执行力。

同日，被告王某与原告张某签订《保证合同》，就原告张某基于上述《抵押借款合同》对被告某物流公司的债权的实现提供连带责任保证；保证期间为借款期限届满之次日起2年，如原告张某宣布提前到期或提前收回，则保证期间为原告张某向被告某物流公司通知的还款日之次日起2年；担保范围包括但不限于本金、利息、违约金和实现债权的费用（包括但不限于诉讼费、保全费、公告费、律师费等）等；被告某物流公司或任何第三方就担保债务提供了物的担保的，被告王某愿意就本合同项下被担保的全部债务先于物的担保履行保证责任。就被告王某与原告张某签署上述《保证合同》事宜由上海市普陀公证处予以公证，并出具了（2014）沪普证经字第886号《公证书》。

2014年3月13日，被告某物流公司就上海市浦东新区浦明路258弄6号××××室、258弄地下车库地下一层车位××房屋办理了抵押登记手续，房地产权人为被告某物流公司，抵押权人原告张某，债权数额为1200万元，债务履行期限为2014年3月11日至2014年9月10日止，登记证明号为浦20141401××××。

同日，被告某物流公司通过农业银行网上银行向原告张某账户转账支付

46650元，附言标注为“利息”，作为250万元自2014年3月14日起至2014年4月13日止的借款利息（250万元 ×1.866%=46650元）。

2014年3月14日，原告张某通过广发银行网上银行向被告某物流公司转账支付250万元，附言标注为“房产抵押款”。

2014年3月17日，被告某物流公司通过农业银行网上银行向原告张某账户转账支付74640元，附言标注为“利息”，作为400万元自2014年3月17日起至2014年4月16日止的借款利息（400万元 ×1.866%=74640元）。同日，原告张某通过广发银行网上银行向被告某物流公司转账支付400万元，附言标注为“房产抵押款”。

2014年4月30日，被告某物流公司通过农业银行网上银行向原告张某账户转账支付60645元，附言标注为“往来”，作为650万元的借款利息，其中包括：250万元自2014年4月14日起至2014年4月28日止（共计15天）的借款利息23325元（250万元 ×1.866%/2），以及400万元自2014年4月17日起至2014年5月1日止（共计15天）的借款利息37320元（400万元 ×1.866%/2）。此后，被告某物流公司未再向原告张某账户支付任何款项。

此外，被告某物流公司还分别于2014年3月13日、2014年3月17日、2014年4月30日向案外人冯某账户转账汇款20850元、33360元、27105元（共计81315元），附言备注分别为“服务费”“服务费”“往来”。

2014年6月4日，上海市普陀公证处按上海市浦明路258弄6号××××室的地址向被告某物流公司发送《关于核实债权文书履行情况的函》，表示根据涉讼借款合同约定，被告某物流公司未按约偿还本金并支付利息，已构成违约，现原告张某向该处申请出具执行证书，要求向有管辖权的人民法院申请强制执行。执行标的：本金650万元，以及暂计至2014年6月3日计算的利息13814元，违约金66600元，律师费38万元，以及至上述借款清偿之日止的全部利息及违约金，以及原告张某为实现债权而发生的全部费用，或处分抵押物的价款抵偿。该函件于2014年6月5日经被告某物流公司单位收发章签收。

2014年7月4日，原告张某与案外人某律师事务所（以下简称某所）签订《聘请律师合同》，约定就本案聘请该所律师为其代理人，该所接收原告张某委托指派陈某律师为原告张某代理人，原告张某同意按照固定收费的方案，一次性支付律师代理人 20 万元。2014 年 7 月 22 日，原告张某通过广发银行向某所转账支付了 200003 元，其中 3 元为手续费。2014 年 7 月 23 日，某所向原告张某开具金额为 20 万元的增值税发票（编号为 0128 × × × ×）。

上海市长宁区人民法院于 2015 年 2 月 13 日作出（2014）长民二（商）初字第 2459 号民事判决：一、被告某物流公司应于本判决生效之日起 10 日内归还原告张某借款本金人民币 6378710 元；二、被告某物流公司应于本判决生效之日起 10 日内支付原告张某截至 2014 年 5 月 1 日的借款利息人民币 117895 元，以及自 2014 年 5 月 2 日起至本判决生效之日止的逾期还款利息（以人民币 6378710 元为基数，按月利率 1.866% 的标准计付）；三、被告某物流公司应于本判决生效之日起 10 日内支付原告张某逾期还款违约金（自 2014 年 6 月 7 日起至本判决生效之日止，以人民币 6378710 元为基数，按年利率 2% 的标准计算）；四、被告某物流公司应于本判决生效之日起 10 日内支付原告张某律师费损失人民币 20 万元；五、若被告某物业公司到期未履行上述一、二、三、四项还款义务的，则原告某可以与被告某物流公司协议，以坐落于上海市浦东新区浦明路 258 弄 6 号 × × × × 室、258 弄地下车库地下一层车位 × × 折价或者申请以拍卖、变卖该抵押物所得价款优先受偿；抵押物折价或者拍卖、变卖后，其价款超过债权数额的部分归被告某物流公司所有，不足部分由被告某物流公司继续清偿；六、被告王某对被告某物流公司上述第一项、第二项、第三项、第四项的付款义务承担连带清偿责任；被告王某在承担保证责任后，有权就已承担部分向被告某物流公司进行追偿。一审判决后各方当事人均未上诉，判决已生效。

裁判理由

法院生效裁判认为：关于涉讼借款本金。第一，利息为资金时间价值的表现形式，只有实际取得并使用资金后方产生利息。因此，利息的支付应以借款人实际占有借款为前提，在借款期限届满时或借款合同履行期间内按约分批支付。而本案中，被告某物流公司于 2014 年 3 月 13 日、17 日支付的两笔款项均发生在原告放款前或放款同时，彼时被告某物流公司尚未能使用支配该资金。因此，预先支付利息虽能确保原告提前收回利息，但却从本质上背离了借款合同的实质特征，损害了被告某物流公司的利益，使得被告某物流公司实际得到的借款减少，影响被告某物流公司作为借款人的资金使用。

第二，涉讼借款合同原约定由原告出借1200万元，但原告实际仅分别于2014年3月14日、17日放款250万元、400万元，并于2014年3月13日、17日收取被告某物流公司46650元及746400元作为上述两笔放款一个月的利息。结合原告、被告某物流公司的庭审直接陈述及被告某物流公司预先支付两笔款项的数额来看，虽目前并无证据证明双方是否就原告放款安排有过合意，但从被告某物流公司支付的利息金额可以推定，双方就原告即将放款的金额和时间存在事先合意。法院认为，作为借款人，其签订借款合同的主要目的系在一定期限内从出借人处受让约定数额货币的所有权，并以支付相应利息作为代价。因利息数额与借款金额成正比，借款金额往往与借款人的实际资金需求密切相关，借款人通常不会过分超出自身实际需求向他人借款。反观本案，被告某物流公司原计划借款1200万元，并为此向原告提供了足额的抵押物及保证人作为担保，而此后被告某物流公司仅分批从原告处获得650万元，该金额远不能满足被告某物流公司当时的资金需求。因此，在资金缺口仍然较大的情况下，被告某物流公司不可能自发性地向原告预先支付利息，以进一步减少其可支配资金。据此，就被告某物流公司提出原告要求提前支付利息系变相从本金中预先扣除利息的抗辩，法院予以采纳。综上，为了体现合同公平的原则，原告预先收取的2笔利息共计121290元（46650元+74640元）应从借款本金中扣除。而就两被告关于应在本金中扣除服务费的主张，因两被告明确表示无法提供证据证明该钱款支付与本案的关联性，亦未能提供案外人冯某的身份信息供法院调查，不予采信。就上述款项，可由被告某物流公司另案向案外人冯某主张。据此，法院依法认定本案涉讼借款本金为6378710元。

关于利息问题。鉴于，两被告对原告主张的利息计算标准及起算点均无异议，法院认为，被告某物流公司应以法院认定的借款本金（6378710元）为基数，按合同约定的月利率1.866%向原告支付利息。其中，就截至2014年5月1日利息，因原告当庭表示，本案利息按整月主张，不再拆分至个别日，且两被告亦对此无异议，故扣除已支付的利息共计60645元后，被告某物流公司还应向原告支付利息117895元。

裁判要旨

1.对于借款人在放款日前（或同日）支付的利息是否构成砍头息，应在把握立法本意的基础上正确理解法条内容，以适用于形式多样的借贷纠纷。在借款合同关系中，借款数额和借款利息系构成借款合同的主要内容，借贷双方在订立借款合同时，通常要对借款数额、利息计算方式及支付期限做出明确的约定。一般而言，借款利息是在借款期限届满时或者合同履行期间按照约定分批偿付给出借人的。预先在本金中扣除利息的，应当将实际出借的金额认定为本金，以防止出借人重复计息或高于实际出借本金计息。

2. 是否构成砍头息的判定需要把握利息性质。利息的支付应以借款人实际占有借款为前提，并由借款人在借款期限届满时或借款合同履行期内按约定支付。在审理借款合同纠纷时，应牢牢把握该利息取得的前提和支付条件。

3. 通过探究《合同法》第 200 条、《最高人民法院关于审理民间借贷案件适用法律若干问题的规定》第 27 条的立法目的，应意识到上述规定并非单纯制约出借人在发放借款时自行将利息从本金中扣除这种单一的情形，而是旨在防止出借人利用资金优势地位，假借利息名义谋取不当利益。因此，在司法实践中，无论出借人以何种手段谋取不当利益，均应以是否符合上述利息取得的前提及支付条件来判断相应钱款的性质，以及是否应在本金中予以扣除。

关联索引

《中华人民共和国民法典》第 577 条、第 670 条、第 674 条、第 675 条、第 676 条、第 688 条、第 700 条、第 410 条、第 413 条（本案适用的是 1999 年 10 月 1 日施行的《中华人民共和国合同法》第 107 条、第 200 条、第 205 条、第 206 条、第 207 条；1995 年 10 月 1 日施行的《中华人民共和国担保法》第 18 条、第 31 条、第 53 条）

《中华人民共和国民事诉讼法》第 144 条（本案适用的是 2022 年 1 月 1 日施行的《中华人民共和国民事诉讼法》第 144 条）

一审：上海市长宁区人民法院（2014）长民二（商）初字第 2459 号民事判决（2015 年 2 月 13 日）

沈某诉上海某电子商务有限公司等民间借贷纠纷案

——股东协议约定与公司会计账簿记载不一致时对股东投入公司款项性质的认定

关键词：民事　民间借贷　投资款　性质认定　会计账簿记载

基本案情

原告沈某诉称：原告沈某为被告上海某电子商务有限公司（以下简称某商务公司）的股东，持股比例为50%。2018年，因某商务公司的日常运营需要资金，沈某向某商务公司提供借款共计190万元。上述股东借款在出借时未约定还款期限，但根据法律规定，沈某有权要求某商务公司在合理期限内返还。然而经沈某多次催讨，某商务公司始终以资金紧张为由拒绝还款，沈某遂提起本案诉讼，请求判令某商务公司向沈某返还借款190万元。审理中，沈某曾两次变更诉请的借款金额，最终明确为120万元。

被告某商务公司辩称：沈某与某商务公司之间不存在借款合同关系。沈某与卫某之间订立有投资协议，沈某所转入某商务公司的款项均是投资款，其中50%是沈某的出资，另外50%是沈某代卫某出资，卫某当时是持有某商务公司50%股权的隐名股东，其股权由沈某代持。2021年3月，沈某根据卫某的指令，将沈某代持的50%公司股权转让给了卫某控股的案外人某咨询公司。之后，因股东之间产生矛盾，沈某希望将股权转让给卫某，经协商未能达成一致，沈某遂提起本案诉讼。综上，沈某的诉请没有事实依据，请求法院予以驳回。

第三人卫某述称：根据沈某与卫某订立的相关投资协议，沈某转入某商务公司的款项均是股权投资款，其中一半是沈某的出资，另一半是代卫某出资。沈某与某商务公司之间不存在借款合同关系。

法院经审理查明：某商务公司注册资本为100万元，沈某系该公司股东、实际控制人。2018年至2019年期间，沈某与卫某（瑞士国籍）达成合作意向，打算共同经营进口食品业务，双方陆续订立三份《合作意向书》，明确将直接向某商务公司投资，双方股权各半，分三次各注资165万元，使新公司的总资本达到330万元，由沈某直接转账290万元（其中有125万元系代卫某支付，卫某已通过其他方式归还），卫某直接转账40万元。2018年11月起，某商务公司开始经营，由沈某负责日常经营管理并代卫某持有股权。沈某未将三份意向书交给财务人员作为记账凭证，直接告知将330万元记为股东借款，具体记载为沈某出借290万元、卫某出借40万元。

2021年2月，经卫某要求，沈某将其代持的某商务公司50%的股权以1元的价格转让给卫某控制的某咨询公司，由卫某委派人员担任某商务公司的经理、法定代表人。之后，卫某委派的管理人员就“股东借款”的记载提出异议，与沈某协商先将借款转为注册资本，将注册资本实缴到位。调整后，会计账簿记载的沈某出借款项变更为190万元。之后，因沈某、卫某产生矛盾，沈某遂提起本案诉讼。

上海市静安区人民法院于2022年9月29日作出（2021）沪0106民初31982号民事判决：驳回原告沈某的诉讼请求。宣判后，沈某提出上诉。上海市第二中级人民法院于2023年4月27日作出（2023）沪02民终3439号民事判决：驳回上诉，维持原判。

裁判理由

法院生效裁判认为：案涉款项究竟是借款还是股权投资款，应结合款项投入时的意思表示、投入后相应的财务记载情况等综合认定。

首先，沈某与卫某订立的三份《合作意向书》的意思表示明确，即双方共同投资一家公司，股权比例为各50%，为此，双方每次均等投入资金；《合作意向书》中没有借款的意思表示，亦没有约定资金的使用期限、取回条件；双方的出资金额与股权比例直接关联，所投入的款项并非用于短期周转，而是用于启动及维持公司经营的长期资本。

其次，根据查明的事实，某商务公司的会计记载并不规范，未能真实反映案涉款项及往来的性质；考虑到卫某系外国公民、欠缺中文阅读能力，结合卫某实际负责公司经营后立即对会计记载提出异议的事实，相关会计记载不足以证明沈某与卫某达成了新的合意，将款项性质变更为借款。

综上，尽管沈某与卫某投入的款项超出了某商务公司的注册资本，且双方未有过明确的增加注册资本的意思表示，但根据双方出资时订立的协议，相关款项系用于公司长期经营，并非一般的债权性投入。我国法律并不禁止股东在认缴出资额以外向公司出资，该部分款项属于公司的其他收入，应由公司根据相关法律规定及会计准则进行处理。沈某关于相关款项系借款的主张缺乏依据，不予支持。

裁判要旨

当股东超出注册资本向公司或其经营项目投入资金，且股东协议约定与会计资料记载对该款项性质的界定存在矛盾的情况下，应当依据股东间协议、公司会计资料、付款凭证等各项证据材料，综合判断股东投入款项的真实意思表示，避免控股股东借助实际控制公司的便利随意更改款项性质、侵害公司责任财产。

关联索引

《中华人民共和国会计法》第9条

《中华人民共和国民事诉讼法》第67条

《最高人民法院关于民事诉讼证据的若干规定》第9条、第85条

一审：上海市静安区人民法院（2021）沪0106民初31982号民事判决（2022年9月29日）

二审：上海市第二中级人民法院（2023）沪02民终3439号民事判决（2023年4月27日）

顾某萍诉王某宝等民间借贷纠纷案

——合同争议条款的解释规则与司法认定

关键词：民事　民间借贷　合同争议条款　解释方法

基本案情

原告顾某萍诉称：2007年8月，顾某萍将收款人为上海东某安装运输综合服务公司，付款人为宏某证券的支票交予王某宝，经王某宝办妥兑付手续后，将50万元转还顾某萍。后王某宝向顾某萍出具两张落款日期均为2007年8月20日的借条，其中一份《借条》言明：“今借到顾某萍支票壹张，号码0978619×，金额壹佰伍拾万元整。其中伍拾万元本周划给顾某萍，余壹佰

万元整用至月底。”另一份《借条》言明：“今借到顾某萍人民币贰拾万元整，本周归还。”其中“本周归还”被划去。因王某宝未按约还款，故顾某萍起诉至一审法院，要求王某宝返还借款本金100万元。考虑王某宝、朱某兵先前承诺的利息补偿以及罚金均已高于法定的利息计算标准，现要求按照年利率24%计算利息及逾期利息。扣除王某宝已经支付的利息外，现还要求王某宝支付原告利息42万元，并自2011年9月1日起，按年利率24%支付100万元借款本金的逾期利息至清偿之日止。朱某兵的法定继承人应在其继承遗产的范围内共同承担上述还本付息义务。

被告王某宝辩称：其已累计给付顾某萍123万元，已经还清债务，故不同意顾某萍诉讼请求。王某宝否认双方之间有过关于利息的约定，否认载明借款金额为20万元借条是双方对利息的约定，承诺书中关于“罚金”的约定与利息无关，罚金亦不能当然转化为利息，故不同意支付顾某萍利息或逾期利息。

被告徐某、朱某龙、朱某利、朱某共同辩称：不同意顾某萍诉讼请求。朱某兵已于2019年3月22日死亡，生前无人催讨该笔债务，徐某、朱某龙、朱某利、朱某与顾某萍不相识，与顾某萍无经济往来。

法院经审理查明：顾某萍、王某宝之间有借贷关系，2007年8月，顾某萍将收款人为上海东某安装运输综合服务公司，付款人为宏某证券的支票交予王某宝，经王某宝办妥兑付手续后，将50万元转还顾某萍。后王某宝向顾某萍出具两张落款日期均为2007年8月20日的借条，其中一份《借条》言明：“今借到顾某萍支票壹张，号码0978619×，金额壹佰伍拾万元整。其中伍拾万元本周划给顾某萍，余壹佰万元整用至月底。”另一份《借条》言明：“今借到顾某萍人民币贰拾万元整，本周归还。”其中“本周归还”被划去。2008年6月6日，王某宝和朱某兵共同出具《承诺书》一份，言明：“今由王某宝欠顾某萍现金人民币壹佰贰拾万元整，在下星期四不到位，支票可以进账，造成一切后果由王某宝、朱某兵二人负责。”王某宝将一张上海江某计算机信息服务有限公司出票，经王某宝背书，金额为120万元，支票号为0695749×的某某银行上海市分行支票交付顾某萍。顾某萍未能兑付上述支票。王某宝、朱某兵在顾某萍2007年12月19日卖出股票成交明细下方承诺：“以上股票交割明细经核对无误，因我们未能兑现2008年6月6

日承诺，造成顾某萍股票平仓价差损失……如股票价格上涨，赔偿价差损失……”2008年8月29日，王某宝、朱某兵共同出具《还款承诺书》一份，言明：“因欠顾某萍人民币壹佰柒拾壹万元整（1700000元），现承诺2008年9月3日归还贰拾万元整，余款2008年9月10日前如数归还。如违约，每月付伍万元人民币罚金。”2010年8月29日，王某宝在2008年8月29日《还款承诺书》下方空白处载明：“2010年9月底先还人民币捌拾万元整”。2012年1月22日，王某宝交付顾某萍现金5万元。2012年6月29日，王某宝向陆某冲账户转账5万元，陆某冲于2012年7月8日将该款转入顾某萍账户。2012年11月19日，王某宝向陆某冲账户转账5万元，陆某冲于2012年11月20日将该款转入顾某萍账户。2013年2月至2019年4月间，王某宝向顾某萍微信转账39万元。上述款项，合计54万元。此外，2008年10月16日，王某宝向丁某昌账户转账6万元。2010年8月6日，王某宝向王某辉账户转账20万元。2013年11月，陆某冲向王某宝出具《收条》一份，言明：“今收到王某宝现金人民币贰拾壹万元整。”朱某兵于2019年3月27日死亡。朱某利系朱某兵配偶，徐某、朱某龙系朱某兵父母，朱某系其独生女。一审庭审中，朱某利、徐某、朱某龙、朱某向法院提交财产申报表，言明未从朱某兵处继承过任何流动资产或固定资产。

上海市虹口区人民法院于2020年7月29日作出（2020）沪0109民初6673号民事判决：一、王某宝返还顾某萍借款本金46万元；二、王某宝自2020年4月10日起支付46万元本金的逾期利息，按全国银行间同业拆借中心公布的贷款市场报价利率计算至清偿之日止；三、朱某利、徐某、朱某龙、朱某在继承朱某兵遗产范围内，对上述第一项、第二项承担共同还款义务；四、顾某萍其他诉讼请求，不予支持。顾某萍不服一审判决，提出上诉。上海市第二中级人民法院于2020年10月28日作出（2020）沪02民终8129号民事判决：驳回上诉，维持原判。顾某萍不服二审判决，申请再审。上海市高级人民法院于2021年12月16日作出（2021）沪民申2278号民事裁定：指令上海市第二中级人民法院再审本案。上海市第二中级人民法院于2022年6月8日作出（2022）沪02民再14号再审判决：一、撤销原二审判决和原一审判决第二项、第三项、第四项；二、维持原一审判决第一项；三、王某宝以本金100万元，按照年利率6%，支付顾某萍自2007年9月1日起至2008

年9月10日止的资金占用期间利息；四、王某宝支付顾某萍违约金（按还款期内剩余的本金数，以年利率24%计算至借款全部清偿之日止，详见附表）；五、朱某利、徐某、朱某龙、朱某在继承朱某兵遗产范围内，对上述第二项、第三项、第四项承担共同还款义务；六、驳回顾某萍的原审其余诉讼请求。

裁判理由

法院生效裁判认为：本案的争议焦点为双方对借款的利息有无约定；《还款承诺书》中每月付5万元罚金的性质；王某宝已归还的54万元的性质。

1. 双方对借款的利息有无约定。2007年8月20日的100万元借条中未对借期内的利息进行约定。就还款期限届满后的逾期利息，顾某萍主张借款20万元系双方约定的借款利息，原审法院未予支持，且已充分阐明了理由，法院不再赘述。至于王某宝、朱某兵在顾某萍2007年12月19日卖出股票成交明细下方承诺赔偿股票价差损失，以及顾某萍在再审中提供的证据证明王某宝承诺赔偿股票价差损失，法院认为赔偿损失与逾期利息性质不同，上述证据不能证明双方对逾期利息有过约定，对上述证据法院不予采纳。因此双方既未对借期内的利息做出约定，也未对逾期利息有明确约定。

2.《还款承诺书》中每月付5万元罚金的性质。法院认为就每月付5万元罚金的性质，应考量当事人真实意思，王某宝、朱某兵在2008年8月29日的《还款承诺书》中明确承诺了2008年9月3日归还20万元，余款2008年9月10日前如数归还，并写明如违约，每月付5万元罚金。结合《还款承诺书》的上下文来看，每月付5万元的含义显然是对不能按期还款而承担的责任，而当事人出于对法律专业词汇的不了解，使用了不规范的表述，但探寻其真实意思应当是关于违约责任的意思表示，故应当认定为双方对违约责任所作的约定。然而，当事人承诺的每月付5万元，按年利率换算，显然过高，现顾某萍主动以年利率24%来主张，符合相关法律的规定，法院予以照准。

3. 王某宝已归还的54万元的性质。就王某宝已给付顾某萍54万元，因双方对于借期内的利息未作约定，也未约定逾期利息明确的计算方式，因此在双方存在争议的情况下，未经过法院的裁判确定相关利息，当事人并无自行履行利息的条件，故该54万元应认定为王某宝归还的本金。至于王某宝在再审中提供的证据，因丁某昌、王某辉已经他案诉讼分别向王某宝给付6万元、20万元，故该两笔款项与本案王某宝向顾某萍的还款无关，对上述证据法院不予采纳。王某宝、朱某兵是于2008年8月29日作出承诺：2008年9月3日归还20万元，余款2008年9月10日前如数归还，如违约，每月付5万元罚金。可见双方约定的违约责任是从未履行承诺之日即2008年9月11日起计算。而从本案所涉的100万元借款的逾期还款之日即2007年9月1日至王某宝、朱某兵做出承诺的2008年8月29日，此期间，双方对违约责任并无约定，亦无借期内利息以及逾期利息的明确约定。因此从2007年9月1日至王某宝、朱某兵承诺的还款期限届满之日即2008年9月10日，应按照2015年《最高人民法院关于审理民间借贷案件适用法律若干问题的规定》第29条第2款第1项的规定，既未约定借期内的利率，也未约定逾期利率，借款人自逾期还款之日起按照年利率6%支付资金占用期间利息。此后，王某宝、朱某兵承诺了逾期还款的违约责任，故王某宝、朱某兵应自2008年9月11日违反其承诺之日起按照年利率24%支付违约金。因王某宝分多次归还54万元，违约金亦应按照王某宝的还款情况，分别进行计算。鉴于朱某兵已经死亡，其生前债务应由其继承人在继承遗产的范围内予以承担。综上，原审法院判决王某宝及朱某兵的继承人返还顾某萍借款本金46万元，有事实和法律依据，法院予以维持，原审法院对于王某宝、朱某兵逾期还款的违约责任认定不当，再审予以纠正。

裁判要旨

依据《民法典》第142条第1款的规定，对合同争议条款的解释遵循以下逻辑路径：首先，根据合同文本字面含义进行文义解释，若按照文义解释方法能够明确争议条款的内容，仍需要运用其他解释方法进行验证。若文义解释之后，争议内容仍无法明确或者存在漏洞或解释结果明显不合常理或者造成利益失衡，则需要综合考察当事人订约的过程、背景、合同性质、合同的所有条款、当事人陈述、合同履行情况，在文义射程范围内确定合同争议条款的真实含义。

关联索引

《中华人民共和国民法典》第674条

《最高人民法院关于审理民间借贷案件适用法律若干问题的规定》（2020年第二次修正）第28条（本案适用的是2015年9月1日施行的《最高人民法院关于审理民间借贷案件适用法律若干问题的规定》第29条）

一审：上海市虹口区人民法院（2020）沪0109民初6673号民事判决（2020年7月29日）

二审：上海市第二中级人民法院（2020）沪02民终8129号民事判决（2020年10月28日）

其他审理程序：上海市高级人民法院（2021）沪民申2278号民事裁定（2021年12月16日）

再审：上海市第二中级人民法院（2022）沪02民再14号民事判决（2022年6月8日）

开某诉徐某等民间借贷纠纷案

——借款支付账户变更对保证责任之影响

关键词：民事　借款合同　民间借贷　保证责任　行使范围　保全措施　执行竞合

基本案情

原告开某诉称：徐某因工程业务资金紧张向原告在2020年9月27日借款100万元用于短期周转，并出具借条一张，约定2020年11月30日前归还，利息为月率1.5%。开某于2020年9月29日将100万元的借款转至徐某指定的银行账户内。在还款日期期满后，开某多次催讨，徐某始终未能归还借款。蔡某作为借款的担保人在借条上签字确认，其应对本案的欠款、利息、诉讼费承担连带责任。因此，开某为维护自己的合法权益诉至法院。请求判令：（1）徐某归还借款本金100万元；（2）徐某支付上述借款自2020年9月29日起至实际还款之日止的利息（按月利率1.5%计算）；（3）蔡某承担连带责任。被告徐某辩称，认可向开某借款100万元的事实，希望就还款时间再行与开某协商。

被告蔡某辩称：开某系其邻居，徐某系其朋友，其介绍二人相识合作业务。本案约定的借款用途是支付承包工程项目的工人工资，不得做他用，且借款只能汇入项目挂靠方江苏省某建筑公司的对公账户，然而在实际履行中，借款未经申请人同意，汇入他人（徐某的儿子）的个人账户，导致借款的用途不能保证用于支付相关项目的工人工资，该行为违背了申请人提供保证的本意，按照《担保法》的规定，保证人可不承担担保责任。按照借条的约定，支付利息系以“我们合作不成”为前提。

法院经审理查明：徐某、蔡某是朋友关系。开某系蔡某的邻居，并通过蔡某介绍与徐某相识。2020年9月27日，徐某因发放工人工资需要资金周转向开某借款人民币100万元（以下币种均为人民币），并向开某出具借条，载明“今借到开某人民币壹佰万元整，此款转入江苏省某建筑公司账户上，还款日期为2020年11月30日。借款人：徐某。2020年9月27日。注：此款如我们合作不成，安（按）每月利息1.5分计算（月息1.5%）”。嗣后，蔡某以保证人的身份在该借条上签字予以确认。2020年9月29日，开某通过银行转账方式将100万元借款转入徐某指定的江苏省某建筑公司的银行账户内，但遭退款，开某遂与徐某联系，并根据徐某的指示将上述借款重新转入徐某的儿子的银行账户内。现双方约定的借款期限届满，徐某未能按时还款，开某遂诉至法院。

上海市普陀区人民法院于2021年5月31日作出（2021）沪0107民初8710号民事判决：一、徐某应于判决生效之日起10日内归还开某借款本金100万元；二、徐某应于判决生效之日起10日内支付开某上述借款自2020年9月29日起至实际还款之日止的利息；三、蔡某对徐某的上述两项债务承担连带还款责任。一审判决生效后，蔡某不服，提出申诉。上海市第二中级人民法院于2022年4月28日作出（2022）沪02民申159号民事裁定：驳回蔡某的再审申请。

裁判理由

法院生效裁判认为：根据查明的事实，徐某系借款人、蔡某系保证人，上述二人均签名后向开某出具了借条，蔡某对该借条上载明的借款本金100万元及相应利息应承担连带还款义务，一审法院判决徐某应归还开某上述借款本金及相应利息，蔡某亦应对徐某的上述债务承担连带还款责任，并无不当。蔡某关于徐某未按借条上载明的“此款转入江苏省建账户上”，导致该借款未按借条上约定的汇款路径，用于徐某对其承诺的特定用途，其应免于承担上述债务的连带还款责任的主张，尚缺乏依据，难以支持。故裁定驳回蔡某的再审申请。

裁判要旨

《民法典》施行后，应根据《民法典》第695条区分借款支付账户变更对债务的加重或减轻。变更加重债务情形，应适用《民法典》第533条合同基础丧失规则。变更致重时，免除加重部分保证责任的理由是他人处置禁止；变更致不可分加重时，免除全部保证责任的理由是交易基础丧失。变更对保证负担无影响时，亦不影响保证责任范围。

关联索引

《中华人民共和国民法典》第533条、第691条、第695条、第1260条

《最高人民法院关于适用〈中华人民共和国民法典〉有关担保制度的解释》第16条

一审：上海市普陀区人民法院（2021）沪0107民初8710号民事判决（2021年5月31日）

其他审理程序：上海市第二中级人民法院（2022）沪02民申159号民事裁定（2022年4月28日）

张某富诉吴某龙、黄某琼、九江市某置业有限公司民间借贷纠纷案

——公司对其成立前法定代表人的借款，若款项未用于公司经营，即便借据加盖公司公章，亦不应承担还款责任

关键词：民事　借款合同　民间借贷　法定代表人　债务　用途　公司还款责任

基本案情

张某富向一审法院起诉要求：判令吴某龙、黄某琼、九江市某置业有限公司（以下简称置业公司）共同偿还借款；本金310万元，利息864000元，并自2015年9月16日起以借款本金310万元按照年利率20%计算支付利息及逾期利息至借款还清之日止。

法院经审理查明：2014年9月14日、16日、17日，张某富通过中国银行汇款借款350万元给吴某龙，约定借期一年，利息为年利率30%，同

日，吴某龙向张某富出具了借条一张。借款到期后，吴某龙无力还款，张某富要求其重新出具借条，并加盖置业公司公章。开始吴某龙明确声明该借款系其个人借款，并不同意加盖置业公司公章，但在张某富等人的纠缠下，同时张某富承诺以暂时盖章不会向法院起诉，2015年10月，吴某龙利用办事之机，私自在三张空白借据上加盖了公司的公章。后吴某龙又在张某富等人的一再要求下，在其中一张空白的借据上补写了："今借到张某富叁佰壹拾万元整（￥3100000）借期一年年息20% 2015年9月16日"。2015年12月13日，吴某龙向张某富又出具了864000元的欠条一张，该864000元系上述借款自2014年9月16日起至2015年9月16日止借期一年的利息，该利息欠条未加盖置业公司公章。2015年12月13日，吴某龙担心置业公司股东追究责任，将其在九江市瑞昌市某有限公司开发并享有的房屋买卖合同及购房发票共6份交给张某富质押。同时，又与张某富协商并就2014年9月16日的借款达成新的结算还款协议，该协议内容为"……债务人吴某龙（下称乙方）因参股投资武宁县某项目，向债权人张某富（下称甲方）提出借款要求。甲方将人民币叁佰伍拾万元整出借给乙方，借期壹年，计息起始时间为二〇一四年九月十六日，月息2.5%……""……经双方协商，达成如下还款协议：第一条：甲乙双方确认，截至二〇一五年九月十六日，乙方仍欠甲方本金人民币叁佰壹拾万元整，利息捌拾陆万肆仟元整……第三条：乙方承诺（1）二〇一六年二月六日前乙方归还甲方本金伍拾万元整……"吴某龙与黄某琼系夫妻关系，双方于1997年8月11日登记结婚。置业公司成立于2014年11月7日。吴某龙在其向张某富出具的借条加盖置业公司公章时，其系置业公司的法定代表人。后吴某龙并未按照还款协议约定及时还款，故张某富诉诸法院。

江西省武宁县人民法院于2017年2月16日作出（2016）赣0423民初1545号民事判决：吴某龙、黄某琼共同偿还张某富借款本金310万元，利息744000元，合计3844000元，并自2015年9月17日起以借款本金310万元按照年利率20%计算支付利息及逾期利息至借款还清之日止；驳回张某富的其他诉讼请求。张某富不服，提出上诉。江西省九江市中级人民法院于2017年5月4日作出（2017）赣04民终596号民事判决：撤销一审判决，改判吴某龙、黄某琼、置业公司共同偿还上诉人张某富借款本金310万元，利息

744000元，合计3844000元，并自2015年9月17日起以借款本金310万元按照年利率20%计算支付利息及逾期利息至借款还清之日止；驳回张某富的其他诉讼请求。置业公司不服二审判决，申请再审。江西省高级人民法院于2018年5月2日作出（2018）赣民再39号民事判决：撤销二审判决，维持一审判决。

裁判理由

法院生效裁判认为：本案的争议焦点为置业公司应否承担本案的还款责任。经查，本案的初始借款350万元发生于2014年9月14日、9月16日、9月17日，此时置业公司尚未成立，借款存入了吴某龙的个人账户，且吴某龙的银行账户流水显示，上述借款系用于其个人的对外资金往来以及其家族企业江西省武宁县某有限公司。张某富提交的证据并不足以证明吴某龙将上述借款用于某项目。故该笔借款应系吴某龙的个人借款，与置业公司无关。2015年9月16日该笔借款到期后，吴某龙无力偿还借款，在张某富的要求下，其私自在空白借据上加盖了置业公司的公章，并在借据上补写了："今借到张某富叁佰壹拾万元整 借期一年 年息20%"。张某富明知该借款系吴某龙的个人债务，其知道并且应当知道吴某龙在空白借据上加盖置业公司公章的行为，并非置业公司的真实意思表示。因此，该借据对置业公司依法不具有约束力。再者，在2015年12月13日签订的《还款协议书》中，明确载明了债权人系张某富，债务人系吴某龙，协议对欠款的由来、欠款的本息、还款的时间等均作出了明确的说明，该协议并未加盖置业公司的公章，进一步证实了本案借款系吴某龙个人借款的事实。综上，置业公司不应承担本案的还款责任。二审判决认定的基本事实缺乏证据证明，判决处理结果不当。一审判决认定事实清楚，适用法律正确，再审予以维持。

裁判要旨

借款发生在公司成立之前，且借款存入公司法定代表人个人账户，即便后期在借据上加盖了公司公章，在借款未用于公司经营情形下，该借据对公司不具有约束力，公司依法不应承担还款责任。

关联索引

《中华人民共和国民法典》第61条、第154条、第170条（本案适用的是2017年10月1日起施行的《中华人民共和国民法总则》第61条、第154

条、第170条）

一审：江西省武宁县人民法院（2016）赣0423民初1545号民事判决（2017年2月16日）

二审：江西省九江市中级人民法院（2017）赣04民终596号民事判决（2017年5月4日）

再审：江西省高级人民法院（2018）赣民再39号民事判决（2018年5月2日）

第四部分　法答网精选问答

1. 民间借贷合同未约定利息或者利息约定不明，出借人主张利息的，如何处理？

答疑意见：对出借人的主张区分层次审查处理，详情如下：

第一个层次：民间借贷合同未约定利息。根据《民法典》第六百八十条第二款“借款合同对支付利息没有约定的，视为没有利息”以及《最高人民法院关于审理民间借贷案件适用法律若干问题的规定》(以下简称《民间借贷规定》) 第二十四条第一款“借贷双方没有约定利息，出借人主张支付利息的，人民法院不予支持”的规定，民间借贷合同对支付利息没有约定的，视为没有利息。出借人请求支付借款期限内利息的，应当以借贷合同约定为依据，借贷合同未约定利息，出借人主张借期内的利息的，人民法院不予支持，对此不区分是自然人之间的借贷合同还是自然人与法人、非法人组织之间或法人与非法人组织之间的借贷合同。

第二个层次：民间借贷合同对利息约定不明。根据《民法典》第六百八十条第三款“借款合同对支付利息约定不明确，当事人不能达成补充协议的，按照当地或者当事人的交易方式、交易习惯、市场利率等因素确定利息；自然人之间借款的，视为没有利息”以及《最高人民法院关于审理民间借贷案件适用法律若干问题的规定》第二十四条第二款的规定，对于支付利息约定不明确的，应区分两种情况：一是自然人与法人、非法人组织之间的民间借贷合同以及法人、非法人组织之间的民间借贷合同，对支付利息约定不明确，当事人又不能达成补充协议的，按照当地或者当事人的交易方式、交易习惯、市场利率等因素确定利息。这里既包括确定是否应当支付利息，也包括确定利率的高低。二是自然人之间的民间借贷合同对支付利息约定不明确的，视为没有利息，出借人不享有支付利息请求权。审判实践中，自然人之间的借款合同如果约定了利率但未明确是月利率还是年利率的，属于对支付利息作了明确约定，只是对利率标准约定不明，人民法院可依据当事人之间的交易习惯等因素对利率作出认定。

第三个层次：民间借贷合同未约定利息但约定了借款期限。对于民间借贷合同既未约定借期利息，又未约定逾期利息的情形，根据《民法典》第六百八十条第二款和《民间借贷规定》）第二十四条第一款规定，出借人主张借期内的利息的，依法不予支持；但对于出借人主张逾期利息的，根据《民法典》第六百七十六条“借款人未按照约定的期限返还借款的，应当按照约定或者国家有关规定支付逾期利息”以及《民间借贷规定》第二十八条第二款的规定，双方既未约定借期内利率，也未约定逾期利率，出借人主张借款人自逾期还款之日起参照当时一年期贷款市场报价利率标准计算的利息承担逾期还款违约责任的，人民法院应予支持。

第四个层次：既未约定利息又未约定借款期限，出借人主张逾期利息的，应当先确定“借款期限”问题。根据《民法典》第六百七十五条规定，借贷双方可按照《民法典》第五百一十条规定确定借款期限，借款期限确定后，可按照第三个层次的方法来确定利息。如果根据《民法典》第五百一十条规定不能确定借款期限，贷款人可以催告借款人在合理期限内返还，对于“合理期限”之后的逾期利息，参照第三个层次的利息确定方法计算。

点评专家：清华大学法学院教授　程　啸

点评意见：本答疑结合实践中常见的情形，依据《民法典》的规定，区分借款合同中没有约定利息、利息约定不明、未约定利息但约定了还款期限、既没有约定利息也没有约定还款期限四个层次来解答，条理清晰，很有针对性。需要注意的是，《民法典》合同编第十二章借款合同规范的是所有类型的合同，既包括自然人、法人和非法人组织之间进行资金融通而成立的借款合同即民间借贷合同，也包括依法设立的从事贷款业务的金融机构向借款人发放贷款而成立的借款合同即金融借款合同。因此，依据《民法典》第六百八十条第二款的规定，只要是借款合同没有约定利息，那么无论该借款合同是金融借款合同还是民间借贷合同，也不管借款合同是自然人之间的还是非自然人之间的，一律视为不支付利息。此外，《民法典》第六百八十条第三款前半句即“借款合同对支付利息约定不明确，当事人不能达成补充协议的，按照当地或者当事人的交易方式、交易习惯、市场利率等因素确定利息”，也适用于除了自然人之间的借款合同之外的所有类型的借款合同。

2. 实际借款人涉嫌贷款诈骗罪，名义借款人与出借人签订的借款合同之效力如何认定？还款责任如何承担？

答疑意见：一是关于借款人的确定问题。实际借款人委托名义借款人借款的，应当依据《民法典》第九百二十五条、第九百二十六条有关间接代理的规定来确定借款合同的当事人，即视出借人在订立借款合同时是否知情作不同处理：出借人在签订借款合同时知道或者应当知道名义借款人与实际借款人之间的代理关系的，借款合同直接约束实际借款人与出借人，因此应当认定实际借款人是借款合同当事人，除非出借人有确切证据证明借款合同只约束名义借款人。出借人对代理关系不知情的，应当认定名义借款人是借款人；名义借款人披露实际借款人的，出借人有权选择名义借款人或者实际借款人作为相对人。

二是关于借款合同效力问题。实际借款人被认定贷款诈骗犯罪，意味着刑事判决已经认定实际借款人为借款合同当事人。依据前述规则，如果民事诉讼也认定实际借款人为借款合同当事人，就涉及构成贷款诈骗罪是否影响合同效力问题。在认定合同效力时，要依据《民法典》有关民事法律行为效力的规则来认定，而不能简单地认为只要构成犯罪，就应一律认定合同无效。在贷款诈骗犯罪场合，依据《民法典》第一百四十八条有关欺诈的规定，应当认定该合同为可撤销合同。应当注意的是，在合同效力归属（当事人认定）上，刑事判决认定实际借款人构成贷款诈骗犯罪，并不当然意味着民事诉讼也必须认定借款合同就发生在出借人和实际借款人之间。换言之，在行为的法律效果归属问题上，也要依据《民法典》第九百二十五条、第九百二十六条等规定来确定借款合同的当事人。如果民事判决认定名义借款人是借款合同当事人的，此时实际借款人构成贷款诈骗罪并不影响借款合同的效力。

三是关于名义借款人的责任及其与刑事责任的协调问题。如果认定合同关系发生在实际借款人和出借人之间，因名义借款人不是合同当事人，其无需承担借款合同项下的责任。如果民事判决认定合同关系发生在名义借款人与出借人之间，则名义借款人根据民事判决承担借款合同项下的还本付息责任，实际借款人根据刑事判决承担退赃退赔责任，二者构成不真正连带责任，不存在比例责任或补充责任的问题。此时，人民法院要在执行环节做好协调工作，避免债权人重复受偿。

咨询人：浙江省高级人民法院民事审判第五庭　徐　楚

答疑专家：最高人民法院民二庭　麻锦亮

第五部分　相关规定

一、相关法律

中华人民共和国民法典（节选）

（2020年5月28日第十三届全国人民代表大会第三次会议通过
2020年5月28日中华人民共和国主席令第四十五号公布
自2021年1月1日起施行）

目　录

第十三章　保证合同

　第一节　一般规定

　第二节　保证责任

第五编　婚姻家庭

第三章　家庭关系

　第一节　夫妻关系

　第二节　父母子女关系和其他近亲属关系

第四章　离　　婚

第三编　合　同

第一分编　通　则

第一章　一般规定

第四百六十三条　本编调整因合同产生的民事关系。

第四百六十四条　合同是民事主体之间设立、变更、终止民事法律关系的协议。

婚姻、收养、监护等有关身份关系的协议，适用有关该身份关系的法律规定；没有规定的，可以根据其性质参照适用本编规定。

第四百六十五条　依法成立的合同，受法律保护。

依法成立的合同，仅对当事人具有法律约束力，但是法律另有规定的除外。

第四百六十六条　当事人对合同条款的理解有争议的，应当依据本法第一百四十二条第一款的规定，确定争议条款的含义。

合同文本采用两种以上文字订立并约定具有同等效力的，对各文本使用的词句推定具有相同含义。各文本使用的词句不一致的，应当根据合同的相关条款、性质、目的以及诚信原则等予以解释。

第四百六十七条　本法或者其他法律没有明文规定的合同，适用本编通则的规定，并可以参照适用本编或者其他法律最相类似合同的规定。

在中华人民共和国境内履行的中外合资经营企业合同、中外合作经营企业合同、中外合作勘探开发自然资源合同，适用中华人民共和国法律。

第四百六十八条 非因合同产生的债权债务关系，适用有关该债权债务关系的法律规定；没有规定的，适用本编通则的有关规定，但是根据其性质不能适用的除外。

第二章 合同的订立

第四百六十九条 当事人订立合同，可以采用书面形式、口头形式或者其他形式。

书面形式是合同书、信件、电报、电传、传真等可以有形地表现所载内容的形式。

以电子数据交换、电子邮件等方式能够有形地表现所载内容，并可以随时调取查用的数据电文，视为书面形式。

第四百七十条 合同的内容由当事人约定，一般包括下列条款：

（一）当事人的姓名或者名称和住所；

（二）标的；

（三）数量；

（四）质量；

（五）价款或者报酬；

（六）履行期限、地点和方式；

（七）违约责任；

（八）解决争议的方法。

当事人可以参照各类合同的示范文本订立合同。

第四百七十一条 当事人订立合同，可以采取要约、承诺方式或者其他方式。

第四百七十二条 要约是希望与他人订立合同的意思表示，该意思表示应当符合下列条件：

（一）内容具体确定；

（二）表明经受要约人承诺，要约人即受该意思表示约束。

第四百七十三条 要约邀请是希望他人向自己发出要约的表示。拍卖公告、招标公告、招股说明书、债券募集办法、基金招募说明书、商业广告和宣传、寄送的价目表等为要约邀请。

商业广告和宣传的内容符合要约条件的，构成要约。

第四百七十四条 要约生效的时间适用本法第一百三十七条的规定。

第四百七十五条 要约可以撤回。要约的撤回适用本法第一百四十一条的规定。

第四百七十六条 要约可以撤销，但是有下列情形之一的除外：

（一）要约人以确定承诺期限或者其他形式明示要约不可撤销；

（二）受要约人有理由认为要约是不可撤销的，并已经为履行合同做了合理准备工作。

第四百七十七条 撤销要约的意思表示以对话方式作出的，该意思表示的内容应当在受要约人作出承诺之前为受要约人所知道；撤销要约的意思表示以非对话方式作出的，应当在受要约人作出承诺之前到达受要约人。

第四百七十八条 有下列情形之一的，要约失效：

（一）要约被拒绝；

（二）要约被依法撤销；

（三）承诺期限届满，受要约人未作出承诺；

（四）受要约人对要约的内容作出实质性变更。

第四百七十九条 承诺是受要约人同意要约的意思表示。

第四百八十条 承诺应当以通知的方式作出；但是，根据交易习惯或者要约表明可以通过行为作出承诺的除外。

第四百八十一条 承诺应当在要约确定的期限内到达要约人。

要约没有确定承诺期限的，承诺应当依照下列规定到达：

（一）要约以对话方式作出的，应当即时作出承诺；

（二）要约以非对话方式作出的，承诺应当在合理期限内到达。

第四百八十二条 要约以信件或者电报作出的，承诺期限自信件载明的日期或者电报交发之日开始计算。信件未载明日期的，自投寄该信件的邮戳日期开始计算。要约以电话、传真、电子邮件等快速通讯方式作出的，承诺期限自要约到达受要约人时开始计算。

第四百八十三条　承诺生效时合同成立，但是法律另有规定或者当事人另有约定的除外。

第四百八十四条　以通知方式作出的承诺，生效的时间适用本法第一百三十七条的规定。

承诺不需要通知的，根据交易习惯或者要约的要求作出承诺的行为时生效。

第四百八十五条　承诺可以撤回。承诺的撤回适用本法第一百四十一条的规定。

第四百八十六条　受要约人超过承诺期限发出承诺，或者在承诺期限内发出承诺，按照通常情形不能及时到达要约人的，为新要约；但是，要约人及时通知受要约人该承诺有效的除外。

第四百八十七条　受要约人在承诺期限内发出承诺，按照通常情形能够及时到达要约人，但是因其他原因致使承诺到达要约人时超过承诺期限的，除要约人及时通知受要约人因承诺超过期限不接受该承诺外，该承诺有效。

第四百八十八条　承诺的内容应当与要约的内容一致。受要约人对要约的内容作出实质性变更的，为新要约。有关合同标的、数量、质量、价款或者报酬、履行期限、履行地点和方式、违约责任和解决争议方法等的变更，是对要约内容的实质性变更。

第四百八十九条　承诺对要约的内容作出非实质性变更的，除要约人及时表示反对或者要约表明承诺不得对要约的内容作出任何变更外，该承诺有效，合同的内容以承诺的内容为准。

第四百九十条　当事人采用合同书形式订立合同的，自当事人均签名、盖章或者按指印时合同成立。在签名、盖章或者按指印之前，当事人一方已经履行主要义务，对方接受时，该合同成立。

法律、行政法规规定或者当事人约定合同应当采用书面形式订立，当事人未采用书面形式但是一方已经履行主要义务，对方接受时，该合同成立。

第四百九十一条　当事人采用信件、数据电文等形式订立合同要求签订确认书的，签订确认书时合同成立。

当事人一方通过互联网等信息网络发布的商品或者服务信息符合要约条件的，对方选择该商品或者服务并提交订单成功时合同成立，但是当事人另有约定的除外。

第四百九十二条 承诺生效的地点为合同成立的地点。

采用数据电文形式订立合同的，收件人的主营业地为合同成立的地点；没有主营业地的，其住所地为合同成立的地点。当事人另有约定的，按照其约定。

第四百九十三条 当事人采用合同书形式订立合同的，最后签名、盖章或者按指印的地点为合同成立的地点，但是当事人另有约定的除外。

第四百九十四条 国家根据抢险救灾、疫情防控或者其他需要下达国家订货任务、指令性任务的，有关民事主体之间应当依照有关法律、行政法规规定的权利和义务订立合同。

依照法律、行政法规的规定负有发出要约义务的当事人，应当及时发出合理的要约。

依照法律、行政法规的规定负有作出承诺义务的当事人，不得拒绝对方合理的订立合同要求。

第四百九十五条 当事人约定在将来一定期限内订立合同的认购书、订购书、预订书等，构成预约合同。

当事人一方不履行预约合同约定的订立合同义务的，对方可以请求其承担预约合同的违约责任。

第四百九十六条 格式条款是当事人为了重复使用而预先拟定，并在订立合同时未与对方协商的条款。

采用格式条款订立合同的，提供格式条款的一方应当遵循公平原则确定当事人之间的权利和义务，并采取合理的方式提示对方注意免除或者减轻其责任等与对方有重大利害关系的条款，按照对方的要求，对该条款予以说明。提供格式条款的一方未履行提示或者说明义务，致使对方没有注意或者理解与其有重大利害关系的条款的，对方可以主张该条款不成为合同的内容。

第四百九十七条 有下列情形之一的，该格式条款无效：

（一）具有本法第一编第六章第三节和本法第五百零六条规定的无效情形；

（二）提供格式条款一方不合理地免除或者减轻其责任、加重对方责任、限制对方主要权利；

（三）提供格式条款一方排除对方主要权利。

第四百九十八条 对格式条款的理解发生争议的，应当按照通常理解予以解释。对格式条款有两种以上解释的，应当作出不利于提供格式条款一方的解释。格式条款和非格式条款不一致的，应当采用非格式条款。

第四百九十九条 悬赏人以公开方式声明对完成特定行为的人支付报酬的，完成该行为的人可以请求其支付。

第五百条 当事人在订立合同过程中有下列情形之一，造成对方损失的，应当承担赔偿责任：

（一）假借订立合同，恶意进行磋商；

（二）故意隐瞒与订立合同有关的重要事实或者提供虚假情况；

（三）有其他违背诚信原则的行为。

第五百零一条 当事人在订立合同过程中知悉的商业秘密或者其他应当保密的信息，无论合同是否成立，不得泄露或者不正当地使用；泄露、不正当地使用该商业秘密或者信息，造成对方损失的，应当承担赔偿责任。

第三章 合同的效力

第五百零二条 依法成立的合同，自成立时生效，但是法律另有规定或者当事人另有约定的除外。

依照法律、行政法规的规定，合同应当办理批准等手续的，依照其规定。未办理批准等手续影响合同生效的，不影响合同中履行报批等义务条款以及相关条款的效力。应当办理申请批准等手续的当事人未履行义务的，对方可以请求其承担违反该义务的责任。

依照法律、行政法规的规定，合同的变更、转让、解除等情形应当办理批准等手续的，适用前款规定。

第五百零三条 无权代理人以被代理人的名义订立合同，被代理人已经开始履行合同义务或者接受相对人履行的，视为对合同的追认。

第五百零四条 法人的法定代表人或者非法人组织的负责人超越权限订立的合同，除相对人知道或者应当知道其超越权限外，该代表行为有效，订立的合同对法人或者非法人组织发生效力。

第五百零五条 当事人超越经营范围订立的合同的效力，应当依照本法

第一编第六章第三节和本编的有关规定确定，不得仅以超越经营范围确认合同无效。

第五百零六条 合同中的下列免责条款无效：

（一）造成对方人身损害的；

（二）因故意或者重大过失造成对方财产损失的。

第五百零七条 合同不生效、无效、被撤销或者终止的，不影响合同中有关解决争议方法的条款的效力。

第五百零八条 本编对合同的效力没有规定的，适用本法第一编第六章的有关规定。

第四章 合同的履行

第五百零九条 当事人应当按照约定全面履行自己的义务。

当事人应当遵循诚信原则，根据合同的性质、目的和交易习惯履行通知、协助、保密等义务。

当事人在履行合同过程中，应当避免浪费资源、污染环境和破坏生态。

第五百一十条 合同生效后，当事人就质量、价款或者报酬、履行地点等内容没有约定或者约定不明确的，可以协议补充；不能达成补充协议的，按照合同相关条款或者交易习惯确定。

第五百一十一条 当事人就有关合同内容约定不明确，依据前条规定仍不能确定的，适用下列规定：

（一）质量要求不明确的，按照强制性国家标准履行；没有强制性国家标准的，按照推荐性国家标准履行；没有推荐性国家标准的，按照行业标准履行；没有国家标准、行业标准的，按照通常标准或者符合合同目的的特定标准履行。

（二）价款或者报酬不明确的，按照订立合同时履行地的市场价格履行；依法应当执行政府定价或者政府指导价的，依照规定履行。

（三）履行地点不明确，给付货币的，在接受货币一方所在地履行；交付不动产的，在不动产所在地履行；其他标的，在履行义务一方所在地履行。

（四）履行期限不明确的，债务人可以随时履行，债权人也可以随时请求履行，但是应当给对方必要的准备时间。

（五）履行方式不明确的，按照有利于实现合同目的的方式履行。

（六）履行费用的负担不明确的，由履行义务一方负担；因债权人原因增加的履行费用，由债权人负担。

第五百一十二条　通过互联网等信息网络订立的电子合同的标的为交付商品并采用快递物流方式交付的，收货人的签收时间为交付时间。电子合同的标的为提供服务的，生成的电子凭证或者实物凭证中载明的时间为提供服务时间；前述凭证没有载明时间或者载明时间与实际提供服务时间不一致的，以实际提供服务的时间为准。

电子合同的标的物为采用在线传输方式交付的，合同标的物进入对方当事人指定的特定系统且能够检索识别的时间为交付时间。

电子合同当事人对交付商品或者提供服务的方式、时间另有约定的，按照其约定。

第五百一十三条　执行政府定价或者政府指导价的，在合同约定的交付期限内政府价格调整时，按照交付时的价格计价。逾期交付标的物的，遇价格上涨时，按照原价格执行；价格下降时，按照新价格执行。逾期提取标的物或者逾期付款的，遇价格上涨时，按照新价格执行；价格下降时，按照原价格执行。

第五百一十四条　以支付金钱为内容的债，除法律另有规定或者当事人另有约定外，债权人可以请求债务人以实际履行地的法定货币履行。

第五百一十五条　标的有多项而债务人只需履行其中一项的，债务人享有选择权；但是，法律另有规定、当事人另有约定或者另有交易习惯的除外。

享有选择权的当事人在约定期限内或者履行期限届满未作选择，经催告后在合理期限内仍未选择的，选择权转移至对方。

第五百一十六条　当事人行使选择权应当及时通知对方，通知到达对方时，标的确定。标的确定后不得变更，但是经对方同意的除外。

可选择的标的发生不能履行情形的，享有选择权的当事人不得选择不能履行的标的，但是该不能履行的情形是由对方造成的除外。

第五百一十七条　债权人为二人以上，标的可分，按照份额各自享有债权的，为按份债权；债务人为二人以上，标的可分，按照份额各自负担债务的，为按份债务。

按份债权人或者按份债务人的份额难以确定的，视为份额相同。

第五百一十八条 债权人为二人以上，部分或者全部债权人均可以请求债务人履行债务的，为连带债权；债务人为二人以上，债权人可以请求部分或者全部债务人履行全部债务的，为连带债务。

连带债权或者连带债务，由法律规定或者当事人约定。

第五百一十九条 连带债务人之间的份额难以确定的，视为份额相同。

实际承担债务超过自己份额的连带债务人，有权就超出部分在其他连带债务人未履行的份额范围内向其追偿，并相应地享有债权人的权利，但是不得损害债权人的利益。其他连带债务人对债权人的抗辩，可以向该债务人主张。

被追偿的连带债务人不能履行其应分担份额的，其他连带债务人应当在相应范围内按比例分担。

第五百二十条 部分连带债务人履行、抵销债务或者提存标的物的，其他债务人对债权人的债务在相应范围内消灭；该债务人可以依据前条规定向其他债务人追偿。

部分连带债务人的债务被债权人免除的，在该连带债务人应当承担的份额范围内，其他债务人对债权人的债务消灭。

部分连带债务人的债务与债权人的债权同归于一人的，在扣除该债务人应当承担的份额后，债权人对其他债务人的债权继续存在。

债权人对部分连带债务人的给付受领迟延的，对其他连带债务人发生效力。

第五百二十一条 连带债权人之间的份额难以确定的，视为份额相同。

实际受领债权的连带债权人，应当按比例向其他连带债权人返还。

连带债权参照适用本章连带债务的有关规定。

第五百二十二条 当事人约定由债务人向第三人履行债务，债务人未向第三人履行债务或者履行债务不符合约定的，应当向债权人承担违约责任。

法律规定或者当事人约定第三人可以直接请求债务人向其履行债务，第三人未在合理期限内明确拒绝，债务人未向第三人履行债务或者履行债务不符合约定的，第三人可以请求债务人承担违约责任；债务人对债权人的抗辩，可以向第三人主张。

第五百二十三条　当事人约定由第三人向债权人履行债务，第三人不履行债务或者履行债务不符合约定的，债务人应当向债权人承担违约责任。

第五百二十四条　债务人不履行债务，第三人对履行该债务具有合法利益的，第三人有权向债权人代为履行；但是，根据债务性质、按照当事人约定或者依照法律规定只能由债务人履行的除外。

债权人接受第三人履行后，其对债务人的债权转让给第三人，但是债务人和第三人另有约定的除外。

第五百二十五条　当事人互负债务，没有先后履行顺序的，应当同时履行。一方在对方履行之前有权拒绝其履行请求。一方在对方履行债务不符合约定时，有权拒绝其相应的履行请求。

第五百二十六条　当事人互负债务，有先后履行顺序，应当先履行债务一方未履行的，后履行一方有权拒绝其履行请求。先履行一方履行债务不符合约定的，后履行一方有权拒绝其相应的履行请求。

第五百二十七条　应当先履行债务的当事人，有确切证据证明对方有下列情形之一的，可以中止履行：

（一）经营状况严重恶化；

（二）转移财产、抽逃资金，以逃避债务；

（三）丧失商业信誉；

（四）有丧失或者可能丧失履行债务能力的其他情形。

当事人没有确切证据中止履行的，应当承担违约责任。

第五百二十八条　当事人依据前条规定中止履行的，应当及时通知对方。对方提供适当担保的，应当恢复履行。中止履行后，对方在合理期限内未恢复履行能力且未提供适当担保的，视为以自己的行为表明不履行主要债务，中止履行的一方可以解除合同并可以请求对方承担违约责任。

第五百二十九条　债权人分立、合并或者变更住所没有通知债务人，致使履行债务发生困难的，债务人可以中止履行或者将标的物提存。

第五百三十条　债权人可以拒绝债务人提前履行债务，但是提前履行不损害债权人利益的除外。

债务人提前履行债务给债权人增加的费用，由债务人负担。

第五百三十一条　债权人可以拒绝债务人部分履行债务，但是部分履行不损害债权人利益的除外。

债务人部分履行债务给债权人增加的费用，由债务人负担。

第五百三十二条 合同生效后，当事人不得因姓名、名称的变更或者法定代表人、负责人、承办人的变动而不履行合同义务。

第五百三十三条 合同成立后，合同的基础条件发生了当事人在订立合同时无法预见的、不属于商业风险的重大变化，继续履行合同对于当事人一方明显不公平的，受不利影响的当事人可以与对方重新协商；在合理期限内协商不成的，当事人可以请求人民法院或者仲裁机构变更或者解除合同。

人民法院或者仲裁机构应当结合案件的实际情况，根据公平原则变更或者解除合同。

第五百三十四条 对当事人利用合同实施危害国家利益、社会公共利益行为的，市场监督管理和其他有关行政主管部门依照法律、行政法规的规定负责监督处理。

第五章 合同的保全

第五百三十五条 因债务人怠于行使其债权或者与该债权有关的从权利，影响债权人的到期债权实现的，债权人可以向人民法院请求以自己的名义代位行使债务人对相对人的权利，但是该权利专属于债务人自身的除外。

代位权的行使范围以债权人的到期债权为限。债权人行使代位权的必要费用，由债务人负担。

相对人对债务人的抗辩，可以向债权人主张。

第五百三十六条 债权人的债权到期前，债务人的债权或者与该债权有关的从权利存在诉讼时效期间即将届满或者未及时申报破产债权等情形，影响债权人的债权实现的，债权人可以代位向债务人的相对人请求其向债务人履行、向破产管理人申报或者作出其他必要的行为。

第五百三十七条 人民法院认定代位权成立的，由债务人的相对人向债权人履行义务，债权人接受履行后，债权人与债务人、债务人与相对人之间相应的权利义务终止。债务人对相对人的债权或者与该债权有关的从权利被采取保全、执行措施，或者债务人破产的，依照相关法律的规定处理。

第五百三十八条 债务人以放弃其债权、放弃债权担保、无偿转让财产等方式无偿处分财产权益，或者恶意延长其到期债权的履行期限，影响债权人的债权实现的，债权人可以请求人民法院撤销债务人的行为。

第五百三十九条　债务人以明显不合理的低价转让财产、以明显不合理的高价受让他人财产或者为他人的债务提供担保，影响债权人的债权实现，债务人的相对人知道或者应当知道该情形的，债权人可以请求人民法院撤销债务人的行为。

第五百四十条　撤销权的行使范围以债权人的债权为限。债权人行使撤销权的必要费用，由债务人负担。

第五百四十一条　撤销权自债权人知道或者应当知道撤销事由之日起一年内行使。自债务人的行为发生之日起五年内没有行使撤销权的，该撤销权消灭。

第五百四十二条　债务人影响债权人的债权实现的行为被撤销的，自始没有法律约束力。

第六章　合同的变更和转让

第五百四十三条　当事人协商一致，可以变更合同。

第五百四十四条　当事人对合同变更的内容约定不明确的，推定为未变更。

第五百四十五条　债权人可以将债权的全部或者部分转让给第三人，但是有下列情形之一的除外：

（一）根据债权性质不得转让；

（二）按照当事人约定不得转让；

（三）依照法律规定不得转让。

当事人约定非金钱债权不得转让的，不得对抗善意第三人。当事人约定金钱债权不得转让的，不得对抗第三人。

第五百四十六条　债权人转让债权，未通知债务人的，该转让对债务人不发生效力。

债权转让的通知不得撤销，但是经受让人同意的除外。

第五百四十七条　债权人转让债权的，受让人取得与债权有关的从权利，但是该从权利专属于债权人自身的除外。

受让人取得从权利不因该从权利未办理转移登记手续或者未转移占有而受到影响。

第五百四十八条 债务人接到债权转让通知后，债务人对让与人的抗辩，可以向受让人主张。

第五百四十九条 有下列情形之一的，债务人可以向受让人主张抵销：

（一）债务人接到债权转让通知时，债务人对让与人享有债权，且债务人的债权先于转让的债权到期或者同时到期；

（二）债务人的债权与转让的债权是基于同一合同产生。

第五百五十条 因债权转让增加的履行费用，由让与人负担。

第五百五十一条 债务人将债务的全部或者部分转移给第三人的，应当经债权人同意。

债务人或者第三人可以催告债权人在合理期限内予以同意，债权人未作表示的，视为不同意。

第五百五十二条 第三人与债务人约定加入债务并通知债权人，或者第三人向债权人表示愿意加入债务，债权人未在合理期限内明确拒绝的，债权人可以请求第三人在其愿意承担的债务范围内和债务人承担连带债务。

第五百五十三条 债务人转移债务的，新债务人可以主张原债务人对债权人的抗辩；原债务人对债权人享有债权的，新债务人不得向债权人主张抵销。

第五百五十四条 债务人转移债务的，新债务人应当承担与主债务有关的从债务，但是该从债务专属于原债务人自身的除外。

第五百五十五条 当事人一方经对方同意，可以将自己在合同中的权利和义务一并转让给第三人。

第五百五十六条 合同的权利和义务一并转让的，适用债权转让、债务转移的有关规定。

第七章　合同的权利义务终止

第五百五十七条 有下列情形之一的，债权债务终止：

（一）债务已经履行；

（二）债务相互抵销；

（三）债务人依法将标的物提存；

（四）债权人免除债务；

（五）债权债务同归于一人；

（六）法律规定或者当事人约定终止的其他情形。

合同解除的，该合同的权利义务关系终止。

第五百五十八条 债权债务终止后，当事人应当遵循诚信等原则，根据交易习惯履行通知、协助、保密、旧物回收等义务。

第五百五十九条 债权债务终止时，债权的从权利同时消灭，但是法律另有规定或者当事人另有约定的除外。

第五百六十条 债务人对同一债权人负担的数项债务种类相同，债务人的给付不足以清偿全部债务的，除当事人另有约定外，由债务人在清偿时指定其履行的债务。

债务人未作指定的，应当优先履行已经到期的债务；数项债务均到期的，优先履行对债权人缺乏担保或者担保最少的债务；均无担保或者担保相等的，优先履行债务人负担较重的债务；负担相同的，按照债务到期的先后顺序履行；到期时间相同的，按照债务比例履行。

第五百六十一条 债务人在履行主债务外还应当支付利息和实现债权的有关费用，其给付不足以清偿全部债务的，除当事人另有约定外，应当按照下列顺序履行：

（一）实现债权的有关费用；

（二）利息；

（三）主债务。

第五百六十二条 当事人协商一致，可以解除合同。

当事人可以约定一方解除合同的事由。解除合同的事由发生时，解除权人可以解除合同。

第五百六十三条 有下列情形之一的，当事人可以解除合同：

（一）因不可抗力致使不能实现合同目的；

（二）在履行期限届满前，当事人一方明确表示或者以自己的行为表明不履行主要债务；

（三）当事人一方迟延履行主要债务，经催告后在合理期限内仍未履行；

（四）当事人一方迟延履行债务或者有其他违约行为致使不能实现合同目的；

（五）法律规定的其他情形。

以持续履行的债务为内容的不定期合同，当事人可以随时解除合同，但是应当在合理期限之前通知对方。

第五百六十四条 法律规定或者当事人约定解除权行使期限，期限届满当事人不行使的，该权利消灭。

法律没有规定或者当事人没有约定解除权行使期限，自解除权人知道或者应当知道解除事由之日起一年内不行使，或者经对方催告后在合理期限内不行使的，该权利消灭。

第五百六十五条 当事人一方依法主张解除合同的，应当通知对方。合同自通知到达对方时解除；通知载明债务人在一定期限内不履行债务则合同自动解除，债务人在该期限内未履行债务的，合同自通知载明的期限届满时解除。对方对解除合同有异议的，任何一方当事人均可以请求人民法院或者仲裁机构确认解除行为的效力。

当事人一方未通知对方，直接以提起诉讼或者申请仲裁的方式依法主张解除合同，人民法院或者仲裁机构确认该主张的，合同自起诉状副本或者仲裁申请书副本送达对方时解除。

第五百六十六条 合同解除后，尚未履行的，终止履行；已经履行的，根据履行情况和合同性质，当事人可以请求恢复原状或者采取其他补救措施，并有权请求赔偿损失。

合同因违约解除的，解除权人可以请求违约方承担违约责任，但是当事人另有约定的除外。

主合同解除后，担保人对债务人应当承担的民事责任仍应当承担担保责任，但是担保合同另有约定的除外。

第五百六十七条 合同的权利义务关系终止，不影响合同中结算和清理条款的效力。

第五百六十八条 当事人互负债务，该债务的标的物种类、品质相同的，任何一方可以将自己的债务与对方的到期债务抵销；但是，根据债务性质、按照当事人约定或者依照法律规定不得抵销的除外。

当事人主张抵销的，应当通知对方。通知自到达对方时生效。抵销不得附条件或者附期限。

第五百六十九条 当事人互负债务，标的物种类、品质不相同的，经协商一致，也可以抵销。

第五百七十条 有下列情形之一，难以履行债务的，债务人可以将标的物提存：

（一）债权人无正当理由拒绝受领；

（二）债权人下落不明；

（三）债权人死亡未确定继承人、遗产管理人，或者丧失民事行为能力未确定监护人；

（四）法律规定的其他情形。

标的物不适于提存或者提存费用过高的，债务人依法可以拍卖或者变卖标的物，提存所得的价款。

第五百七十一条 债务人将标的物或者将标的物依法拍卖、变卖所得价款交付提存部门时，提存成立。

提存成立的，视为债务人在其提存范围内已经交付标的物。

第五百七十二条 标的物提存后，债务人应当及时通知债权人或者债权人的继承人、遗产管理人、监护人、财产代管人。

第五百七十三条 标的物提存后，毁损、灭失的风险由债权人承担。提存期间，标的物的孳息归债权人所有。提存费用由债权人负担。

第五百七十四条 债权人可以随时领取提存物。但是，债权人对债务人负有到期债务的，在债权人未履行债务或者提供担保之前，提存部门根据债务人的要求应当拒绝其领取提存物。

债权人领取提存物的权利，自提存之日起五年内不行使而消灭，提存物扣除提存费用后归国家所有。但是，债权人未履行对债务人的到期债务，或者债权人向提存部门书面表示放弃领取提存物权利的，债务人负担提存费用后有权取回提存物。

第五百七十五条 债权人免除债务人部分或者全部债务的，债权债务部分或者全部终止，但是债务人在合理期限内拒绝的除外。

第五百七十六条 债权和债务同归于一人的，债权债务终止，但是损害第三人利益的除外。

第八章　违约责任

第五百七十七条　当事人一方不履行合同义务或者履行合同义务不符合约定的，应当承担继续履行、采取补救措施或者赔偿损失等违约责任。

第五百七十八条　当事人一方明确表示或者以自己的行为表明不履行合同义务的，对方可以在履行期限届满前请求其承担违约责任。

第五百七十九条　当事人一方未支付价款、报酬、租金、利息，或者不履行其他金钱债务的，对方可以请求其支付。

第五百八十条　当事人一方不履行非金钱债务或者履行非金钱债务不符合约定的，对方可以请求履行，但是有下列情形之一的除外：

（一）法律上或者事实上不能履行；

（二）债务的标的不适于强制履行或者履行费用过高；

（三）债权人在合理期限内未请求履行。

有前款规定的除外情形之一，致使不能实现合同目的的，人民法院或者仲裁机构可以根据当事人的请求终止合同权利义务关系，但是不影响违约责任的承担。

第五百八十一条　当事人一方不履行债务或者履行债务不符合约定，根据债务的性质不得强制履行的，对方可以请求其负担由第三人替代履行的费用。

第五百八十二条　履行不符合约定的，应当按照当事人的约定承担违约责任。对违约责任没有约定或者约定不明确，依据本法第五百一十条的规定仍不能确定的，受损害方根据标的的性质以及损失的大小，可以合理选择请求对方承担修理、重作、更换、退货、减少价款或者报酬等违约责任。

第五百八十三条　当事人一方不履行合同义务或者履行合同义务不符合约定的，在履行义务或者采取补救措施后，对方还有其他损失的，应当赔偿损失。

第五百八十四条　当事人一方不履行合同义务或者履行合同义务不符合约定，造成对方损失的，损失赔偿额应当相当于因违约所造成的损失，包括合同履行后可以获得的利益；但是，不得超过违约一方订立合同时预见到或者应当预见到的因违约可能造成的损失。

第五百八十五条　当事人可以约定一方违约时应当根据违约情况向对方支付一定数额的违约金，也可以约定因违约产生的损失赔偿额的计算方法。

约定的违约金低于造成的损失的，人民法院或者仲裁机构可以根据当事人的请求予以增加；约定的违约金过分高于造成的损失的，人民法院或者仲裁机构可以根据当事人的请求予以适当减少。

当事人就迟延履行约定违约金的，违约方支付违约金后，还应当履行债务。

第五百八十六条　当事人可以约定一方向对方给付定金作为债权的担保。定金合同自实际交付定金时成立。

定金的数额由当事人约定；但是，不得超过主合同标的额的百分之二十，超过部分不产生定金的效力。实际交付的定金数额多于或者少于约定数额的，视为变更约定的定金数额。

第五百八十七条　债务人履行债务的，定金应当抵作价款或者收回。给付定金的一方不履行债务或者履行债务不符合约定，致使不能实现合同目的的，无权请求返还定金；收受定金的一方不履行债务或者履行债务不符合约定，致使不能实现合同目的的，应当双倍返还定金。

第五百八十八条　当事人既约定违约金，又约定定金的，一方违约时，对方可以选择适用违约金或者定金条款。

定金不足以弥补一方违约造成的损失的，对方可以请求赔偿超过定金数额的损失。

第五百八十九条　债务人按照约定履行债务，债权人无正当理由拒绝受领的，债务人可以请求债权人赔偿增加的费用。

在债权人受领迟延期间，债务人无须支付利息。

第五百九十条　当事人一方因不可抗力不能履行合同的，根据不可抗力的影响，部分或者全部免除责任，但是法律另有规定的除外。因不可抗力不能履行合同的，应当及时通知对方，以减轻可能给对方造成的损失，并应当在合理期限内提供证明。

当事人迟延履行后发生不可抗力的，不免除其违约责任。

第五百九十一条　当事人一方违约后，对方应当采取适当措施防止损失的扩大；没有采取适当措施致使损失扩大的，不得就扩大的损失请求赔偿。

当事人因防止损失扩大而支出的合理费用，由违约方负担。

第五百九十二条 当事人都违反合同的，应当各自承担相应的责任。

当事人一方违约造成对方损失，对方对损失的发生有过错的，可以减少相应的损失赔偿额。

第五百九十三条 当事人一方因第三人的原因造成违约的，应当依法向对方承担违约责任。当事人一方和第三人之间的纠纷，依照法律规定或者按照约定处理。

第五百九十四条 因国际货物买卖合同和技术进出口合同争议提起诉讼或者申请仲裁的时效期间为四年。

第二分编 典型合同

第十二章 借款合同

第六百六十七条 借款合同是借款人向贷款人借款，到期返还借款并支付利息的合同。

第六百六十八条 借款合同应当采用书面形式，但是自然人之间借款另有约定的除外。

借款合同的内容一般包括借款种类、币种、用途、数额、利率、期限和还款方式等条款。

第六百六十九条 订立借款合同，借款人应当按照贷款人的要求提供与借款有关的业务活动和财务状况的真实情况。

第六百七十条 借款的利息不得预先在本金中扣除。利息预先在本金中扣除的，应当按照实际借款数额返还借款并计算利息。

第六百七十一条 贷款人未按照约定的日期、数额提供借款，造成借款人损失的，应当赔偿损失。

借款人未按照约定的日期、数额收取借款的，应当按照约定的日期、数额支付利息。

第六百七十二条 贷款人按照约定可以检查、监督借款的使用情况。借款人应当按照约定向贷款人定期提供有关财务会计报表或者其他资料。

第六百七十三条 借款人未按照约定的借款用途使用借款的，贷款人可以停止发放借款、提前收回借款或者解除合同。

第六百七十四条 借款人应当按照约定的期限支付利息。对支付利息的期限没有约定或者约定不明确，依据本法第五百一十条的规定仍不能确定，借款期间不满一年的，应当在返还借款时一并支付；借款期间一年以上的，应当在每届满一年时支付，剩余期间不满一年的，应当在返还借款时一并支付。

第六百七十五条 借款人应当按照约定的期限返还借款。对借款期限没有约定或者约定不明确，依据本法第五百一十条的规定仍不能确定的，借款人可以随时返还；贷款人可以催告借款人在合理期限内返还。

第六百七十六条 借款人未按照约定的期限返还借款的，应当按照约定或者国家有关规定支付逾期利息。

第六百七十七条 借款人提前返还借款的，除当事人另有约定外，应当按照实际借款的期间计算利息。

第六百七十八条 借款人可以在还款期限届满前向贷款人申请展期；贷款人同意的，可以展期。

第六百七十九条 自然人之间的借款合同，自贷款人提供借款时成立。

第六百八十条 禁止高利放贷，借款的利率不得违反国家有关规定。

借款合同对支付利息没有约定的，视为没有利息。

借款合同对支付利息约定不明确，当事人不能达成补充协议的，按照当地或者当事人的交易方式、交易习惯、市场利率等因素确定利息；自然人之间借款的，视为没有利息。

第十三章 保证合同

第一节 一般规定

第六百八十一条 保证合同是为保障债权的实现，保证人和债权人约定，当债务人不履行到期债务或者发生当事人约定的情形时，保证人履行债务或者承担责任的合同。

第六百八十二条 保证合同是主债权债务合同的从合同。主债权债务合同无效的，保证合同无效，但是法律另有规定的除外。

保证合同被确认无效后，债务人、保证人、债权人有过错的，应当根据其过错各自承担相应的民事责任。

第六百八十三条 机关法人不得为保证人，但是经国务院批准为使用外国政府或者国际经济组织贷款进行转贷的除外。

以公益为目的的非营利法人、非法人组织不得为保证人。

第六百八十四条 保证合同的内容一般包括被保证的主债权的种类、数额，债务人履行债务的期限，保证的方式、范围和期间等条款。

第六百八十五条 保证合同可以是单独订立的书面合同，也可以是主债权债务合同中的保证条款。

第三人单方以书面形式向债权人作出保证，债权人接收且未提出异议的，保证合同成立。

第六百八十六条 保证的方式包括一般保证和连带责任保证。

当事人在保证合同中对保证方式没有约定或者约定不明确的，按照一般保证承担保证责任。

第六百八十七条 当事人在保证合同中约定，债务人不能履行债务时，由保证人承担保证责任的，为一般保证。

一般保证的保证人在主合同纠纷未经审判或者仲裁，并就债务人财产依法强制执行仍不能履行债务前，有权拒绝向债权人承担保证责任，但是有下列情形之一的除外：

（一）债务人下落不明，且无财产可供执行；

（二）人民法院已经受理债务人破产案件；

（三）债权人有证据证明债务人的财产不足以履行全部债务或者丧失履行债务能力；

（四）保证人书面表示放弃本款规定的权利。

第六百八十八条 当事人在保证合同中约定保证人和债务人对债务承担连带责任的，为连带责任保证。

连带责任保证的债务人不履行到期债务或者发生当事人约定的情形时，债权人可以请求债务人履行债务，也可以请求保证人在其保证范围内承担保证责任。

第六百八十九条　保证人可以要求债务人提供反担保。

第六百九十条　保证人与债权人可以协商订立最高额保证的合同，约定在最高债权额限度内就一定期间连续发生的债权提供保证。

最高额保证除适用本章规定外，参照适用本法第二编最高额抵押权的有关规定。

第二节　保证责任

第六百九十一条　保证的范围包括主债权及其利息、违约金、损害赔偿金和实现债权的费用。当事人另有约定的，按照其约定。

第六百九十二条　保证期间是确定保证人承担保证责任的期间，不发生中止、中断和延长。

债权人与保证人可以约定保证期间，但是约定的保证期间早于主债务履行期限或者与主债务履行期限同时届满的，视为没有约定；没有约定或者约定不明确的，保证期间为主债务履行期限届满之日起六个月。

债权人与债务人对主债务履行期限没有约定或者约定不明确的，保证期间自债权人请求债务人履行债务的宽限期届满之日起计算。

第六百九十三条　一般保证的债权人未在保证期间对债务人提起诉讼或者申请仲裁的，保证人不再承担保证责任。

连带责任保证的债权人未在保证期间请求保证人承担保证责任的，保证人不再承担保证责任。

第六百九十四条　一般保证的债权人在保证期间届满前对债务人提起诉讼或者申请仲裁的，从保证人拒绝承担保证责任的权利消灭之日起，开始计算保证债务的诉讼时效。

连带责任保证的债权人在保证期间届满前请求保证人承担保证责任的，从债权人请求保证人承担保证责任之日起，开始计算保证债务的诉讼时效。

第六百九十五条　债权人和债务人未经保证人书面同意，协商变更主债权债务合同内容，减轻债务的，保证人仍对变更后的债务承担保证责任；加重债务的，保证人对加重的部分不承担保证责任。

债权人和债务人变更主债权债务合同的履行期限，未经保证人书面同意的，保证期间不受影响。

第六百九十六条 债权人转让全部或者部分债权，未通知保证人的，该转让对保证人不发生效力。

保证人与债权人约定禁止债权转让，债权人未经保证人书面同意转让债权的，保证人对受让人不再承担保证责任。

第六百九十七条 债权人未经保证人书面同意，允许债务人转移全部或者部分债务，保证人对未经其同意转移的债务不再承担保证责任，但是债权人和保证人另有约定的除外。

第三人加入债务的，保证人的保证责任不受影响。

第六百九十八条 一般保证的保证人在主债务履行期限届满后，向债权人提供债务人可供执行财产的真实情况，债权人放弃或者怠于行使权利致使该财产不能被执行的，保证人在其提供可供执行财产的价值范围内不再承担保证责任。

第六百九十九条 同一债务有两个以上保证人的，保证人应当按照保证合同约定的保证份额，承担保证责任；没有约定保证份额的，债权人可以请求任何一个保证人在其保证范围内承担保证责任。

第七百条 保证人承担保证责任后，除当事人另有约定外，有权在其承担保证责任的范围内向债务人追偿，享有债权人对债务人的权利，但是不得损害债权人的利益。

第七百零一条 保证人可以主张债务人对债权人的抗辩。债务人放弃抗辩的，保证人仍有权向债权人主张抗辩。

第七百零二条 债务人对债权人享有抵销权或者撤销权的，保证人可以在相应范围内拒绝承担保证责任。

第五编　婚姻家庭

第三章　家庭关系

第一节　夫妻关系

第一千零五十五条　夫妻在婚姻家庭中地位平等。

第一千零五十六条　夫妻双方都有各自使用自己姓名的权利。

第一千零五十七条　夫妻双方都有参加生产、工作、学习和社会活动的自由，一方不得对另一方加以限制或者干涉。

第一千零五十八条　夫妻双方平等享有对未成年子女抚养、教育和保护的权利，共同承担对未成年子女抚养、教育和保护的义务。

第一千零五十九条　夫妻有相互扶养的义务。

需要扶养的一方，在另一方不履行扶养义务时，有要求其给付扶养费的权利。

第一千零六十条　夫妻一方因家庭日常生活需要而实施的民事法律行为，对夫妻双方发生效力，但是夫妻一方与相对人另有约定的除外。

夫妻之间对一方可以实施的民事法律行为范围的限制，不得对抗善意相对人。

第一千零六十一条　夫妻有相互继承遗产的权利。

第一千零六十二条　夫妻在婚姻关系存续期间所得的下列财产，为夫妻的共同财产，归夫妻共同所有：

（一）工资、奖金、劳务报酬；

（二）生产、经营、投资的收益；

（三）知识产权的收益；

（四）继承或者受赠的财产，但是本法第一千零六十三条第三项规定的除外；

（五）其他应当归共同所有的财产。

夫妻对共同财产，有平等的处理权。

第一千零六十三条 下列财产为夫妻一方的个人财产：

（一）一方的婚前财产；

（二）一方因受到人身损害获得的赔偿或者补偿；

（三）遗嘱或者赠与合同中确定只归一方的财产；

（四）一方专用的生活用品；

（五）其他应当归一方的财产。

第一千零六十四条 夫妻双方共同签名或者夫妻一方事后追认等共同意思表示所负的债务，以及夫妻一方在婚姻关系存续期间以个人名义为家庭日常生活需要所负的债务，属于夫妻共同债务。

夫妻一方在婚姻关系存续期间以个人名义超出家庭日常生活需要所负的债务，不属于夫妻共同债务；但是，债权人能够证明该债务用于夫妻共同生活、共同生产经营或者基于夫妻双方共同意思表示的除外。

第一千零六十五条 男女双方可以约定婚姻关系存续期间所得的财产以及婚前财产归各自所有、共同所有或者部分各自所有、部分共同所有。约定应当采用书面形式。没有约定或者约定不明确的，适用本法第一千零六十二条、第一千零六十三条的规定。

夫妻对婚姻关系存续期间所得的财产以及婚前财产的约定，对双方具有法律约束力。

夫妻对婚姻关系存续期间所得的财产约定归各自所有，夫或者妻一方对外所负的债务，相对人知道该约定的，以夫或者妻一方的个人财产清偿。

第一千零六十六条 婚姻关系存续期间，有下列情形之一的，夫妻一方可以向人民法院请求分割共同财产：

（一）一方有隐藏、转移、变卖、毁损、挥霍夫妻共同财产或者伪造夫妻共同债务等严重损害夫妻共同财产利益的行为；

（二）一方负有法定扶养义务的人患重大疾病需要医治，另一方不同意支付相关医疗费用。

第二节 父母子女关系和其他近亲属关系

第一千零六十七条 父母不履行抚养义务的，未成年子女或者不能独立生活的成年子女，有要求父母给付抚养费的权利。

成年子女不履行赡养义务的，缺乏劳动能力或者生活困难的父母，有要求成年子女给付赡养费的权利。

第一千零六十八条　父母有教育、保护未成年子女的权利和义务。未成年子女造成他人损害的，父母应当依法承担民事责任。

第一千零六十九条　子女应当尊重父母的婚姻权利，不得干涉父母离婚、再婚以及婚后的生活。子女对父母的赡养义务，不因父母的婚姻关系变化而终止。

第一千零七十条　父母和子女有相互继承遗产的权利。

第一千零七十一条　非婚生子女享有与婚生子女同等的权利，任何组织或者个人不得加以危害和歧视。

不直接抚养非婚生子女的生父或者生母，应当负担未成年子女或者不能独立生活的成年子女的抚养费。

第一千零七十二条　继父母与继子女间，不得虐待或者歧视。

继父或者继母和受其抚养教育的继子女间的权利义务关系，适用本法关于父母子女关系的规定。

第一千零七十三条　对亲子关系有异议且有正当理由的，父或者母可以向人民法院提起诉讼，请求确认或者否认亲子关系。

对亲子关系有异议且有正当理由的，成年子女可以向人民法院提起诉讼，请求确认亲子关系。

第一千零七十四条　有负担能力的祖父母、外祖父母，对于父母已经死亡或者父母无力抚养的未成年孙子女、外孙子女，有抚养的义务。

有负担能力的孙子女、外孙子女，对于子女已经死亡或者子女无力赡养的祖父母、外祖父母，有赡养的义务。

第一千零七十五条　有负担能力的兄、姐，对于父母已经死亡或者父母无力抚养的未成年弟、妹，有扶养的义务。

由兄、姐扶养长大的有负担能力的弟、妹，对于缺乏劳动能力又缺乏生活来源的兄、姐，有扶养的义务。

第四章　离　婚

第一千零七十六条　夫妻双方自愿离婚的，应当签订书面离婚协议，并亲自到婚姻登记机关申请离婚登记。

离婚协议应当载明双方自愿离婚的意思表示和对子女抚养、财产以及债务处理等事项协商一致的意见。

第一千零七十七条 自婚姻登记机关收到离婚登记申请之日起三十日内，任何一方不愿意离婚的，可以向婚姻登记机关撤回离婚登记申请。

前款规定期限届满后三十日内，双方应当亲自到婚姻登记机关申请发给离婚证；未申请的，视为撤回离婚登记申请。

第一千零七十八条 婚姻登记机关查明双方确实是自愿离婚，并已经对子女抚养、财产以及债务处理等事项协商一致的，予以登记，发给离婚证。

第一千零七十九条 夫妻一方要求离婚的，可以由有关组织进行调解或者直接向人民法院提起离婚诉讼。

人民法院审理离婚案件，应当进行调解；如果感情确已破裂，调解无效的，应当准予离婚。

有下列情形之一，调解无效的，应当准予离婚：

（一）重婚或者与他人同居；

（二）实施家庭暴力或者虐待、遗弃家庭成员；

（三）有赌博、吸毒等恶习屡教不改；

（四）因感情不和分居满二年；

（五）其他导致夫妻感情破裂的情形。

一方被宣告失踪，另一方提起离婚诉讼的，应当准予离婚。

经人民法院判决不准离婚后，双方又分居满一年，一方再次提起离婚诉讼的，应当准予离婚。

第一千零八十条 完成离婚登记，或者离婚判决书、调解书生效，即解除婚姻关系。

第一千零八十一条 现役军人的配偶要求离婚，应当征得军人同意，但是军人一方有重大过错的除外。

第一千零八十二条 女方在怀孕期间、分娩后一年内或者终止妊娠后六个月内，男方不得提出离婚；但是，女方提出离婚或者人民法院认为确有必要受理男方离婚请求的除外。

第一千零八十三条 离婚后，男女双方自愿恢复婚姻关系的，应当到婚姻登记机关重新进行结婚登记。

第一千零八十四条　父母与子女间的关系，不因父母离婚而消除。离婚后，子女无论由父或者母直接抚养，仍是父母双方的子女。

离婚后，父母对于子女仍有抚养、教育、保护的权利和义务。

离婚后，不满两周岁的子女，以由母亲直接抚养为原则。已满两周岁的子女，父母双方对抚养问题协议不成的，由人民法院根据双方的具体情况，按照最有利于未成年子女的原则判决。子女已满八周岁的，应当尊重其真实意愿。

第一千零八十五条　离婚后，子女由一方直接抚养的，另一方应当负担部分或者全部抚养费。负担费用的多少和期限的长短，由双方协议；协议不成的，由人民法院判决。

前款规定的协议或者判决，不妨碍子女在必要时向父母任何一方提出超过协议或者判决原定数额的合理要求。

第一千零八十六条　离婚后，不直接抚养子女的父或者母，有探望子女的权利，另一方有协助的义务。

行使探望权利的方式、时间由当事人协议；协议不成的，由人民法院判决。

父或者母探望子女，不利于子女身心健康的，由人民法院依法中止探望；中止的事由消失后，应当恢复探望。

第一千零八十七条　离婚时，夫妻的共同财产由双方协议处理；协议不成的，由人民法院根据财产的具体情况，按照照顾子女、女方和无过错方权益的原则判决。

对夫或者妻在家庭土地承包经营中享有的权益等，应当依法予以保护。

第一千零八十八条　夫妻一方因抚育子女、照料老年人、协助另一方工作等负担较多义务的，离婚时有权向另一方请求补偿，另一方应当给予补偿。具体办法由双方协议；协议不成的，由人民法院判决。

第一千零八十九条　离婚时，夫妻共同债务应当共同偿还。共同财产不足清偿或者财产归各自所有的，由双方协议清偿；协议不成的，由人民法院判决。

第一千零九十条　离婚时，如果一方生活困难，有负担能力的另一方应当给予适当帮助。具体办法由双方协议；协议不成的，由人民法院判决。

第一千零九十一条 有下列情形之一，导致离婚的，无过错方有权请求损害赔偿：

（一）重婚；

（二）与他人同居；

（三）实施家庭暴力；

（四）虐待、遗弃家庭成员；

（五）有其他重大过错。

第一千零九十二条 夫妻一方隐藏、转移、变卖、毁损、挥霍夫妻共同财产，或者伪造夫妻共同债务企图侵占另一方财产的，在离婚分割夫妻共同财产时，对该方可以少分或者不分。离婚后，另一方发现有上述行为的，可以向人民法院提起诉讼，请求再次分割夫妻共同财产。

中华人民共和国商业银行法（节选）

（1995年5月10日第八届全国人民代表大会常务委员会第十三次会议通过　根据2003年12月27日第十届全国人民代表大会常务委员会第六次会议《关于修改〈中华人民共和国商业银行法〉的决定》第一次修正　根据2015年8月29日第十二届全国人民代表大会常务委员会第十六次会议《关于修改〈中华人民共和国商业银行法〉的决定》第二次修正）

第二条 本法所称的商业银行是指依照本法和《中华人民共和国公司法》设立的吸收公众存款、发放贷款、办理结算等业务的企业法人。

第三条 商业银行可以经营下列部分或者全部业务：

（一）吸收公众存款；

（二）发放短期、中期和长期贷款；

（三）办理国内外结算；

（四）办理票据承兑与贴现；

（五）发行金融债券；

（六）代理发行、代理兑付、承销政府债券；

（七）买卖政府债券、金融债券；

（八）从事同业拆借；

（九）买卖、代理买卖外汇；

（十）从事银行卡业务；

（十一）提供信用证服务及担保；

（十二）代理收付款项及代理保险业务；

（十三）提供保管箱服务；

（十四）经国务院银行业监督管理机构批准的其他业务。

经营范围由商业银行章程规定，报国务院银行业监督管理机构批准。

商业银行经中国人民银行批准，可以经营结汇、售汇业务。

第十一条　设立商业银行，应当经国务院银行业监督管理机构审查批准。未经国务院银行业监督管理机构批准，任何单位和个人不得从事吸收公众存款等商业银行业务，任何单位不得在名称中使用“银行”字样。

二、相关司法解释、司法文件

最高人民法院
关于审理非法集资刑事案件具体应用法律若干问题的解释

法释〔2010〕18号

（2010年11月22日最高人民法院审判委员会第1502次会议通过　2010年12月13日最高人民法院公告公布　自2011年1月4日起施行）

为依法惩治非法吸收公众存款、集资诈骗等非法集资犯罪活动，根据刑法有关规定，现就审理此类刑事案件具体应用法律的若干问题解释如下：

第一条 违反国家金融管理法律规定，向社会公众（包括单位和个人）吸收资金的行为，同时具备下列四个条件的，除刑法另有规定的以外，应当认定为刑法第一百七十六条规定的“非法吸收公众存款或者变相吸收公众存款”：

（一）未经有关部门依法批准或者借用合法经营的形式吸收资金；

（二）通过媒体、推介会、传单、手机短信等途径向社会公开宣传；

（三）承诺在一定期限内以货币、实物、股权等方式还本付息或者给付回报；

（四）向社会公众即社会不特定对象吸收资金。

未向社会公开宣传，在亲友或者单位内部针对特定对象吸收资金的，不属于非法吸收或者变相吸收公众存款。

第二条 实施下列行为之一，符合本解释第一条第一款规定的条件的，应当依照刑法第一百七十六条的规定，以非法吸收公众存款罪定罪处罚：

（一）不具有房产销售的真实内容或者不以房产销售为主要目的，以返本销售、售后包租、约定回购、销售房产份额等方式非法吸收资金的；

（二）以转让林权并代为管护等方式非法吸收资金的；

（三）以代种植（养殖）、租种植（养殖）、联合种植（养殖）等方式非法吸收资金的；

（四）不具有销售商品、提供服务的真实内容或者不以销售商品、提供服务为主要目的，以商品回购、寄存代售等方式非法吸收资金的；

（五）不具有发行股票、债券的真实内容，以虚假转让股权、发售虚构债券等方式非法吸收资金的；

（六）不具有募集基金的真实内容，以假借境外基金、发售虚构基金等方式非法吸收资金的；

（七）不具有销售保险的真实内容，以假冒保险公司、伪造保险单据等方式非法吸收资金的；

（八）以投资入股的方式非法吸收资金的；

（九）以委托理财的方式非法吸收资金的；

（十）利用民间“会”、“社”等组织非法吸收资金的；

（十一）其他非法吸收资金的行为。

第三条 非法吸收或者变相吸收公众存款，具有下列情形之一的，应当依法追究刑事责任：

（一）个人非法吸收或者变相吸收公众存款，数额在20万元以上的，单位非法吸收或者变相吸收公众存款，数额在100万元以上的；

（二）个人非法吸收或者变相吸收公众存款对象30人以上的，单位非法吸收或者变相吸收公众存款对象150人以上的；

（三）个人非法吸收或者变相吸收公众存款，给存款人造成直接经济损失数额在10万元以上的，单位非法吸收或者变相吸收公众存款，给存款人造成直接经济损失数额在50万元以上的；

（四）造成恶劣社会影响或者其他严重后果的。

具有下列情形之一的，属于刑法第一百七十六条规定的“数额巨大或者有其他严重情节”：

（一）个人非法吸收或者变相吸收公众存款，数额在100万元以上的，单位非法吸收或者变相吸收公众存款，数额在500万元以上的；

（二）个人非法吸收或者变相吸收公众存款对象100人以上的，单位非法吸收或者变相吸收公众存款对象500人以上的；

（三）个人非法吸收或者变相吸收公众存款，给存款人造成直接经济损失数额在50万元以上的，单位非法吸收或者变相吸收公众存款，给存款人造成直接经济损失数额在250万元以上的；

（四）造成特别恶劣社会影响或者其他特别严重后果的。

非法吸收或者变相吸收公众存款的数额，以行为人所吸收的资金全额计算。案发前后已归还的数额，可以作为量刑情节酌情考虑。

非法吸收或者变相吸收公众存款，主要用于正常的生产经营活动，能够及时清退所吸收资金，可以免予刑事处罚；情节显著轻微的，不作为犯罪处理。

第四条 以非法占有为目的，使用诈骗方法实施本解释第二条规定所列行为的，应当依照刑法第一百九十二条的规定，以集资诈骗罪定罪处罚。

使用诈骗方法非法集资，具有下列情形之一的，可以认定为“以非法占有为目的”：

（一）集资后不用于生产经营活动或者用于生产经营活动与筹集资金规模

明显不成比例，致使集资款不能返还的；

（二）肆意挥霍集资款，致使集资款不能返还的；

（三）携带集资款逃匿的；

（四）将集资款用于违法犯罪活动的；

（五）抽逃、转移资金、隐匿财产，逃避返还资金的；

（六）隐匿、销毁账目，或者搞假破产、假倒闭，逃避返还资金的；

（七）拒不交代资金去向，逃避返还资金的；

（八）其他可以认定非法占有目的的情形。

集资诈骗罪中的非法占有目的，应当区分情形进行具体认定。行为人部分非法集资行为具有非法占有目的的，对该部分非法集资行为所涉集资款以集资诈骗罪定罪处罚；非法集资共同犯罪中部分行为人具有非法占有目的，其他行为人没有非法占有集资款的共同故意和行为的，对具有非法占有目的的行为人以集资诈骗罪定罪处罚。

第五条 个人进行集资诈骗，数额在 10 万元以上的，应当认定为“数额较大”；数额在 30 万元以上的，应当认定为“数额巨大”；数额在 100 万元以上的，应当认定为“数额特别巨大”。

单位进行集资诈骗，数额在 50 万元以上的，应当认定为“数额较大”；数额在 150 万元以上的，应当认定为“数额巨大”；数额在 500 万元以上的，应当认定为“数额特别巨大”。

集资诈骗的数额以行为人实际骗取的数额计算，案发前已归还的数额应予扣除。行为人为实施集资诈骗活动而支付的广告费、中介费、手续费、回扣，或者用于行贿、赠与等费用，不予扣除。行为人为实施集资诈骗活动而支付的利息，除本金未归还可予折抵本金以外，应当计入诈骗数额。

第六条 未经国家有关主管部门批准，向社会不特定对象发行、以转让股权等方式变相发行股票或者公司、企业债券，或者向特定对象发行、变相发行股票或者公司、企业债券累计超过 200 人的，应当认定为刑法第一百七十九条规定的“擅自发行股票、公司、企业债券”。构成犯罪的，以擅自发行股票、公司、企业债券罪定罪处罚。

第七条 违反国家规定，未经依法核准擅自发行基金份额募集基金，情节严重的，依照刑法第二百二十五条的规定，以非法经营罪定罪处罚。

第八条　广告经营者、广告发布者违反国家规定，利用广告为非法集资活动相关的商品或者服务作虚假宣传，具有下列情形之一的，依照刑法第二百二十二条的规定，以虚假广告罪定罪处罚：

（一）违法所得数额在10万元以上的；

（二）造成严重危害后果或者恶劣社会影响的；

（三）二年内利用广告作虚假宣传，受过行政处罚二次以上的；

（四）其他情节严重的情形。

明知他人从事欺诈发行股票、债券，非法吸收公众存款，擅自发行股票、债券，集资诈骗或者组织、领导传销活动等集资犯罪活动，为其提供广告等宣传的，以相关犯罪的共犯论处。

第九条　此前发布的司法解释与本解释不一致的，以本解释为准。

最高人民法院
关于执行程序中计算迟延履行期间的债务利息适用法律若干问题的解释

法释〔2014〕8号

（2014年6月9日最高人民法院审判委员会第1619次会议通过
2014年7月7日最高人民法院公告公布　自2014年8月1日起施行）

为规范执行程序中迟延履行期间债务利息的计算，根据《中华人民共和国民事诉讼法》的规定，结合司法实践，制定本解释。

第一条　根据民事诉讼法第二百五十三条规定加倍计算之后的迟延履行期间的债务利息，包括迟延履行期间的一般债务利息和加倍部分债务利息。

迟延履行期间的一般债务利息，根据生效法律文书确定的方法计算；生效法律文书未确定给付该利息的，不予计算。

加倍部分债务利息的计算方法为：加倍部分债务利息＝债务人尚未清偿的生效法律文书确定的除一般债务利息之外的金钱债务 × 日万分之一点七五 × 迟延履行期间。

第二条 加倍部分债务利息自生效法律文书确定的履行期间届满之日起计算；生效法律文书确定分期履行的，自每次履行期间届满之日起计算；生效法律文书未确定履行期间的，自法律文书生效之日起计算。

第三条 加倍部分债务利息计算至被执行人履行完毕之日；被执行人分次履行的，相应部分的加倍部分债务利息计算至每次履行完毕之日。

人民法院划拨、提取被执行人的存款、收入、股息、红利等财产的，相应部分的加倍部分债务利息计算至划拨、提取之日；人民法院对被执行人财产拍卖、变卖或者以物抵债的，计算至成交裁定或者抵债裁定生效之日；人民法院对被执行人财产通过其他方式变价的，计算至财产变价完成之日。

非因被执行人的申请，对生效法律文书审查而中止或者暂缓执行的期间及再审中止执行的期间，不计算加倍部分债务利息。

第四条 被执行人的财产不足以清偿全部债务的，应当先清偿生效法律文书确定的金钱债务，再清偿加倍部分债务利息，但当事人对清偿顺序另有约定的除外。

第五条 生效法律文书确定给付外币的，执行时以该种外币按日万分之一点七五计算加倍部分债务利息，但申请执行人主张以人民币计算的，人民法院应予准许。

以人民币计算加倍部分债务利息的，应当先将生效法律文书确定的外币折算或者套算为人民币后再进行计算。

外币折算或者套算为人民币的，按照加倍部分债务利息起算之日的中国外汇交易中心或者中国人民银行授权机构公布的人民币对该外币的中间价折合成人民币计算；中国外汇交易中心或者中国人民银行授权机构未公布汇率中间价的外币，按照该日境内银行人民币对该外币的中间价折算成人民币，或者该外币在境内银行、国际外汇市场对美元汇率，与人民币对美元汇率中间价进行套算。

第六条 执行回转程序中，原申请执行人迟延履行金钱给付义务的，应当按照本解释的规定承担加倍部分债务利息。

第七条 本解释施行时尚未执行完毕部分的金钱债务，本解释施行前的迟延履行期间债务利息按照之前的规定计算；施行后的迟延履行期间债务利息按照本解释计算。

本解释施行前本院发布的司法解释与本解释不一致的，以本解释为准。

最高人民法院
关于公证债权文书执行若干问题的规定

法释〔2018〕18号

（2018年6月25日最高人民法院审判委员会第1743次会议通过
2018年9月30日最高人民法院公告公布　自2018年10月1日起施行）

为了进一步规范人民法院办理公证债权文书执行案件，确保公证债权文书依法执行，维护当事人、利害关系人的合法权益，根据《中华人民共和国民事诉讼法》《中华人民共和国公证法》等法律规定，结合执行实践，制定本规定。

第一条　本规定所称公证债权文书，是指根据公证法第三十七条第一款规定经公证赋予强制执行效力的债权文书。

第二条　公证债权文书执行案件，由被执行人住所地或者被执行的财产所在地人民法院管辖。

前款规定案件的级别管辖，参照人民法院受理第一审民商事案件级别管辖的规定确定。

第三条　债权人申请执行公证债权文书，除应当提交作为执行依据的公证债权文书等申请执行所需的材料外，还应当提交证明履行情况等内容的执行证书。

第四条　债权人申请执行的公证债权文书应当包括公证证词、被证明的债权文书等内容。权利义务主体、给付内容应当在公证证词中列明。

第五条　债权人申请执行公证债权文书，有下列情形之一的，人民法院应当裁定不予受理；已经受理的，裁定驳回执行申请：

（一）债权文书属于不得经公证赋予强制执行效力的文书；

（二）公证债权文书未载明债务人接受强制执行的承诺；

（三）公证证词载明的权利义务主体或者给付内容不明确；

（四）债权人未提交执行证书；

（五）其他不符合受理条件的情形。

第六条 公证债权文书赋予强制执行效力的范围同时包含主债务和担保债务的，人民法院应当依法予以执行；仅包含主债务的，对担保债务部分的执行申请不予受理；仅包含担保债务的，对主债务部分的执行申请不予受理。

第七条 债权人对不予受理、驳回执行申请裁定不服的，可以自裁定送达之日起十日内向上一级人民法院申请复议。

申请复议期满未申请复议，或者复议申请被驳回的，当事人可以就公证债权文书涉及的民事权利义务争议向人民法院提起诉讼。

第八条 公证机构决定不予出具执行证书的，当事人可以就公证债权文书涉及的民事权利义务争议直接向人民法院提起诉讼。

第九条 申请执行公证债权文书的期间自公证债权文书确定的履行期间的最后一日起计算；分期履行的，自公证债权文书确定的每次履行期间的最后一日起计算。

债权人向公证机构申请出具执行证书的，申请执行时效自债权人提出申请之日起中断。

第十条 人民法院在执行实施中，根据公证债权文书并结合申请执行人的申请依法确定给付内容。

第十一条 因民间借贷形成的公证债权文书，文书中载明的利率超过人民法院依照法律、司法解释规定应予支持的上限的，对超过的利息部分不纳入执行范围；载明的利率未超过人民法院依照法律、司法解释规定应予支持的上限，被执行人主张实际超过的，可以依照本规定第二十二条第一款规定提起诉讼。

第十二条 有下列情形之一的，被执行人可以依照民事诉讼法第二百三十八条第二款规定申请不予执行公证债权文书：

（一）被执行人未到场且未委托代理人到场办理公证的；

（二）无民事行为能力人或者限制民事行为能力人没有监护人代为办理公证的；

（三）公证员为本人、近亲属办理公证，或者办理与本人、近亲属有利害关系的公证的；

（四）公证员办理该项公证有贪污受贿、徇私舞弊行为，已经由生效刑事法律文书等确认的；

（五）其他严重违反法定公证程序的情形。

被执行人以公证债权文书的内容与事实不符或者违反法律强制性规定等实体事由申请不予执行的，人民法院应当告知其依照本规定第二十二条第一款规定提起诉讼。

第十三条　被执行人申请不予执行公证债权文书，应当在执行通知书送达之日起十五日内向执行法院提出书面申请，并提交相关证据材料；有本规定第十二条第一款第三项、第四项规定情形且执行程序尚未终结的，应当自知道或者应当知道有关事实之日起十五日内提出。

公证债权文书执行案件被指定执行、提级执行、委托执行后，被执行人申请不予执行的，由提出申请时负责该案件执行的人民法院审查。

第十四条　被执行人认为公证债权文书存在本规定第十二条第一款规定的多个不予执行事由的，应当在不予执行案件审查期间一并提出。

不予执行申请被裁定驳回后，同一被执行人再次提出申请的，人民法院不予受理。但有证据证明不予执行事由在不予执行申请被裁定驳回后知道的，可以在执行程序终结前提出。

第十五条　人民法院审查不予执行公证债权文书案件，案情复杂、争议较大的，应当进行听证。必要时可以向公证机构调阅公证案卷，要求公证机构作出书面说明，或者通知公证员到庭说明情况。

第十六条　人民法院审查不予执行公证债权文书案件，应当在受理之日起六十日内审查完毕并作出裁定；有特殊情况需要延长的，经本院院长批准，可以延长三十日。

第十七条　人民法院审查不予执行公证债权文书案件期间，不停止执行。

被执行人提供充分、有效的担保，请求停止相应处分措施的，人民法院可以准许；申请执行人提供充分、有效的担保，请求继续执行的，应当继续执行。

第十八条　被执行人依照本规定第十二条第一款规定申请不予执行，人民法院经审查认为理由成立的，裁定不予执行；理由不成立的，裁定驳回不予执行申请。

公证债权文书部分内容具有本规定第十二条第一款规定情形的，人民法院应当裁定对该部分不予执行；应当不予执行部分与其他部分不可分的，裁定对该公证债权文书不予执行。

第十九条 人民法院认定执行公证债权文书违背公序良俗的，裁定不予执行。

第二十条 公证债权文书被裁定不予执行的，当事人可以就该公证债权文书涉及的民事权利义务争议向人民法院提起诉讼；公证债权文书被裁定部分不予执行的，当事人可以就该部分争议提起诉讼。

当事人对不予执行裁定提出执行异议或者申请复议的，人民法院不予受理。

第二十一条 当事人不服驳回不予执行申请裁定的，可以自裁定送达之日起十日内向上一级人民法院申请复议。上一级人民法院应当自收到复议申请之日起三十日内审查。经审查，理由成立的，裁定撤销原裁定，不予执行该公证债权文书；理由不成立的，裁定驳回复议申请。复议期间，不停止执行。

第二十二条 有下列情形之一的，债务人可以在执行程序终结前，以债权人为被告，向执行法院提起诉讼，请求不予执行公证债权文书：

（一）公证债权文书载明的民事权利义务关系与事实不符；

（二）经公证的债权文书具有法律规定的无效、可撤销等情形；

（三）公证债权文书载明的债权因清偿、提存、抵销、免除等原因全部或者部分消灭。

债务人提起诉讼，不影响人民法院对公证债权文书的执行。债务人提供充分、有效的担保，请求停止相应处分措施的，人民法院可以准许；债权人提供充分、有效的担保，请求继续执行的，应当继续执行。

第二十三条 对债务人依照本规定第二十二条第一款规定提起的诉讼，人民法院经审理认为理由成立的，判决不予执行或者部分不予执行；理由不成立的，判决驳回诉讼请求。

当事人同时就公证债权文书涉及的民事权利义务争议提出诉讼请求的，人民法院可以在判决中一并作出裁判。

第二十四条 有下列情形之一的，债权人、利害关系人可以就公证债权文书涉及的民事权利义务争议直接向有管辖权的人民法院提起诉讼：

（一）公证债权文书载明的民事权利义务关系与事实不符；

（二）经公证的债权文书具有法律规定的无效、可撤销等情形。

债权人提起诉讼，诉讼案件受理后又申请执行公证债权文书的，人民法院不予受理。进入执行程序后债权人又提起诉讼的，诉讼案件受理后，人民法院可以裁定终结公证债权文书的执行；债权人请求继续执行其未提出争议部分的，人民法院可以准许。

利害关系人提起诉讼，不影响人民法院对公证债权文书的执行。利害关系人提供充分、有效的担保，请求停止相应处分措施的，人民法院可以准许；债权人提供充分、有效的担保，请求继续执行的，应当继续执行。

第二十五条　本规定自2018年10月1日起施行。

本规定施行前最高人民法院公布的司法解释与本规定不一致的，以本规定为准。

最高人民法院
关于在审理经济纠纷案件中涉及经济犯罪嫌疑若干问题的规定

（1998年4月9日最高人民法院审判委员会第974次会议通过　根据2020年12月23日最高人民法院审判委员会第1823次会议通过的《最高人民法院关于修改〈最高人民法院关于在民事审判工作中适用《中华人民共和国工会法》若干问题的解释〉等二十七件民事类司法解释的决定》修正）

根据《中华人民共和国民法典》《中华人民共和国刑法》《中华人民共和国民事诉讼法》《中华人民共和国刑事诉讼法》等有关规定，对审理经济纠纷案件中涉及经济犯罪嫌疑问题作以下规定：

第一条　同一自然人、法人或非法人组织因不同的法律事实，分别涉及经济纠纷和经济犯罪嫌疑的，经济纠纷案件和经济犯罪嫌疑案件应当分开审理。

第二条 单位直接负责的主管人员和其他直接责任人员，以为单位骗取财物为目的，采取欺骗手段对外签订经济合同，骗取的财物被该单位占有、使用或处分构成犯罪的，除依法追究有关人员的刑事责任，责令该单位返还骗取的财物外，如给被害人造成经济损失的，单位应当承担赔偿责任。

第三条 单位直接负责的主管人员和其他直接责任人员，以该单位的名义对外签订经济合同，将取得的财物部分或全部占为己有构成犯罪的，除依法追究行为人的刑事责任外，该单位对行为人因签订、履行该经济合同造成的后果，依法应当承担民事责任。

第四条 个人借用单位的业务介绍信、合同专用章或者盖有公章的空白合同书，以出借单位名义签订经济合同，骗取财物归个人占有、使用、处分或者进行其他犯罪活动，给对方造成经济损失构成犯罪的，除依法追究借用人的刑事责任外，出借业务介绍信、合同专用章或者盖有公章的空白合同书的单位，依法应当承担赔偿责任。但是，有证据证明被害人明知签订合同对方当事人是借用行为，仍与之签订合同的除外。

第五条 行为人盗窃、盗用单位的公章、业务介绍信、盖有公章的空白合同书，或者私刻单位的公章签订经济合同，骗取财物归个人占有、使用、处分或者进行其他犯罪活动构成犯罪的，单位对行为人该犯罪行为所造成的经济损失不承担民事责任。

行为人私刻单位公章或者擅自使用单位公章、业务介绍信、盖有公章的空白合同书以签订经济合同的方法进行的犯罪行为，单位有明显过错，且该过错行为与被害人的经济损失之间具有因果关系的，单位对该犯罪行为所造成的经济损失，依法应当承担赔偿责任。

第六条 企业承包、租赁经营合同期满后，企业按规定办理了企业法定代表人的变更登记，而企业法人未采取有效措施收回其公章、业务介绍信、盖有公章的空白合同书，或者没有及时采取措施通知相对人，致原企业承包人、租赁人得以用原承包、租赁企业的名义签订经济合同，骗取财物占为己有构成犯罪的，该企业对被害人的经济损失，依法应当承担赔偿责任。但是，原承包人、承租人利用擅自保留的公章、业务介绍信、盖有公章的空白合同书以原承包、租赁企业的名义签订经济合同，骗取财物占为己有构成犯罪的，企业一般不承担民事责任。

单位聘用的人员被解聘后，或者受单位委托保管公章的人员被解除委托后，单位未及时收回其公章，行为人擅自利用保留的原单位公章签订经济合同，骗取财物占为己有构成犯罪，如给被害人造成经济损失的，单位应当承担赔偿责任。

第七条 单位直接负责的主管人员和其他直接责任人员，将单位进行走私或其他犯罪活动所得财物以签订经济合同的方法予以销售，买方明知或者应当知道的，如因此造成经济损失，其损失由买方自负。但是，如果买方不知该经济合同的标的物是犯罪行为所得财物而购买的，卖方对买方所造成的经济损失应当承担民事责任。

第八条 根据《中华人民共和国刑事诉讼法》第一百零一条第一款的规定，被害人或其法定代理人、近亲属对本规定第二条因单位犯罪行为造成经济损失的，对第四条、第五条第一款、第六条应当承担刑事责任的被告人未能返还财物而遭受经济损失提起附带民事诉讼的，受理刑事案件的人民法院应当依法一并审理。被害人或其法定代理人、近亲属因被害人遭受经济损失也有权对单位另行提起民事诉讼。若被害人或其法定代理人、近亲属另行提起民事诉讼的，有管辖权的人民法院应当依法受理。

第九条 被害人请求保护其民事权利的诉讼时效在公安机关、检察机关查处经济犯罪嫌疑期间中断。如果公安机关决定撤销涉嫌经济犯罪案件或者检察机关决定不起诉的，诉讼时效从撤销案件或决定不起诉之次日起重新计算。

第十条 人民法院在审理经济纠纷案件中，发现与本案有牵连，但与本案不是同一法律关系的经济犯罪嫌疑线索、材料，应将犯罪嫌疑线索、材料移送有关公安机关或检察机关查处，经济纠纷案件继续审理。

第十一条 人民法院作为经济纠纷受理的案件，经审理认为不属经济纠纷案件而有经济犯罪嫌疑的，应当裁定驳回起诉，将有关材料移送公安机关或检察机关。

第十二条 人民法院已立案审理的经济纠纷案件，公安机关或检察机关认为有经济犯罪嫌疑，并说明理由附有关材料函告受理该案的人民法院的，有关人民法院应当认真审查。经过审查，认为确有经济犯罪嫌疑的，应当将案件移送公安机关或检察机关，并书面通知当事人，退还案件受理费；如认为确属经济纠纷案件的，应当依法继续审理，并将结果函告有关公安机关或检察机关。

最高人民法院
关于人民法院执行工作若干问题的规定（试行）(节选)

（1998 年 6 月 11 日最高人民法院审判委员会第 992 次会议通过
根据 2020 年 12 月 23 日最高人民法院审判委员会第 1823 次
会议通过的《最高人民法院关于修改〈最高人民法院关于
人民法院扣押铁路运输货物若干问题的规定〉等十八件
执行类司法解释的决定》修正）

九、多个债权人对一个债务人申请执行和参与分配

55. 多份生效法律文书确定金钱给付内容的多个债权人分别对同一被执行人申请执行，各债权人对执行标的物均无担保物权的，按照执行法院采取执行措施的先后顺序受偿。

多个债权人的债权种类不同的，基于所有权和担保物权而享有的债权，优先于金钱债权受偿。有多个担保物权的，按照各担保物权成立的先后顺序清偿。

一份生效法律文书确定金钱给付内容的多个债权人对同一被执行人申请执行，执行的财产不足清偿全部债务的，各债权人对执行标的物均无担保物权的，按照各债权比例受偿。

56. 对参与被执行人财产的具体分配，应当由首先查封、扣押或冻结的法院主持进行。

首先查封、扣押、冻结的法院所采取的执行措施如系为执行财产保全裁定，具体分配应当在该院案件审理终结后进行。

最高人民法院
关于适用《中华人民共和国民法典》婚姻家庭编的解释（一）（节选）

法释〔2020〕22号

（2020年12月25日最高人民法院审判委员会第1825次会议通过
2020年12月29日最高人民法院公告公布 自2021年1月1日起施行）

为正确审理婚姻家庭纠纷案件，根据《中华人民共和国民法典》《中华人民共和国民事诉讼法》等相关法律规定，结合审判实践，制定本解释。

三、夫妻关系

第二十三条 夫以妻擅自中止妊娠侵犯其生育权为由请求损害赔偿的，人民法院不予支持；夫妻双方因是否生育发生纠纷，致使感情确已破裂，一方请求离婚的，人民法院经调解无效，应依照民法典第一千零七十九条第三款第五项的规定处理。

第二十四条 民法典第一千零六十二条第一款第三项规定的“知识产权的收益”，是指婚姻关系存续期间，实际取得或者已经明确可以取得的财产性收益。

第二十五条 婚姻关系存续期间，下列财产属于民法典第一千零六十二条规定的“其他应当归共同所有的财产”：

（一）一方以个人财产投资取得的收益；

（二）男女双方实际取得或者应当取得的住房补贴、住房公积金；

（三）男女双方实际取得或者应当取得的基本养老金、破产安置补偿费。

第二十六条 夫妻一方个人财产在婚后产生的收益，除孳息和自然增值外，应认定为夫妻共同财产。

第二十七条 由一方婚前承租、婚后用共同财产购买的房屋，登记在一方名下的，应当认定为夫妻共同财产。

第二十八条 一方未经另一方同意出售夫妻共同所有的房屋，第三人善意购买、支付合理对价并已办理不动产登记，另一方主张追回该房屋的，人民法院不予支持。

夫妻一方擅自处分共同所有的房屋造成另一方损失，离婚时另一方请求赔偿损失的，人民法院应予支持。

第二十九条 当事人结婚前，父母为双方购置房屋出资的，该出资应当认定为对自己子女个人的赠与，但父母明确表示赠与双方的除外。

当事人结婚后，父母为双方购置房屋出资的，依照约定处理；没有约定或者约定不明确的，按照民法典第一千零六十二条第一款第四项规定的原则处理。

第三十条 军人的伤亡保险金、伤残补助金、医药生活补助费属于个人财产。

第三十一条 民法典第一千零六十三条规定为夫妻一方的个人财产，不因婚姻关系的延续而转化为夫妻共同财产。但当事人另有约定的除外。

第三十二条 婚前或者婚姻关系存续期间，当事人约定将一方所有的房产赠与另一方或者共有，赠与方在赠与房产变更登记之前撤销赠与，另一方请求判令继续履行的，人民法院可以按照民法典第六百五十八条的规定处理。

第三十三条 债权人就一方婚前所负个人债务向债务人的配偶主张权利的，人民法院不予支持。但债权人能够证明所负债务用于婚后家庭共同生活的除外。

第三十四条 夫妻一方与第三人串通，虚构债务，第三人主张该债务为夫妻共同债务的，人民法院不予支持。

夫妻一方在从事赌博、吸毒等违法犯罪活动中所负债务，第三人主张该债务为夫妻共同债务的，人民法院不予支持。

第三十五条 当事人的离婚协议或者人民法院生效判决、裁定、调解书已经对夫妻财产分割问题作出处理的，债权人仍有权就夫妻共同债务向男女双方主张权利。

一方就夫妻共同债务承担清偿责任后，主张由另一方按照离婚协议或者人民法院的法律文书承担相应债务的，人民法院应予支持。

第三十六条 夫或者妻一方死亡的，生存一方应当对婚姻关系存续期间的夫妻共同债务承担清偿责任。

第三十七条　民法典第一千零六十五条第三款所称“相对人知道该约定的”，夫妻一方对此负有举证责任。

第三十八条　婚姻关系存续期间，除民法典第一千零六十六条规定情形以外，夫妻一方请求分割共同财产的，人民法院不予支持。

五、离　婚

第七十一条　人民法院审理离婚案件，涉及分割发放到军人名下的复员费、自主择业费等一次性费用的，以夫妻婚姻关系存续年限乘以年平均值，所得数额为夫妻共同财产。

前款所称年平均值，是指将发放到军人名下的上述费用总额按具体年限均分得出的数额。其具体年限为人均寿命七十岁与军人入伍时实际年龄的差额。

第七十二条　夫妻双方分割共同财产中的股票、债券、投资基金份额等有价证券以及未上市股份有限公司股份时，协商不成或者按市价分配有困难的，人民法院可以根据数量按比例分配。

第七十三条　人民法院审理离婚案件，涉及分割夫妻共同财产中以一方名义在有限责任公司的出资额，另一方不是该公司股东的，按以下情形分别处理：

（一）夫妻双方协商一致将出资额部分或者全部转让给该股东的配偶，其他股东过半数同意，并且其他股东均明确表示放弃优先购买权的，该股东的配偶可以成为该公司股东；

（二）夫妻双方就出资额转让份额和转让价格等事项协商一致后，其他股东半数以上不同意转让，但愿意以同等条件购买该出资额的，人民法院可以对转让出资所得财产进行分割。其他股东半数以上不同意转让，也不愿意以同等条件购买该出资额的，视为其同意转让，该股东的配偶可以成为该公司股东。

用于证明前款规定的股东同意的证据，可以是股东会议材料，也可以是当事人通过其他合法途径取得的股东的书面声明材料。

第七十四条　人民法院审理离婚案件，涉及分割夫妻共同财产中以一方名义在合伙企业中的出资，另一方不是该企业合伙人的，当夫妻双方协商一致，将其合伙企业中的财产份额全部或者部分转让给对方时，按以下情形分别处理：

（一）其他合伙人一致同意的，该配偶依法取得合伙人地位；

（二）其他合伙人不同意转让，在同等条件下行使优先购买权的，可以对转让所得的财产进行分割；

（三）其他合伙人不同意转让，也不行使优先购买权，但同意该合伙人退伙或者削减部分财产份额的，可以对结算后的财产进行分割；

（四）其他合伙人既不同意转让，也不行使优先购买权，又不同意该合伙人退伙或者削减部分财产份额的，视为全体合伙人同意转让，该配偶依法取得合伙人地位。

第七十五条 夫妻以一方名义投资设立个人独资企业的，人民法院分割夫妻在该个人独资企业中的共同财产时，应当按照以下情形分别处理：

（一）一方主张经营该企业的，对企业资产进行评估后，由取得企业资产所有权一方给予另一方相应的补偿；

（二）双方均主张经营该企业的，在双方竞价基础上，由取得企业资产所有权的一方给予另一方相应的补偿；

（三）双方均不愿意经营该企业的，按照《中华人民共和国个人独资企业法》等有关规定办理。

第七十六条 双方对夫妻共同财产中的房屋价值及归属无法达成协议时，人民法院按以下情形分别处理：

（一）双方均主张房屋所有权并且同意竞价取得的，应当准许；

（二）一方主张房屋所有权的，由评估机构按市场价格对房屋作出评估，取得房屋所有权的一方应当给予另一方相应的补偿；

（三）双方均不主张房屋所有权的，根据当事人的申请拍卖、变卖房屋，就所得价款进行分割。

第七十七条 离婚时双方对尚未取得所有权或者尚未取得完全所有权的房屋有争议且协商不成的，人民法院不宜判决房屋所有权的归属，应当根据实际情况判决由当事人使用。

当事人就前款规定的房屋取得完全所有权后，有争议的，可以另行向人民法院提起诉讼。

第七十八条　夫妻一方婚前签订不动产买卖合同，以个人财产支付首付款并在银行贷款，婚后用夫妻共同财产还贷，不动产登记于首付款支付方名下的，离婚时该不动产由双方协议处理。

依前款规定不能达成协议的，人民法院可以判决该不动产归登记一方，尚未归还的贷款为不动产登记一方的个人债务。双方婚后共同还贷支付的款项及其相对应财产增值部分，离婚时应根据民法典第一千零八十七条第一款规定的原则，由不动产登记一方对另一方进行补偿。

第七十九条　婚姻关系存续期间，双方用夫妻共同财产出资购买以一方父母名义参加房改的房屋，登记在一方父母名下，离婚时另一方主张按照夫妻共同财产对该房屋进行分割的，人民法院不予支持。购买该房屋时的出资，可以作为债权处理。

第八十条　离婚时夫妻一方尚未退休、不符合领取基本养老金条件，另一方请求按照夫妻共同财产分割基本养老金的，人民法院不予支持；婚后以夫妻共同财产缴纳基本养老保险费，离婚时一方主张将养老金账户中婚姻关系存续期间个人实际缴纳部分及利息作为夫妻共同财产分割的，人民法院应予支持。

第八十一条　婚姻关系存续期间，夫妻一方作为继承人依法可以继承的遗产，在继承人之间尚未实际分割，起诉离婚时另一方请求分割的，人民法院应当告知当事人在继承人之间实际分割遗产后另行起诉。

第八十二条　夫妻之间订立借款协议，以夫妻共同财产出借给一方从事个人经营活动或者用于其他个人事务的，应视为双方约定处分夫妻共同财产的行为，离婚时可以按照借款协议的约定处理。

第八十三条　离婚后，一方以尚有夫妻共同财产未处理为由向人民法院起诉请求分割的，经审查该财产确属离婚时未涉及的夫妻共同财产，人民法院应当依法予以分割。

第八十四条　当事人依据民法典第一千零九十二条的规定向人民法院提起诉讼，请求再次分割夫妻共同财产的诉讼时效期间为三年，从当事人发现之日起计算。

第八十五条　夫妻一方申请对配偶的个人财产或者夫妻共同财产采取保

全措施的，人民法院可以在采取保全措施可能造成损失的范围内，根据实际情况，确定合理的财产担保数额。

第八十六条 民法典第一千零九十一条规定的“损害赔偿”，包括物质损害赔偿和精神损害赔偿。涉及精神损害赔偿的，适用《最高人民法院关于确定民事侵权精神损害赔偿责任若干问题的解释》的有关规定。

第八十七条 承担民法典第一千零九十一条规定的损害赔偿责任的主体，为离婚诉讼当事人中无过错方的配偶。

人民法院判决不准离婚的案件，对于当事人基于民法典第一千零九十一条提出的损害赔偿请求，不予支持。

在婚姻关系存续期间，当事人不起诉离婚而单独依据民法典第一千零九十一条提起损害赔偿请求的，人民法院不予受理。

第八十八条 人民法院受理离婚案件时，应当将民法典第一千零九十一条等规定中当事人的有关权利义务，书面告知当事人。在适用民法典第一千零九十一条时，应当区分以下不同情况：

（一）符合民法典第一千零九十一条规定的无过错方作为原告基于该条规定向人民法院提起损害赔偿请求的，必须在离婚诉讼的同时提出。

（二）符合民法典第一千零九十一条规定的无过错方作为被告的离婚诉讼案件，如果被告不同意离婚也不基于该条规定提起损害赔偿请求的，可以就此单独提起诉讼。

（三）无过错方作为被告的离婚诉讼案件，一审时被告未基于民法典第一千零九十一条规定提出损害赔偿请求，二审期间提出的，人民法院应当进行调解；调解不成的，告知当事人另行起诉。双方当事人同意由第二审人民法院一并审理的，第二审人民法院可以一并裁判。

第八十九条 当事人在婚姻登记机关办理离婚登记手续后，以民法典第一千零九十一条规定为由向人民法院提出损害赔偿请求的，人民法院应当受理。但当事人在协议离婚时已经明确表示放弃该项请求的，人民法院不予支持。

第九十条 夫妻双方均有民法典第一千零九十一条规定的过错情形，一方或者双方向对方提出离婚损害赔偿请求的，人民法院不予支持。

最高人民法院
关于适用《中华人民共和国民法典》有关担保制度的解释

法释〔2020〕28号

（2020年12月25日最高人民法院审判委员会第1824次会议通过
2020年12月31日最高人民法院公告公布　自2021年1月1日起施行）

为正确适用《中华人民共和国民法典》有关担保制度的规定，结合民事审判实践，制定本解释。

一、关于一般规定

第一条　因抵押、质押、留置、保证等担保发生的纠纷，适用本解释。所有权保留买卖、融资租赁、保理等涉及担保功能发生的纠纷，适用本解释的有关规定。

第二条　当事人在担保合同中约定担保合同的效力独立于主合同，或者约定担保人对主合同无效的法律后果承担担保责任，该有关担保独立性的约定无效。主合同有效的，有关担保独立性的约定无效不影响担保合同的效力；主合同无效的，人民法院应当认定担保合同无效，但是法律另有规定的除外。

因金融机构开立的独立保函发生的纠纷，适用《最高人民法院关于审理独立保函纠纷案件若干问题的规定》。

第三条　当事人对担保责任的承担约定专门的违约责任，或者约定的担保责任范围超出债务人应当承担的责任范围，担保人主张仅在债务人应当承担的责任范围内承担责任的，人民法院应予支持。

担保人承担的责任超出债务人应当承担的责任范围，担保人向债务人追偿，债务人主张仅在其应当承担的责任范围内承担责任的，人民法院应予支持；担保人请求债权人返还超出部分的，人民法院依法予以支持。

第四条　有下列情形之一，当事人将担保物权登记在他人名下，债务人不履行到期债务或者发生当事人约定的实现担保物权的情形，债权人或者其受托人主张就该财产优先受偿的，人民法院依法予以支持：

（一）为债券持有人提供的担保物权登记在债券受托管理人名下；

（二）为委托贷款人提供的担保物权登记在受托人名下；

（三）担保人知道债权人与他人之间存在委托关系的其他情形。

第五条 机关法人提供担保的，人民法院应当认定担保合同无效，但是经国务院批准为使用外国政府或者国际经济组织贷款进行转贷的除外。

居民委员会、村民委员会提供担保的，人民法院应当认定担保合同无效，但是依法代行村集体经济组织职能的村民委员会，依照村民委员会组织法规定的讨论决定程序对外提供担保的除外。

第六条 以公益为目的的非营利性学校、幼儿园、医疗机构、养老机构等提供担保的，人民法院应当认定担保合同无效，但是有下列情形之一的除外：

（一）在购入或者以融资租赁方式承租教育设施、医疗卫生设施、养老服务设施和其他公益设施时，出卖人、出租人为担保价款或者租金实现而在该公益设施上保留所有权；

（二）以教育设施、医疗卫生设施、养老服务设施和其他公益设施以外的不动产、动产或者财产权利设立担保物权。

登记为营利法人的学校、幼儿园、医疗机构、养老机构等提供担保，当事人以其不具有担保资格为由主张担保合同无效的，人民法院不予支持。

第七条 公司的法定代表人违反公司法关于公司对外担保决议程序的规定，超越权限代表公司与相对人订立担保合同，人民法院应当依照民法典第六十一条和第五百零四条等规定处理：

（一）相对人善意的，担保合同对公司发生效力；相对人请求公司承担担保责任的，人民法院应予支持。

（二）相对人非善意的，担保合同对公司不发生效力；相对人请求公司承担赔偿责任的，参照适用本解释第十七条的有关规定。

法定代表人超越权限提供担保造成公司损失，公司请求法定代表人承担赔偿责任的，人民法院应予支持。

第一款所称善意，是指相对人在订立担保合同时不知道且不应当知道法定代表人超越权限。相对人有证据证明已对公司决议进行了合理审查，人民法院应当认定其构成善意，但是公司有证据证明相对人知道或者应当知道决议系伪造、变造的除外。

第八条　有下列情形之一，公司以其未依照公司法关于公司对外担保的规定作出决议为由主张不承担担保责任的，人民法院不予支持：

（一）金融机构开立保函或者担保公司提供担保；

（二）公司为其全资子公司开展经营活动提供担保；

（三）担保合同系由单独或者共同持有公司三分之二以上对担保事项有表决权的股东签字同意。

上市公司对外提供担保，不适用前款第二项、第三项的规定。

第九条　相对人根据上市公司公开披露的关于担保事项已经董事会或者股东大会决议通过的信息，与上市公司订立担保合同，相对人主张担保合同对上市公司发生效力，并由上市公司承担担保责任的，人民法院应予支持。

相对人未根据上市公司公开披露的关于担保事项已经董事会或者股东大会决议通过的信息，与上市公司订立担保合同，上市公司主张担保合同对其不发生效力，且不承担担保责任或者赔偿责任的，人民法院应予支持。

相对人与上市公司已公开披露的控股子公司订立的担保合同，或者相对人与股票在国务院批准的其他全国性证券交易场所交易的公司订立的担保合同，适用前两款规定。

第十条　一人有限责任公司为其股东提供担保，公司以违反公司法关于公司对外担保决议程序的规定为由主张不承担担保责任的，人民法院不予支持。公司因承担担保责任导致无法清偿其他债务，提供担保时的股东不能证明公司财产独立于自己的财产，其他债权人请求该股东承担连带责任的，人民法院应予支持。

第十一条　公司的分支机构未经公司股东（大）会或者董事会决议以自己的名义对外提供担保，相对人请求公司或者其分支机构承担担保责任的，人民法院不予支持，但是相对人不知道且不应当知道分支机构对外提供担保未经公司决议程序的除外。

金融机构的分支机构在其营业执照记载的经营范围内开立保函，或者经有权从事担保业务的上级机构授权开立保函，金融机构或者其分支机构以违反公司法关于公司对外担保决议程序的规定为由主张不承担担保责任的，人民法院不予支持。金融机构的分支机构未经金融机构授权提供保函之外的担保，金融机构或者其分支机构主张不承担担保责任的，人民法院应予支持，但是相对人不知道且不应当知道分支机构对外提供担保未经金融机构授权的除外。

担保公司的分支机构未经担保公司授权对外提供担保，担保公司或者其分支机构主张不承担担保责任的，人民法院应予支持，但是相对人不知道且不应当知道分支机构对外提供担保未经担保公司授权的除外。

公司的分支机构对外提供担保，相对人非善意，请求公司承担赔偿责任的，参照本解释第十七条的有关规定处理。

第十二条 法定代表人依照民法典第五百五十二条的规定以公司名义加入债务的，人民法院在认定该行为的效力时，可以参照本解释关于公司为他人提供担保的有关规则处理。

第十三条 同一债务有两个以上第三人提供担保，担保人之间约定相互追偿及分担份额，承担了担保责任的担保人请求其他担保人按照约定分担份额的，人民法院应予支持；担保人之间约定承担连带共同担保，或者约定相互追偿但是未约定分担份额的，各担保人按照比例分担向债务人不能追偿的部分。

同一债务有两个以上第三人提供担保，担保人之间未对相互追偿作出约定且未约定承担连带共同担保，但是各担保人在同一份合同书上签字、盖章或者按指印，承担了担保责任的担保人请求其他担保人按照比例分担向债务人不能追偿部分的，人民法院应予支持。

除前两款规定的情形外，承担了担保责任的担保人请求其他担保人分担向债务人不能追偿部分的，人民法院不予支持。

第十四条 同一债务有两个以上第三人提供担保，担保人受让债权的，人民法院应当认定该行为系承担担保责任。受让债权的担保人作为债权人请求其他担保人承担担保责任的，人民法院不予支持；该担保人请求其他担保人分担相应份额的，依照本解释第十三条的规定处理。

第十五条 最高额担保中的最高债权额，是指包括主债权及其利息、违约金、损害赔偿金、保管担保财产的费用、实现债权或者实现担保物权的费用等在内的全部债权，但是当事人另有约定的除外。

登记的最高债权额与当事人约定的最高债权额不一致的，人民法院应当依据登记的最高债权额确定债权人优先受偿的范围。

第十六条 主合同当事人协议以新贷偿还旧贷，债权人请求旧贷的担保人承担担保责任的，人民法院不予支持；债权人请求新贷的担保人承担担保责任的，按照下列情形处理：

（一）新贷与旧贷的担保人相同的，人民法院应予支持；

（二）新贷与旧贷的担保人不同，或者旧贷无担保新贷有担保的，人民法院不予支持，但是债权人有证据证明新贷的担保人提供担保时对以新贷偿还旧贷的事实知道或者应当知道的除外。

主合同当事人协议以新贷偿还旧贷，旧贷的物的担保人在登记尚未注销的情形下同意继续为新贷提供担保，在订立新的贷款合同前又以该担保财产为其他债权人设立担保物权，其他债权人主张其担保物权顺位优先于新贷债权人的，人民法院不予支持。

第十七条 主合同有效而第三人提供的担保合同无效，人民法院应当区分不同情形确定担保人的赔偿责任：

（一）债权人与担保人均有过错的，担保人承担的赔偿责任不应超过债务人不能清偿部分的二分之一；

（二）担保人有过错而债权人无过错的，担保人对债务人不能清偿的部分承担赔偿责任；

（三）债权人有过错而担保人无过错的，担保人不承担赔偿责任。

主合同无效导致第三人提供的担保合同无效，担保人无过错的，不承担赔偿责任；担保人有过错的，其承担的赔偿责任不应超过债务人不能清偿部分的三分之一。

第十八条 承担了担保责任或者赔偿责任的担保人，在其承担责任的范围内向债务人追偿的，人民法院应予支持。

同一债权既有债务人自己提供的物的担保，又有第三人提供的担保，承担了担保责任或者赔偿责任的第三人，主张行使债权人对债务人享有的担保物权的，人民法院应予支持。

第十九条 担保合同无效，承担了赔偿责任的担保人按照反担保合同的约定，在其承担赔偿责任的范围内请求反担保人承担担保责任的，人民法院应予支持。

反担保合同无效的，依照本解释第十七条的有关规定处理。当事人仅以担保合同无效为由主张反担保合同无效的，人民法院不予支持。

第二十条 人民法院在审理第三人提供的物的担保纠纷案件时，可以适用民法典第六百九十五条第一款、第六百九十六条第一款、第六百九十七条第二款、第六百九十九条、第七百条、第七百零一条、第七百零二条等关于保证合同的规定。

第二十一条 主合同或者担保合同约定了仲裁条款的，人民法院对约定仲裁条款的合同当事人之间的纠纷无管辖权。

债权人一并起诉债务人和担保人的，应当根据主合同确定管辖法院。

债权人依法可以单独起诉担保人且仅起诉担保人的，应当根据担保合同确定管辖法院。

第二十二条 人民法院受理债务人破产案件后，债权人请求担保人承担担保责任，担保人主张担保债务自人民法院受理破产申请之日起停止计息的，人民法院对担保人的主张应予支持。

第二十三条 人民法院受理债务人破产案件，债权人在破产程序中申报债权后又向人民法院提起诉讼，请求担保人承担担保责任的，人民法院依法予以支持。

担保人清偿债权人的全部债权后，可以代替债权人在破产程序中受偿；在债权人的债权未获全部清偿前，担保人不得代替债权人在破产程序中受偿，但是有权就债权人通过破产分配和实现担保债权等方式获得清偿总额中超出债权的部分，在其承担担保责任的范围内请求债权人返还。

债权人在债务人破产程序中未获全部清偿，请求担保人继续承担担保责任的，人民法院应予支持；担保人承担担保责任后，向和解协议或者重整计划执行完毕后的债务人追偿的，人民法院不予支持。

第二十四条 债权人知道或者应当知道债务人破产，既未申报债权也未通知担保人，致使担保人不能预先行使追偿权的，担保人就该债权在破产程序中可能受偿的范围内免除担保责任，但是担保人因自身过错未行使追偿权的除外。

二、关于保证合同

第二十五条 当事人在保证合同中约定了保证人在债务人不能履行债务或者无力偿还债务时才承担保证责任等类似内容，具有债务人应当先承担责任的意思表示的，人民法院应当将其认定为一般保证。

当事人在保证合同中约定了保证人在债务人不履行债务或者未偿还债务时即承担保证责任、无条件承担保证责任等类似内容，不具有债务人应当先承担责任的意思表示的，人民法院应当将其认定为连带责任保证。

第二十六条 一般保证中，债权人以债务人为被告提起诉讼的，人民法院应予受理。债权人未就主合同纠纷提起诉讼或者申请仲裁，仅起诉一般保证人的，人民法院应当驳回起诉。

一般保证中，债权人一并起诉债务人和保证人的，人民法院可以受理，但是在作出判决时，除有民法典第六百八十七条第二款但书规定的情形外，应当在判决书主文中明确，保证人仅对债务人财产依法强制执行后仍不能履行的部分承担保证责任。

债权人未对债务人的财产申请保全，或者保全的债务人的财产足以清偿债务，债权人申请对一般保证人的财产进行保全的，人民法院不予准许。

第二十七条 一般保证的债权人取得对债务人赋予强制执行效力的公证债权文书后，在保证期间内向人民法院申请强制执行，保证人以债权人未在保证期间内对债务人提起诉讼或者申请仲裁为由主张不承担保证责任的，人民法院不予支持。

第二十八条 一般保证中，债权人依据生效法律文书对债务人的财产依法申请强制执行，保证债务诉讼时效的起算时间按照下列规则确定：

（一）人民法院作出终结本次执行程序裁定，或者依照民事诉讼法第二百五十七条第三项、第五项的规定作出终结执行裁定的，自裁定送达债权人之日起开始计算；

（二）人民法院自收到申请执行书之日起一年内未作出前项裁定的，自人民法院收到申请执行书满一年之日起开始计算，但是保证人有证据证明债务人仍有财产可供执行的除外。

一般保证的债权人在保证期间届满前对债务人提起诉讼或者申请仲裁，

债权人举证证明存在民法典第六百八十七条第二款但书规定情形的，保证债务的诉讼时效自债权人知道或者应当知道该情形之日起开始计算。

第二十九条 同一债务有两个以上保证人，债权人以其已经在保证期间内依法向部分保证人行使权利为由，主张已经在保证期间内向其他保证人行使权利的，人民法院不予支持。

同一债务有两个以上保证人，保证人之间相互有追偿权，债权人未在保证期间内依法向部分保证人行使权利，导致其他保证人在承担保证责任后丧失追偿权，其他保证人主张在其不能追偿的范围内免除保证责任的，人民法院应予支持。

第三十条 最高额保证合同对保证期间的计算方式、起算时间等有约定的，按照其约定。

最高额保证合同对保证期间的计算方式、起算时间等没有约定或者约定不明，被担保债权的履行期限均已届满的，保证期间自债权确定之日起开始计算；被担保债权的履行期限尚未届满的，保证期间自最后到期债权的履行期限届满之日起开始计算。

前款所称债权确定之日，依照民法典第四百二十三条的规定认定。

第三十一条 一般保证的债权人在保证期间内对债务人提起诉讼或者申请仲裁后，又撤回起诉或者仲裁申请，债权人在保证期间届满前未再行提起诉讼或者申请仲裁，保证人主张不再承担保证责任的，人民法院应予支持。

连带责任保证的债权人在保证期间内对保证人提起诉讼或者申请仲裁后，又撤回起诉或者仲裁申请，起诉状副本或者仲裁申请书副本已经送达保证人的，人民法院应当认定债权人已经在保证期间内向保证人行使了权利。

第三十二条 保证合同约定保证人承担保证责任直至主债务本息还清时为止等类似内容的，视为约定不明，保证期间为主债务履行期限届满之日起六个月。

第三十三条 保证合同无效，债权人未在约定或者法定的保证期间内依法行使权利，保证人主张不承担赔偿责任的，人民法院应予支持。

第三十四条 人民法院在审理保证合同纠纷案件时，应当将保证期间是否届满、债权人是否在保证期间内依法行使权利等事实作为案件基本事实予以查明。

债权人在保证期间内未依法行使权利的，保证责任消灭。保证责任消灭后，债权人书面通知保证人要求承担保证责任，保证人在通知书上签字、盖章或者按指印，债权人请求保证人继续承担保证责任的，人民法院不予支持，但是债权人有证据证明成立了新的保证合同的除外。

第三十五条　保证人知道或者应当知道主债权诉讼时效期间届满仍然提供保证或者承担保证责任，又以诉讼时效期间届满为由拒绝承担保证责任或者请求返还财产的，人民法院不予支持；保证人承担保证责任后向债务人追偿的，人民法院不予支持，但是债务人放弃诉讼时效抗辩的除外。

第三十六条　第三人向债权人提供差额补足、流动性支持等类似承诺文件作为增信措施，具有提供担保的意思表示，债权人请求第三人承担保证责任的，人民法院应当依照保证的有关规定处理。

第三人向债权人提供的承诺文件，具有加入债务或者与债务人共同承担债务等意思表示的，人民法院应当认定为民法典第五百五十二条规定的债务加入。

前两款中第三人提供的承诺文件难以确定是保证还是债务加入的，人民法院应当将其认定为保证。

第三人向债权人提供的承诺文件不符合前三款规定的情形，债权人请求第三人承担保证责任或者连带责任的，人民法院不予支持，但是不影响其依据承诺文件请求第三人履行约定的义务或者承担相应的民事责任。

三、关于担保物权

（一）担保合同与担保物权的效力

第三十七条　当事人以所有权、使用权不明或者有争议的财产抵押，经审查构成无权处分的，人民法院应当依照民法典第三百一十一条的规定处理。

当事人以依法被查封或者扣押的财产抵押，抵押权人请求行使抵押权，经审查查封或者扣押措施已经解除的，人民法院应予支持。抵押人以抵押权设立时财产被查封或者扣押为由主张抵押合同无效的，人民法院不予支持。

以依法被监管的财产抵押的，适用前款规定。

第三十八条　主债权未受全部清偿，担保物权人主张就担保财产的全部行使担保物权的，人民法院应予支持，但是留置权人行使留置权的，应当依照民法典第四百五十条的规定处理。

担保财产被分割或者部分转让，担保物权人主张就分割或者转让后的担保财产行使担保物权的，人民法院应予支持，但是法律或者司法解释另有规定的除外。

第三十九条 主债权被分割或者部分转让，各债权人主张就其享有的债权份额行使担保物权的，人民法院应予支持，但是法律另有规定或者当事人另有约定的除外。

主债务被分割或者部分转移，债务人自己提供物的担保，债权人请求以该担保财产担保全部债务履行的，人民法院应予支持；第三人提供物的担保，主张对未经其书面同意转移的债务不再承担担保责任的，人民法院应予支持。

第四十条 从物产生于抵押权依法设立前，抵押权人主张抵押权的效力及于从物的，人民法院应予支持，但是当事人另有约定的除外。

从物产生于抵押权依法设立后，抵押权人主张抵押权的效力及于从物的，人民法院不予支持，但是在抵押权实现时可以一并处分。

第四十一条 抵押权依法设立后，抵押财产被添附，添附物归第三人所有，抵押权人主张抵押权效力及于补偿金的，人民法院应予支持。

抵押权依法设立后，抵押财产被添附，抵押人对添附物享有所有权，抵押权人主张抵押权的效力及于添附物的，人民法院应予支持，但是添附导致抵押财产价值增加的，抵押权的效力不及于增加的价值部分。

抵押权依法设立后，抵押人与第三人因添附成为添附物的共有人，抵押权人主张抵押权的效力及于抵押人对共有物享有的份额的，人民法院应予支持。

本条所称添附，包括附合、混合与加工。

第四十二条 抵押权依法设立后，抵押财产毁损、灭失或者被征收等，抵押权人请求按照原抵押权的顺位就保险金、赔偿金或者补偿金等优先受偿的，人民法院应予支持。

给付义务人已经向抵押人给付了保险金、赔偿金或者补偿金，抵押权人请求给付义务人向其给付保险金、赔偿金或者补偿金的，人民法院不予支持，但是给付义务人接到抵押权人要求向其给付的通知后仍然向抵押人给付的除外。

抵押权人请求给付义务人向其给付保险金、赔偿金或者补偿金的，人民法院可以通知抵押人作为第三人参加诉讼。

第四十三条　当事人约定禁止或者限制转让抵押财产但是未将约定登记，抵押人违反约定转让抵押财产，抵押权人请求确认转让合同无效的，人民法院不予支持；抵押财产已经交付或者登记，抵押权人请求确认转让不发生物权效力的，人民法院不予支持，但是抵押权人有证据证明受让人知道的除外；抵押权人请求抵押人承担违约责任的，人民法院依法予以支持。

当事人约定禁止或者限制转让抵押财产且已经将约定登记，抵押人违反约定转让抵押财产，抵押权人请求确认转让合同无效的，人民法院不予支持；抵押财产已经交付或者登记，抵押权人主张转让不发生物权效力的，人民法院应予支持，但是因受让人代替债务人清偿债务导致抵押权消灭的除外。

第四十四条　主债权诉讼时效期间届满后，抵押权人主张行使抵押权的，人民法院不予支持；抵押人以主债权诉讼时效期间届满为由，主张不承担担保责任的，人民法院应予支持。主债权诉讼时效期间届满前，债权人仅对债务人提起诉讼，经人民法院判决或者调解后未在民事诉讼法规定的申请执行时效期间内对债务人申请强制执行，其向抵押人主张行使抵押权的，人民法院不予支持。

主债权诉讼时效期间届满后，财产被留置的债务人或者对留置财产享有所有权的第三人请求债权人返还留置财产的，人民法院不予支持；债务人或者第三人请求拍卖、变卖留置财产并以所得价款清偿债务的，人民法院应予支持。

主债权诉讼时效期间届满的法律后果，以登记作为公示方式的权利质权，参照适用第一款的规定；动产质权、以交付权利凭证作为公示方式的权利质权，参照适用第二款的规定。

第四十五条　当事人约定当债务人不履行到期债务或者发生当事人约定的实现担保物权的情形，担保物权人有权将担保财产自行拍卖、变卖并就所得的价款优先受偿的，该约定有效。因担保人的原因导致担保物权人无法自行对担保财产进行拍卖、变卖，担保物权人请求担保人承担因此增加的费用的，人民法院应予支持。

当事人依照民事诉讼法有关“实现担保物权案件”的规定，申请拍卖、变卖担保财产，被申请人以担保合同约定仲裁条款为由主张驳回申请的，人民法院经审查后，应当按照以下情形分别处理：

（一）当事人对担保物权无实质性争议且实现担保物权条件已经成就的，应当裁定准许拍卖、变卖担保财产；

（二）当事人对实现担保物权有部分实质性争议的，可以就无争议的部分裁定准许拍卖、变卖担保财产，并告知可以就有争议的部分申请仲裁；

（三）当事人对实现担保物权有实质性争议的，裁定驳回申请，并告知可以向仲裁机构申请仲裁。

债权人以诉讼方式行使担保物权的，应当以债务人和担保人作为共同被告。

（二）不动产抵押

第四十六条 不动产抵押合同生效后未办理抵押登记手续，债权人请求抵押人办理抵押登记手续的，人民法院应予支持。

抵押财产因不可归责于抵押人自身的原因灭失或者被征收等导致不能办理抵押登记，债权人请求抵押人在约定的担保范围内承担责任的，人民法院不予支持；但是抵押人已经获得保险金、赔偿金或者补偿金等，债权人请求抵押人在其所获金额范围内承担赔偿责任的，人民法院依法予以支持。

因抵押人转让抵押财产或者其他可归责于抵押人自身的原因导致不能办理抵押登记，债权人请求抵押人在约定的担保范围内承担责任的，人民法院依法予以支持，但是不得超过抵押权能够设立时抵押人应当承担的责任范围。

第四十七条 不动产登记簿就抵押财产、被担保的债权范围等所作的记载与抵押合同约定不一致的，人民法院应当根据登记簿的记载确定抵押财产、被担保的债权范围等事项。

第四十八条 当事人申请办理抵押登记手续时，因登记机构的过错致使其不能办理抵押登记，当事人请求登记机构承担赔偿责任的，人民法院依法予以支持。

第四十九条 以违法的建筑物抵押的，抵押合同无效，但是一审法庭辩论终结前已经办理合法手续的除外。抵押合同无效的法律后果，依照本解释第十七条的有关规定处理。

当事人以建设用地使用权依法设立抵押，抵押人以土地上存在违法的建筑物为由主张抵押合同无效的，人民法院不予支持。

第五十条　抵押人以划拨建设用地上的建筑物抵押，当事人以该建设用地使用权不能抵押或者未办理批准手续为由主张抵押合同无效或者不生效的，人民法院不予支持。抵押权依法实现时，拍卖、变卖建筑物所得的价款，应当优先用于补缴建设用地使用权出让金。

当事人以划拨方式取得的建设用地使用权抵押，抵押人以未办理批准手续为由主张抵押合同无效或者不生效的，人民法院不予支持。已经依法办理抵押登记，抵押权人主张行使抵押权的，人民法院应予支持。抵押权依法实现时所得的价款，参照前款有关规定处理。

第五十一条　当事人仅以建设用地使用权抵押，债权人主张抵押权的效力及于土地上已有的建筑物以及正在建造的建筑物已完成部分的，人民法院应予支持。债权人主张抵押权的效力及于正在建造的建筑物的续建部分以及新增建筑物的，人民法院不予支持。

当事人以正在建造的建筑物抵押，抵押权的效力范围限于已办理抵押登记的部分。当事人按照担保合同的约定，主张抵押权的效力及于续建部分、新增建筑物以及规划中尚未建造的建筑物的，人民法院不予支持。

抵押人将建设用地使用权、土地上的建筑物或者正在建造的建筑物分别抵押给不同债权人的，人民法院应当根据抵押登记的时间先后确定清偿顺序。

第五十二条　当事人办理抵押预告登记后，预告登记权利人请求就抵押财产优先受偿，经审查存在尚未办理建筑物所有权首次登记、预告登记的财产与办理建筑物所有权首次登记时的财产不一致、抵押预告登记已经失效等情形，导致不具备办理抵押登记条件的，人民法院不予支持；经审查已经办理建筑物所有权首次登记，且不存在预告登记失效等情形的，人民法院应予支持，并应当认定抵押权自预告登记之日起设立。

当事人办理了抵押预告登记，抵押人破产，经审查抵押财产属于破产财产，预告登记权利人主张就抵押财产优先受偿的，人民法院应当在受理破产申请时抵押财产的价值范围内予以支持，但是在人民法院受理破产申请前一年内，债务人对没有财产担保的债务设立抵押预告登记的除外。

（三）动产与权利担保

第五十三条　当事人在动产和权利担保合同中对担保财产进行概括描述，

该描述能够合理识别担保财产的，人民法院应当认定担保成立。

第五十四条 动产抵押合同订立后未办理抵押登记，动产抵押权的效力按照下列情形分别处理：

（一）抵押人转让抵押财产，受让人占有抵押财产后，抵押权人向受让人请求行使抵押权的，人民法院不予支持，但是抵押权人能够举证证明受让人知道或者应当知道已经订立抵押合同的除外；

（二）抵押人将抵押财产出租给他人并移转占有，抵押权人行使抵押权的，租赁关系不受影响，但是抵押权人能够举证证明承租人知道或者应当知道已经订立抵押合同的除外；

（三）抵押人的其他债权人向人民法院申请保全或者执行抵押财产，人民法院已经作出财产保全裁定或者采取执行措施，抵押权人主张对抵押财产优先受偿的，人民法院不予支持；

（四）抵押人破产，抵押权人主张对抵押财产优先受偿的，人民法院不予支持。

第五十五条 债权人、出质人与监管人订立三方协议，出质人以通过一定数量、品种等概括描述能够确定范围的货物为债务的履行提供担保，当事人有证据证明监管人系受债权人的委托监管并实际控制该货物的，人民法院应当认定质权于监管人实际控制货物之日起设立。监管人违反约定向出质人或者其他人放货、因保管不善导致货物毁损灭失，债权人请求监管人承担违约责任的，人民法院依法予以支持。

在前款规定情形下，当事人有证据证明监管人系受出质人委托监管该货物，或者虽然受债权人委托但是未实际履行监管职责，导致货物仍由出质人实际控制的，人民法院应当认定质权未设立。债权人可以基于质押合同的约定请求出质人承担违约责任，但是不得超过质权有效设立时出质人应当承担的责任范围。监管人未履行监管职责，债权人请求监管人承担责任的，人民法院依法予以支持。

第五十六条 买受人在出卖人正常经营活动中通过支付合理对价取得已被设立担保物权的动产，担保物权人请求就该动产优先受偿的，人民法院不予支持，但是有下列情形之一的除外：

（一）购买商品的数量明显超过一般买受人；

（二）购买出卖人的生产设备；

（三）订立买卖合同的目的在于担保出卖人或者第三人履行债务；

（四）买受人与出卖人存在直接或者间接的控制关系；

（五）买受人应当查询抵押登记而未查询的其他情形。

前款所称出卖人正常经营活动，是指出卖人的经营活动属于其营业执照明确记载的经营范围，且出卖人持续销售同类商品。前款所称担保物权人，是指已经办理登记的抵押权人、所有权保留买卖的出卖人、融资租赁合同的出租人。

第五十七条　担保人在设立动产浮动抵押并办理抵押登记后又购入或者以融资租赁方式承租新的动产，下列权利人为担保价款债权或者租金的实现而订立担保合同，并在该动产交付后十日内办理登记，主张其权利优先于在先设立的浮动抵押权的，人民法院应予支持：

（一）在该动产上设立抵押权或者保留所有权的出卖人；

（二）为价款支付提供融资而在该动产上设立抵押权的债权人；

（三）以融资租赁方式出租该动产的出租人。

买受人取得动产但未付清价款或者承租人以融资租赁方式占有租赁物但是未付清全部租金，又以标的物为他人设立担保物权，前款所列权利人为担保价款债权或者租金的实现而订立担保合同，并在该动产交付后十日内办理登记，主张其权利优先于买受人为他人设立的担保物权的，人民法院应予支持。

同一动产上存在多个价款优先权的，人民法院应当按照登记的时间先后确定清偿顺序。

第五十八条　以汇票出质，当事人以背书记载“质押”字样并在汇票上签章，汇票已经交付质权人的，人民法院应当认定质权自汇票交付质权人时设立。

第五十九条　存货人或者仓单持有人在仓单上以背书记载“质押”字样，并经保管人签章，仓单已经交付质权人的，人民法院应当认定质权自仓单交付质权人时设立。没有权利凭证的仓单，依法可以办理出质登记的，仓单质权自办理出质登记时设立。

出质人既以仓单出质，又以仓储物设立担保，按照公示的先后确定清偿顺序；难以确定先后的，按照债权比例清偿。

保管人为同一货物签发多份仓单，出质人在多份仓单上设立多个质权，按照公示的先后确定清偿顺序；难以确定先后的，按照债权比例受偿。

存在第二款、第三款规定的情形，债权人举证证明其损失系由出质人与保管人的共同行为所致，请求出质人与保管人承担连带赔偿责任的，人民法院应予支持。

第六十条 在跟单信用证交易中，开证行与开证申请人之间约定以提单作为担保的，人民法院应当依照民法典关于质权的有关规定处理。

在跟单信用证交易中，开证行依据其与开证申请人之间的约定或者跟单信用证的惯例持有提单，开证申请人未按照约定付款赎单，开证行主张对提单项下货物优先受偿的，人民法院应予支持；开证行主张对提单项下货物享有所有权的，人民法院不予支持。

在跟单信用证交易中，开证行依据其与开证申请人之间的约定或者跟单信用证的惯例，通过转让提单或者提单项下货物取得价款，开证申请人请求返还超出债权部分的，人民法院应予支持。

前三款规定不影响合法持有提单的开证行以提单持有人身份主张运输合同项下的权利。

第六十一条 以现有的应收账款出质，应收账款债务人向质权人确认应收账款的真实性后，又以应收账款不存在或者已经消灭为由主张不承担责任的，人民法院不予支持。

以现有的应收账款出质，应收账款债务人未确认应收账款的真实性，质权人以应收账款债务人为被告，请求就应收账款优先受偿，能够举证证明办理出质登记时应收账款真实存在的，人民法院应予支持；质权人不能举证证明办理出质登记时应收账款真实存在，仅以已经办理出质登记为由，请求就应收账款优先受偿的，人民法院不予支持。

以现有的应收账款出质，应收账款债务人已经向应收账款债权人履行了债务，质权人请求应收账款债务人履行债务的，人民法院不予支持，但是应收账款债务人接到质权人要求向其履行的通知后，仍然向应收账款债权人履行的除外。

以基础设施和公用事业项目收益权、提供服务或者劳务产生的债权以及其他将有的应收账款出质，当事人为应收账款设立特定账户，发生法定或者约定的质权实现事由时，质权人请求就该特定账户内的款项优先受偿的，人民法院应予支持；特定账户内的款项不足以清偿债务或者未设立特定账户，质权人请求折价或者拍卖、变卖项目收益权等将有的应收账款，并以所得的价款优先受偿的，人民法院依法予以支持。

第六十二条 债务人不履行到期债务，债权人因同一法律关系留置合法占有的第三人的动产，并主张就该留置财产优先受偿的，人民法院应予支持。第三人以该留置财产并非债务人的财产为由请求返还的，人民法院不予支持。

企业之间留置的动产与债权并非同一法律关系，债务人以该债权不属于企业持续经营中发生的债权为由请求债权人返还留置财产的，人民法院应予支持。

企业之间留置的动产与债权并非同一法律关系，债权人留置第三人的财产，第三人请求债权人返还留置财产的，人民法院应予支持。

四、关于非典型担保

第六十三条 债权人与担保人订立担保合同，约定以法律、行政法规尚未规定可以担保的财产权利设立担保，当事人主张合同无效的，人民法院不予支持。当事人未在法定的登记机构依法进行登记，主张该担保具有物权效力的，人民法院不予支持。

第六十四条 在所有权保留买卖中，出卖人依法有权取回标的物，但是与买受人协商不成，当事人请求参照民事诉讼法“实现担保物权案件”的有关规定，拍卖、变卖标的物的，人民法院应予准许。

出卖人请求取回标的物，符合民法典第六百四十二条规定的，人民法院应予支持；买受人以抗辩或者反诉的方式主张拍卖、变卖标的物，并在扣除买受人未支付的价款以及必要费用后返还剩余款项的，人民法院应当一并处理。

第六十五条 在融资租赁合同中，承租人未按照约定支付租金，经催告后在合理期限内仍不支付，出租人请求承租人支付全部剩余租金，并以拍卖、变卖租赁物所得的价款受偿的，人民法院应予支持；当事人请求参照民事诉讼法“实现担保物权案件”的有关规定，以拍卖、变卖租赁物所得价款支付租金的，人民法院应予准许。

出租人请求解除融资租赁合同并收回租赁物，承租人以抗辩或者反诉的方式主张返还租赁物价值超过欠付租金以及其他费用的，人民法院应当一并处理。当事人对租赁物的价值有争议的，应当按照下列规则确定租赁物的价值：

（一）融资租赁合同有约定的，按照其约定；

（二）融资租赁合同未约定或者约定不明的，根据约定的租赁物折旧以及合同到期后租赁物的残值来确定；

（三）根据前两项规定的方法仍然难以确定，或者当事人认为根据前两项规定的方法确定的价值严重偏离租赁物实际价值的，根据当事人的申请委托有资质的机构评估。

第六十六条 同一应收账款同时存在保理、应收账款质押和债权转让，当事人主张参照民法典第七百六十八条的规定确定优先顺序的，人民法院应予支持。

在有追索权的保理中，保理人以应收账款债权人或者应收账款债务人为被告提起诉讼，人民法院应予受理；保理人一并起诉应收账款债权人和应收账款债务人的，人民法院可以受理。

应收账款债权人向保理人返还保理融资款本息或者回购应收账款债权后，请求应收账款债务人向其履行应收账款债务的，人民法院应予支持。

第六十七条 在所有权保留买卖、融资租赁等合同中，出卖人、出租人的所有权未经登记不得对抗的“善意第三人”的范围及其效力，参照本解释第五十四条的规定处理。

第六十八条 债务人或者第三人与债权人约定将财产形式上转移至债权人名下，债务人不履行到期债务，债权人有权对财产折价或者以拍卖、变卖该财产所得价款偿还债务的，人民法院应当认定该约定有效。当事人已经完成财产权利变动的公示，债务人不履行到期债务，债权人请求参照民法典关于担保物权的有关规定就该财产优先受偿的，人民法院应予支持。

债务人或者第三人与债权人约定将财产形式上转移至债权人名下，债务人不履行到期债务，财产归债权人所有的，人民法院应当认定该约定无效，但是不影响当事人有关提供担保的意思表示的效力。当事人已经完成财产权利变动的公示，债务人不履行到期债务，债权人请求对该财产享有所有权的，人民法院不予支持；债权人请求参照民法典关于担保物权的规定对财产折价或者以拍卖、变卖该财产所得的价款优先受偿的，人民法院应予支持；债务人履行债务后请求返还财产，或者请求对财产折价或者以拍卖、变卖所得的价款清偿债务的，人民法院应予支持。

债务人与债权人约定将财产转移至债权人名下，在一定期间后再由债务人或者其指定的第三人以交易本金加上溢价款回购，债务人到期不履行回购义务，财产归债权人所有的，人民法院应当参照第二款规定处理。回购对象自始不存在的，人民法院应当依照民法典第一百四十六条第二款的规定，按照其实际构成的法律关系处理。

第六十九条　股东以将其股权转移至债权人名下的方式为债务履行提供担保，公司或者公司的债权人以股东未履行或者未全面履行出资义务、抽逃出资等为由，请求作为名义股东的债权人与股东承担连带责任的，人民法院不予支持。

第七十条　债务人或者第三人为担保债务的履行，设立专门的保证金账户并由债权人实际控制，或者将其资金存入债权人设立的保证金账户，债权人主张就账户内的款项优先受偿的，人民法院应予支持。当事人以保证金账户内的款项浮动为由，主张实际控制该账户的债权人对账户内的款项不享有优先受偿权的，人民法院不予支持。

在银行账户下设立的保证金分户，参照前款规定处理。

当事人约定的保证金并非为担保债务的履行设立，或者不符合前两款规定的情形，债权人主张就保证金优先受偿的，人民法院不予支持，但是不影响当事人依照法律的规定或者按照当事人的约定主张权利。

五、附　则

第七十一条　本解释自 2021 年 1 月 1 日起施行。

最高人民法院
关于依法妥善审理民间借贷案件的通知

2018年8月1日　　　　法〔2018〕215号

各省、自治区、直辖市高级人民法院，解放军军事法院，新疆维吾尔自治区高级人民法院生产建设兵团分院：

民间借贷在一定程度上满足了社会多元化融资需求，促进了多层次信贷市场的形成和完善。与此同时，民间借贷纠纷案件也呈现爆炸式增长，给人民法院的审判工作带来新的挑战。近年来，社会上不断出现披着民间借贷外衣，通过“虚增债务”“伪造证据”“恶意制造违约”“收取高额费用”等方式非法侵占财物的“套路贷”诈骗等新型犯罪，严重侵害了人民群众的合法权益，扰乱了金融市场秩序，影响社会和谐稳定。为充分发挥民商事审判工作的评价、教育、指引功能，妥善审理民间借贷纠纷案件，防范化解各类风险，现将有关事项通知如下：

一、加大对借贷事实和证据的审查力度。“套路贷”诈骗等犯罪设局者具备知识型犯罪特征，善于通过虚增债权债务、制造银行流水痕迹、故意失联制造违约等方式，形成证据链条闭环，并借助民事诉讼程序实现非法目的。因此，人民法院在审理民间借贷纠纷案件中，除根据《最高人民法院关于审理民间借贷案件适用法律若干问题的规定》第十五条、第十六条规定，对借据、收据、欠条等债权凭证及银行流水等款项交付凭证进行审查外，还应结合款项来源、交易习惯、经济能力、财产变化情况、当事人关系以及当事人陈述等因素综合判断借贷的真实情况。有违法犯罪等合理怀疑，代理人对案件事实无法说明的，应当传唤当事人本人到庭，就有关案件事实接受询问。要适当加大调查取证力度，查明事实真相。

二、严格区分民间借贷行为与诈骗等犯罪行为。人民法院在审理民间借贷纠纷案件中，要切实提高对“套路贷”诈骗等犯罪行为的警觉，加强对民间借贷行为与诈骗等犯罪行为的甄别，发现涉嫌违法犯罪线索、材料的，要及时按照《最高人民法院关于在审理经济纠纷案件中涉及经济犯罪嫌疑若干问题的规定》和《最高人民法院关于审理民间借贷案件适用法律若干问题的规定》依法处理。民间借贷行为本身涉及违法犯罪的，应当裁定驳回起诉，并将涉嫌犯罪的线索、材料移送公安机关或检察机关，切实防范犯罪分子将非法行为合法化，利用民事判决堂而皇之侵占被害人财产。刑事判决认定出借人构成“套路贷”诈骗等犯罪的，人民法院对已按普通民间借贷纠纷作出的生效判决，应当及时通过审判监督程序予以纠正。

三、依法严守法定利率红线。《最高人民法院关于审理民间借贷案件适用法律若干问题的规定》依法确立了法定利率的司法红线，应当从严把握。人民法院在民间借贷纠纷案件审理过程中，对于各种以“利息”“违约金”“服务费”“中介费”“保证金”“延期费”等突破或变相突破法定利率红线的，应当依法不予支持。对于“出借人主张系以现金方式支付大额贷款本金”“借款人抗辩所谓现金支付本金系出借人预先扣除的高额利息”的，要加强对出借人主张的现金支付款项来源、交付情况等证据的审查，依法认定借贷本金数额和高额利息扣收事实。发现交易平台、交易对手、交易模式等以“创新”为名行高利贷之实的，应当及时采取发送司法建议函等有效方式，坚决予以遏制。

四、建立民间借贷纠纷防范和解决机制。人民法院在防范和化解民间借贷各类风险中，要紧密结合党和国家工作大局，紧紧依靠党委领导和政府支持，探索审判机制创新，加强联动效应，探索建立跨部门综合治理机制。要加大法制宣传力度，引导社会良好风气，认真总结审判经验，加强调查研究。

各级人民法院在审理民间借贷纠纷案件中发现新情况、新问题，请及时层报最高人民法院。

最高人民法院
关于依法妥善审理涉及夫妻债务案件有关问题的通知

2017 年 2 月 28 日　　　　　　　　　　　　　　　　法〔2017〕48 号

各省、自治区、直辖市高级人民法院，解放军军事法院，新疆维吾尔自治区高级人民法院生产建设兵团分院：

家事审判工作是人民法院审判工作的重要内容。在家事审判工作中，正确处理夫妻债务，事关夫妻双方和债权人合法权益的保护，事关婚姻家庭稳定和市场交易安全的维护，事关和谐健康诚信经济社会建设的推进。为此，最高人民法院审判委员会第 1710 次会议讨论通过《最高人民法院关于适用〈中华人民共和国婚姻法〉若干问题的解释（二）的补充规定》，对该司法解释第二十四条增加规定了第二款和第三款。2017 年 2 月 28 日，最高人民法院公布了修正的《最高人民法院关于适用〈中华人民共和国婚姻法〉若干问题的解释（二）》。为依法妥善审理好夫妻债务案件，现将有关问题通知如下：

一、坚持法治和德治相结合原则。在处理夫妻债务案件时，除应当依照婚姻法等法律和司法解释的规定，保护夫妻双方和债权人的合法权益，还应当结合社会主义道德价值理念，增强法律和司法解释适用的社会效果，以达到真正化解矛盾纠纷、维护婚姻家庭稳定、促进交易安全、推动经济社会和谐健康发展的目的。

二、保障未具名举债夫妻一方的诉讼权利。在审理以夫妻一方名义举债的案件中，原则上应当传唤夫妻双方本人和案件其他当事人本人到庭；需要证人出庭作证的，除法定事由外，应当通知证人出庭作证。在庭审中，应当按照《最高人民法院关于适用〈中华人民共和国民事诉讼法〉的解释》的规定，要求有关当事人和证人签署保证书，以保证当事人陈述和证人证言的真实性。未具名举债一方不能提供证据，但能够提供证据线索的，人民法院应当根据当事人的申请进行调查取证；对伪造、隐藏、毁灭证据的要依法予以惩处。未经审判程序，不得要求未举债的夫妻一方承担民事责任。

三、审查夫妻债务是否真实发生。债权人主张夫妻一方所负债务为夫妻共同债务的，应当结合案件的具体情况，按照《最高人民法院关于审理民间借贷案件适用法律若干问题的规定》第十六条第二款、第十九条规定，结合当事人之间关系及其到庭情况、借贷金额、债权凭证、款项交付、当事人的经济能力、当地或者当事人之间的交易方式、交易习惯、当事人财产变动情况以及当事人陈述、证人证言等事实和因素，综合判断债务是否发生。防止违反法律和司法解释规定，仅凭借条、借据等债权凭证就认定存在债务的简单做法。

在当事人举证基础上，要注意依职权查明举债一方作出有悖常理的自认的真实性。对夫妻一方主动申请人民法院出具民事调解书的，应当结合案件基础事实重点审查调解协议是否损害夫妻另一方的合法权益。对人民调解协议司法确认案件，应当按照《最高人民法院关于适用〈中华人民共和国民事诉讼法〉的解释》要求，注重审查基础法律关系的真实性。

四、区分合法债务和非法债务，对非法债务不予保护。在案件审理中，对夫妻一方在从事赌博、吸毒等违法犯罪活动中所负的债务，不予法律保护；对债权人知道或者应当知道夫妻一方举债用于赌博、吸毒等违法犯罪活动而向其出借款项，不予法律保护；对夫妻一方以个人名义举债后用于个人违法犯罪活动，举债人就该债务主张按夫妻共同债务处理的，不予支持。

五、把握不同阶段夫妻债务的认定标准。依照婚姻法第十七条、第十八条、第十九条和第四十一条有关夫妻共同财产制、分别财产制和债务偿还原则以及有关婚姻法司法解释的规定，正确处理夫妻一方以个人名义对外所负债务问题。

六、保护被执行夫妻双方基本生存权益不受影响。要树立生存权益高于债权的理念。对夫妻共同债务的执行涉及到夫妻双方的工资、住房等财产权益，甚至可能损害其基本生存权益的，应当保留夫妻双方及其所扶养家属的生活必需费用。执行夫妻名下住房时，应保障生活所必需的居住房屋，一般不得拍卖、变卖或抵债被执行人及其所扶养家属生活所必需的居住房屋。

七、制裁夫妻一方与第三人串通伪造债务的虚假诉讼。对实施虚假诉讼的当事人、委托诉讼代理人和证人等，要加强罚款、拘留等对妨碍民事诉讼的强制措施的适用。对实施虚假诉讼的委托诉讼代理人，除依法制裁外，还应向司法行政部门、律师协会或者行业协会发出司法建议。对涉嫌虚假诉讼等犯罪的，应依法将犯罪的线索、材料移送侦查机关。

以上通知，请遵照执行。执行中有何问题，请及时报告我院。